KU-735-581

UNIVERSITÀ DEGLI STUDI DI TORINO
FONDO DI STUDI PARINI-CHIRIO

UNIVERSITÀ DEGLI STUDI DI TORINO
FONDO DI STUDI PARINI-CHIRIO

FILOLOGIA
TESTI E STUDI

4

Cino Rinuccini

Rime

Edizione critica a cura di
Giovanna Balbi

Casa Editrice Le Lettere

In copertina:
Andrea Bonaiuti da Firenze, *I piaceri del mondo*
(c. 1365-67, affresco, particolare). Firenze, Santa Maria Novella.

Al momento di licenziare questo libro, desidero ringraziare Sandro Orlando, che ha seguito pazientemente il lavoro in ogni sua fase; inoltre Luciana Borghi Cedrini, Domenico De Robertis, Giuseppe Frasso per i loro preziosi consigli; Giancarlo Breschi ed Emanuela Scarpa, che mi hanno aiutata nella ricerca di parte del materiale; Roberta Manetti e Linda Pagnotta, che mi hanno messo a disposizione lavori in fase di pubblicazione.

Questa pubblicazione è stampata con il contributo
dell'Università degli Studi di Torino,
Fondo di Studi Parini-Chirio

Copyright © 1995 by Casa Editrice Le Lettere, Firenze - Università degli Studi di Torino
Fondo di Studi Parini-Chirio
ISBN 88 7166 202 4

RIFERIMENTI BIBLIOGRAFICI

ABBREVIAZIONI

Bandini = Angiolo Maria Bandini, *Catalogus codicum manuscriptorum Bibliothecae Medicae Laurentianae*, Florentiae 1778.

Bandini, *Suppl.* = *Bibliotheca leopoldina sive Supplementum*, Florentiae 1791-93.

Bartoli = *I manoscritti italiani della Biblioteca Nazionale di Firenze* descritti da una società di studiosi sotto la direzione del Prof. Adolfo Bartoli, Firenze 1879-1883.

De Robertis, *Censimento* = Domenico De Robertis, *Censimento dei manoscritti di rime di Dante*, «Studi danteschi» XXXVII-XLVII (1960-1970): n. 12 = XXXVII (1960), p. 164; n. 23 = XXXVII (1960), p. 181; n. 60 = XXXVII (1960), p. 222; n. 77 = XXXVII (1960), p. 240; n. 101 = XXXVII (1960), p. 267; n. 127 = XXXVIII (1961), p. 191; n. 134 = XXXVIII (1961), p. 200; n. 139 = XXXVIII (1961), p. 206; n. 141 = XXXVIII (1961), p. 209; n. 164 = XXXVIII (1961), p. 234; n. 215 = XXXIX (1962), p. 141; n. 225 = XXXIX (1962), p. 154; n. 240 = XXXIX (1962), p. 173; n. 247 = XXXIX (1962), p. 183; n. 269 = XL (1963), p. 448; n. 303 = XLI (1964), p. 108; n. 336 = XLII (1965), p. 453; n. 340 = XLII (1965), p. 460; n. 404 = XLVII (1970), p. 234.

CLPIO = *Concordanze della lingua poetica italiana delle Origini*, a cura di d'Arco Silvio Avalle e con il concorso dell'Accademia della Crusca, Milano-Napoli, Ricciardi, 1992, vol. I (Documenti di Filologia, 25).

ED = *Enciclopedia dantesca*, Roma, Istituto dell'Enciclopedia Italiana fondato da Giovanni Treccani, 1970-1978.

GDLI = Salvatore Battaglia, *Grande dizionario della lingua italiana*, Torino, UTET, 1961-... (attualmente al vol. XVIII ROB-SCHI).

Gentile = Luigi Gentile, *I codici Palatini della R. Biblioteca Nazionale Centrale di Firenze*, Roma, Ministero della P. I., 1886.

IMBI = *Inventari dei manoscritti delle biblioteche d'Italia*, a cura di G. Mazzatinti, indi A. Sorbelli, indi L. Ferrari, indi E. Casamassima, Firenze, Olschki, 1890-...

Marsand = Antonio Marsand, *I manoscritti italiani della regia biblioteca parigina*, Parigi, Crozet, 1835-1838.

Mazzatinti = Giuseppe Mazzatinti, *Manoscritti Italiani delle biblioteche di Francia*, Roma, Ministero della P. I., 1886-1888.

Morpurgo, *Panc.* = Salvatore Morpurgo – Pasquale Papa – Berta Maracchi Biagiarelli, *Catalogo dei manoscritti panciatichiani della Biblioteca nazionale Centrale di Firenze*, Roma, Ministero della P. I., 1887-1962.

Morpurgo, *Ricc.* = Salvatore Morpurgo, *I manoscritti della R. Biblioteca Riccardiana di Firenze*, Roma, Ministero della P. I., vol. I (e unico), 1893-1900.

Mostra = *Mostra di codici romanzi delle biblioteche fiorentine* (VIII Congresso internazionale di Studi romanzi, 3-8 aprile 1956), Firenze, Sansoni, 1957.

Mostra laurenziana = *All'ombra del lauro. Documenti librari della cultura in età laurenziana*. Firenze, Biblioteca Medicea Laurenziana, 4 maggio-30 giugno 1992, Milano, Silvana editoriale (Amilcare Pizzi editore), 1992 (Comitato Nazionale per le celebrazioni del quinto centenario della morte di Lorenzo il Magnifico).

Palermo = *I manoscritti Palatini di Firenze* ordinati ed esposti da F. Palermo, Firenze 1853-1868.

REW = Wilhelm Meyer-Lübke, *Romanische etimologische Wörterbuch*, Heidelberg, 1935 (poi Vinter-Universitätverlag, 1972).

Rohlfs = Gerhard Rohlfs, *Grammatica storica della lingua italiana e dei suoi dialetti*, Torino, Einaudi (ed. it. di *Historische Grammatik der Italienischen Sprache und ihrer Mundarten*, Bern, 1949-1954), vol. I: *Fonetica* (1966); vol. II: *Morfologia* (1968); vol. III: *Sintassi e formazione delle parole* (1969).

RVF = *Rerum Vulgarium Fragmenta* (Francesco Petrarca, *Canzoniere*, testo critico e introduzione di Gianfranco Contini; annotazioni di Daniele Ponchiroli, Torino, Einaudi, 1964).

TB = Niccolò Tommaseo - Bernardo Bellini, *Dizionario della lingua italiana* con oltre centomila giunte ai precedenti dizionari, raccolte da N. Tommaseo, G. Ciampi, G. Meini, P. Fanfani e da molti altri distinti filologi e scienziati, corredato da un discorso preliminare di G. Meini, nuova ristampa dell'edizione integra, Torino, UTET, 1929.

I - EDIZIONI

Casotti, Giovanbattista
1718 *Prose e rime de' due Buonaccorsi da Montemagno con annotazioni. Ed alcune rime di Niccolò Tinucci*, Firenze, Manni [pubblica il sonetto XXV, attribuendolo a Nicolò Tinucci].

Crescimbeni, Giovan Mario

1730 *L'istoria della volgar poesia ... terza edizione pubblicata unitamente con i Commentari intorno alla medesima*, Venezia, Basegio [pubblica il son. IV, secondo BC].

Ciampi, Sebastiano

1826 *Vita e memorie di M. Cino da Pistoia*, Pistoia, Manfredini [pubblica i sonetti LIIIa e LIII].

Trucchi, Francesco

1846 *Poesie italiane inedite di dugento autori, dall'origine della lingua infino al secolo decimo-settimo*, Prato, Ranieri Guasti [pubblica la ballata XLVIII, secondo FR[15]].

Bongi, Salvatore

1858 *Rime di M. Cino Rinuccini fiorentino, scritto del buon secolo della lingua*, per nozze Valentini-Talenti, Lucca, Canovetti (edizione di soli centosette esemplari) [pubblica tutte le rime attribuite a Cino Rinuccini contenute nella Raccolta Aragonese].

Bindi, Enrico - Fanfani, Pietro

1878 *Le rime di messer Cino da Pistoia ridotte a miglior lezione*, Pistoia, Niccolai [pubblica i sonetti LIIIa e LIII].

Flamini, Francesco

1889 *Sonetti e ballate di antichi petrarchisti toscani*, per nozze Palmarini-Matteucci, Firenze, Tipografia Carnesecchi e Figli (edizione di soli centotre esemplari) [pubblica i sonetti LIVa e d.LIV[1]].

1890a *Le rime di Cino Rinuccini e il testo della Raccolta Aragonese*, «Giornale storico della letteratura italiana» XV, pp. 455-9, poi in *Spigolature di erudizione e di critica*, Pisa, Mariotti, 1895 [pubblica la sestina XXVII *bis*, nelle varianti rispetto alla versione di Ar, e il sonetto XXVIIa].

Del Balzo, Carlo

1890 *Poesie di mille autori intorno a Dante Alighieri*, Roma, Forzani, vol. II (pubblica il son. IV traendolo da Crescimbeni 1730).

Levi, Eugenia

1905 *Lirica italiana antica: novissima scelta di rime dei secoli XIII, XIV, XV: illustrate con sessanta riproduzioni di pitture miniature sculture incisioni e melodie del tempo e con note dichiarative*, Firenze, Olschki [pubblica il madrigale XXX, secondo l'edizione Bongi].

Carducci, Giosue

1907 *Antica lirica italiana (canzonette, canzoni, sonetti dei secoli XIII-XIV)*, Firenze, Sansoni [pubblica la canzone V, la sestina XXVII*bis*, i sonetti I, II, IV, IX, XIII, XV, XXI, XXV, XXVI].

Volpi, Guglielmo
 1907 *Rime di trecentisti minori con illustrazioni e un fac-simile*, Firenze, San-
      soni, 1907 [pubblica i sonetti IV e XLIV secondo FR[15], XXXIV e LI,
      seguendo l'edizione Bongi e la sestina XXVIIbis].

Ellinwood, Leonard
 1945 *The Works of Francesco Landini*, Cambridge, Mass., The Mediaeval
      Academy of America (ristampa anastatica, New York, Kraus, 1970)
      [pubblica la ballata XXII, secondo i codici musicali, con l'edizione
      della partitura].

Sapegno, Natalino
 1952 *Poeti minori del Trecento*, Milano-Napoli, Ricciardi [pubblica (nell'or-
      dine) la sestina XXVIIbis, il madrigale XXX, i sonetti XXXIV, XXI,
      XXV, XXVI, XXVIII, XLIV, XXXVII, IV, II, X, le ballate XLVIII,
      XLVII, XLV, seguendo l'edizione Bongi e i codici VL[1] e VCh[5]; per la
      sestina si basa su Flamini 1890a].

Muscetta, Carlo - Rivalta, Paolo
 1956 *Poesia del Duecento e del Trecento*, Torino, Einaudi (vol. I di *Parnaso
      Italiano. Crestomazia della poesia italiana dalle Origini al Novecento*, To-
      rino, Einaudi, 1955-1969) [pubblica i sonetti II, XXV, XXXIV, il
      madrigale XXX, secondo l'edizione Bongi].

Getto, Giovanni - Sanguineti, Edoardo
 1957 *Il Sonetto. Cinquecento sonetti dal Duecento al Novecento*, Milano, Mursia
      [pubblica il sonetto II, seguendo l'edizione Bongi].

Sapegno, Natalino
 1967 *Rimatori del tardo Trecento*, Roma, Edizioni dell'Ateneo [pubblica (nel-
      l'ordine) la sestina XXVIIbis, la canzone V, i sonetti I, IX, XIII, XV,
      XXXIV, XXI, XXV, XXVI, XXVIII, XLIV, XXXVII, IV, II, X, le
      ballate XLVIII, XLVII, XLV, il madrigale XXX; segue, oltre all'edi-
      zione Bongi, i codici VL[1] e VCh[5]; per la sestina si basa su Flamini
      1890a].

Corsi, Giuseppe
 1969 *Rimatori del Trecento*, Torino, UTET [pubblica i sonetti II, III, IV, IX,
      X, XI, XV, XVIII, XXI, XXV, XXVI, XXVIII, XXXI, XXXIV,
      XLIII, XLIV, LII; la canzone V; le ballate XXII, XXIV, XLV, XLVII,
      XLVIII; il madrigale XXX, la sestina XXVII, secondo la tradizione di
      Ar, riportando in nota le varianti di FN[35]].

Tanturli, Giuliano
 1976 *Cino Rinuccini e la scuola di Santa Maria in Campo*, «Studi Medievali»,
      3ª s., XVII, II, pp. 625-674 [pubblica i sonetti LIIIa e LIII].

Tavani, Giuseppe
  1992 *I testi poetici* in Gallo 1992 (cfr. sez. III), pp. 223-42 [edizione interpretativa della ballata XXII dal codice Squarcialupi].

II - EDIZIONI DI RIFERIMENTO

Andrea Cappellano
  Trattato d'Amore (Andreae Capellani regii francorum "De Amore" libri tres, testo latino del sec. XII con due traduzioni toscane inedite del sec. XIV), a cura di Salvatore Battaglia, Roma, Perrella, 1947.
Antonio da Ferrara
  Rime, edizione critica a cura di Laura Bellucci, Bologna, Commissione per i testi di Lingua, 1967.
Bernart de Ventadorn
  Bernart von Ventadorn. Seine lieder mit einleitung und glossar, herausgegeben von Carl Appel, Halle, Niemeyer, 1915.
Bertran de Born
  Gérard Gouiran, *L'amour et la guerre. L'oeuvre de Bertran de Born*, Aix-en Provence, Université de Provence, 1985.
Giovanni Boccaccio
  Le Rime. L'amorosa visione. La caccia di Diana, a cura di Vittore Branca, Bari, Laterza, 1939.
  Filostrato, a cura di Vittore Branca, Milano, Mondadori, 1964.
  Decameron, a cura di Vittore Branca (terza edizione riveduta e aggiornata), Torino, Einaudi, 1987³.
Buonaccorso da Montemagno (il Giovane)
  Le rime dei due Buonaccorso da Montemagno, introduzione, testi e commento di Raffaele Spongano, Bologna, Pàtron, 1970.
Chiaro Davanzati
  Rime, a cura di Aldo Menichetti, Bologna, Commissione per i testi di Lingua, 1965.
Dante Alighieri
  Vita Nuova, a cura di Michele Barbi, Testo critico della Società Dantesca Italiana, Firenze, Bemporad, 1921.
  Il Convivio, a cura di Ernesto Giacomo Parodi e Flaminio Pellegrini, Testo critico della Società Dantesca Italiana, Firenze, Bemporad, 1921.
  Rime, a cura di Gianfranco Contini, Torino, Einaudi (1ª ediz. 1939), 1946².
  La Commedia secondo l'antica vulgata, a cura di Giorgio Petrocchi, Milano, Mondadori, 1966 (ora in versione riveduta, Firenze, Le Lettere, 1994).
  De vulgari eloquentia, a cura di Pier Vincenzo Mengaldo, Padova, Antenore, 1968.

Dino Frescobaldi
  Canzoni e sonetti, a cura di Furio Brugnolo, Torino, Einaudi, 1984.

Mario Equicola
  Libro di natura d'Amore di nuovo con somma diligenza ristampato, Venezia, Giolito, 1554 (1ª ed. 1525).

Fazio degli Uberti
  Il Dittamondo e le rime, a cura di Giuseppe Corsi, Bari, Laterza, 1952.

Francesco di Vannozzo
  Rime, a cura di Roberta Manetti, tesi di Dottorato, 1994, in elaborazione per la stampa.

Matteo di Dino Frescobaldi
  Rime, a cura di Giuseppe Renzo Ambrogio, Firenze, Le Lettere, in corso di stampa, 1995.

Giacomo da Lentini
  Poesie, Edizione critica a cura di Roberto Antonelli, Roma, Bulzoni, 1979.

Giovanni da Prato
  Il Paradiso degli Alberti (cfr. Wesselofsky 1867, sez. III, da cui si cita; altra ed. in Antonio Lanza, *Polemiche e berte letterarie nella Firenze del primo Quattrocento*, Roma, Bulzoni, 1972).

Guido Cavalcanti
  Rime. Con le rime di Iacopo Cavalcanti, a cura di Domenico De Robertis, Torino, Einaudi, 1986.

Guittone d'Arezzo
  Le Rime di Guittone d'Arezzo, a cura di Francesco Egidi, Bari, Laterza, 1940.
  Canzoniere. I sonetti d'amore del codice Laurenziano, a cura di Lino Leonardi, Torino, Einaudi, 1994.

Iacopone da Todi
  Laudi, trattato e detti, a cura di Franca Ageno, Firenze, Le Monnier, 1953.

Monte Andrea da Fiorenza
  Le Rime, edizione critica a cura di Francesco Filippo Minetti, Firenze, Accademia della Crusca, 1979 (Quaderni degli «Studi di Filologia Italiana», 5).

Onesto da Bologna
  Le rime di Onesto da Bologna, edizione critica a cura di Sandro Orlando, Firenze, Sansoni, 1974 (Quaderni degli «Studi di Filologia Italiana», 1).

Panuccio del Bagno
  Le rime di Panuccio del Bagno, a cura di Franca Brambilla Ageno, Firenze, Accademia della Crusca, 1977 (Quaderni degli «Studi di Filologia Italiana», 4).

Peire Vidal
    Poesie, edizione critica e commento a cura di d'Arco Silvio Avalle, Milano-Napoli, Ricciardi, 1960.
Francesco Petrarca
    Rime disperse di Francesco Petrarca, a cura di Angelo Solerti, Firenze, Sansoni, 1919.
    Rime, Trionfi e poesie latine, a cura di F. Neri, G. Martellotti, E. Bianchi, N. Sapegno, Milano-Napoli, Ricciardi, 1951.
    Canzoniere, testo critico e introduzione di Gianfranco Contini; annotazioni di Daniele Ponchiroli, Torino, Einaudi, 1964 (si cita come RVF).
Franco Sacchetti
    Il libro delle rime, edited by Franca Brambilla Ageno, Firenze, Olschki, 1990 (stampa) (Italian Medieval and Renaissance Studies, The University of Western Australia, 1).
Simone Serdini
    Simone Serdini da Siena detto il Saviozzo, *Rime*, edizione critica e cura di Emilio Pasquini, Bologna, Commissione per i testi di Lingua, 1965.
Niccolò Tinucci
    Rime, edizione critica a cura di Clemente Mazzotta, Bologna, Commissione per i testi di Lingua, 1974.

Antologie

Contini, Gianfranco (a cura di)
    1960 *Poeti del Duecento*, Milano-Napoli, Ricciardi.
Corsi, Giuseppe (a cura di)
    1969 [cfr. sez. I].
Lanza, Antonio (a cura di)
    1973-5 *Lirici toscani del Quattrocento*, Roma, Bulzoni.
Marti, Mario (a cura di)
    1956 *Poeti giocosi del tempo di Dante*, Milano, Rizzoli.
    1969 *Poeti del Dolce stil nuovo*, Firenze, Le Monnier (da cui si citano Guido Guinizzelli, Lapo Gianni, Cino da Pistoia).
Panvini, Bruno (a cura di)
    1962 *Le rime della scuola siciliana*, Firenze, Olschki.

III - STUDI

Ageno Brambilla, Franca
    1955 *L'uso pleonastico della negazione nei primi secoli*, «Studi di filologia italiana» XIII, pp. 339-361.

1977 *Osservazioni sul testo di poeti minori del Trecento* (recensione a Corsi 1969), «Romance Philology» XXXI, pp. 91-111.

Aiazzi, Giuseppe
1840 *Ricordi storici di Filippo di Cino Rinuccini dal 1282 al 1460 colla continuazione di Alamanno e Neri suoi figli fino al 1506 seguiti da altri monumenti inediti di storia patria estratti dai codici originali e preceduti dalla storia genealogica della loro famiglia e dalla descrizione della cappella gentilizia in S. Croce, con documenti e illustrazioni*, Firenze, Piatti.

Aurigemma, Marcello
1965 *Il giudizio degli antesignani dell'Umanesimo e degli umanisti sul valore e sulle caratteristiche della "latinitas" di Dante*, in *Dante e Roma*, Atti del convegno di studi a cura della "Casa di Dante", sotto gli auspici del Comune di Roma, in collaborazione con l'Istituto di Studi Romani, per le celebrazioni del VII centenario della nascita di Dante, Roma, 8-9-10 aprile 1965, Firenze, Le Monnier, 153-187.

Avalle, d'Arco Silvio
1978[2] *Principî di critica testuale*, Padova, Antenore.
1981 *Programma per un omofonario automatico della poesia italiana delle origini*, Firenze, presso l'Accademia della Crusca.
1985 *I canzonieri: definizione di genere e problemi di edizione*, in *La critica del testo. Problemi di metodo ed esperienze di lavoro*. Atti del Convegno di Lecce, 22-26 ottobre 1984, Roma, Salerno editrice, 363-82.

Balbi, Giovanna
1993 *Le canzoni cicliche di Cino Rinuccini. Tra sperimentalismo metrico e ricerca di autonomia*, nel vol. miscellaneo *Studi testuali 2*, Alessandria, Edizioni dell'Orso, pp. 11-27.

Baldelli, Ignazio
1971 *Medioevo volgare da Montecassino all'Umbria*, Bari, Adriatica.

Balduino, Armando
1970 Recensione a Corsi 1969, «Lettere Italiane» XXII, pp. 597-605.
1984a *Premesse ad una storia della poesia trecentesca*, in *Boccaccio, Petrarca e altri poeti del Trecento*, Firenze, Olschki, 13-55 (riprende, ritoccandolo e aggiornandolo, il saggio apparso su «Lettere Italiane», XXV. 1, pp. 3-36).
1984b *Cino da Pistoia, Boccaccio e i poeti minori del Trecento*, in *Boccaccio, Petrarca e altri poeti del Trecento*, Firenze, Olschki, 141-206 (riprende, ritoccandolo e aggiornandolo, il saggio apparso negli atti del *Colloquio Cino da Pistoia*, Roma, Accademia Nazionale dei Lincei, 1976, 33-85).

Barbi, Michele
  1915 *La raccolta Aragonese*, in *Studi sul canzoniere di Dante*, Firenze, Sansoni, 217-326.

Baron, Hans
  1955a *Humanistic and Political Literature in Florence and Venice at the Beginning of the Quattrocento*, Cambridge, Mass., Harvard University Press.
  1955b *The Crisis of the Early Italian Renaissance*, Princeton, New Jersey, Princeton University Press, 2 voll.

Beltrami, Pietro G.
  1991 *La metrica italiana*, Bologna, il Mulino.

Bertolucci Pizzorusso, Valeria
  1975 Marco Polo, *Milione*. Versione toscana del Trecento, edizione critica a cura di V. B. P., indice ragionato di Giorgio R. Cardona, Milano, Adelphi.

Biadene, Leandro
  1888 *Morfologia del sonetto nei secoli XIII e XIV*, «Studi di Filologia Romanza pubblicati da Ernesto Monaci», X.

Bigi, Emilio
  1961 *La rima del Petrarca*, in *Petrarca e il petrarchismo*. Atti del III congresso della Associazione per gli studi di lingua e letteratura italiana, Bologna, poi in *La cultura del Poliziano e altri studi umanistici*, Pisa, Nistri-Lischi, 1967, 30-43 (da cui si cita).
  1966 *Dante e la cultura fiorentina del Quattrocento*, «Giornale storico della letteratura italiana» CXLIII, pp. 212-40.
  1974 *Le ballate del Petrarca*, «Giornale storico della letteratura italiana» CLI, pp. 481-493.

Branca, Vittore
  1981⁵ *Boccaccio medievale*, 5ª ed. accresciuta, Firenze, Sansoni (1ª ed. 1956).

Cantù, Cesare
  1892 *Della Letteratura Italiana. Esempj e Giudizj*, Torino, UTET.

Capovilla, Guido
  1975 *Note sulla tecnica della ballata trecentesca*, in *L'ars nova italiana del Trecento*, IV. Atti del 3° Congresso internazionale sul tema «La musica al tempo del Boccaccio e i suoi rapporti con la letteratura» (Siena-Certaldo, 19-22 luglio 1975), sotto il patrocinio della Società Italiana di Musicologia, Certaldo, Centro di studi sull'ars nova italiana del Trecento, pp. 107-47.
  1977 *Le ballate del Petrarca e il codice metrico due-trecentesco. Casi di connessioni interne e di monostrofismo nella ballata italiana "antica"*, «Giornale storico della letteratura italiana» CLIV, pp. 238-60.

1982 *Materiali per la morfologia e la storia del madrigale 'antico' dal ms. Vaticano Rossi 215 al Novecento*, «Metrica» III, pp. 169-252.

Carducci, Giosue
1862 *Rime di M. Cino da Pistoia e d'altri del secolo XIV ordinate da G.C.*, Firenze, Barbèra.
1870 *Musica e poesia nel mondo elegante italiano del secolo XIV*, «Nuova Antologia», luglio e settembre e in Studi letterari, Livorno, Vigo, 1874 (ora in *Studi letterari di G.C.*, Bologna, Zanichelli, 1919, da cui si cita).
1879 *Dello svolgimento della letteratura nazionale*, in *Edizione Nazionale delle opere di G.C.*, vol. VII.

Carducci, Giosue – Ferrari, Severino
1899 Francesco Petrarca, *Le rime*, a cura di G. C. e S. F., Firenze, Sansoni, ristampa 1984.

Castellani, Arrigo
1952 *Nuovi testi fiorentini del Dugento*, con introduzione, trattazione linguistica e glossario, Firenze, Sansoni.
1955 *Aduggere, verbo artificiale*, «Lingua Nostra» XVI. 4, p. 110.

Cavalcanti, Giovanni
1838-39 *Istorie fiorentine*, Firenze, Polidori.

Chimenz, Siro A.
1956 *Per il testo e la chiosa della Divina Commedia*, «Giornale storico della letteratura italiana» CXXXIII, pp. 180-185.

Contini, Gianfranco
1946[2] Dante Alighieri, *Rime* (v. sez. II).
1965 *Un'interpretazione di Dante*, in *Varianti e altra linguistica. Una raccolta di saggi (1938-1968)*, Torino, Einaudi, 1970.

Corsi, Giuseppe
1969 (v. sez. I)
1970 *Poesie musicali del Trecento*, Bologna, Commissione per i testi di lingua.

Crescimbeni, Giovan Mario
1730 (v. sez. I)

Curtius, Ernst Robert
1948 *Europäische Literatur und lateinisches Mittelalter*, Bern, trad it. *Letteratura europea e Medio Evo latino*, a cura di Roberto Antonelli, Scandicci (Firenze), La Nuova Italia, 1992 (da cui si cita).

De Robertis, Domenico
1952 *Cino da Pistoia e la crisi del linguaggio poetico*, «Convivium», pp. 1-35.

1954 *L'appendix aldina e le più antiche stampe dello Stilnovo*, «Giornale storico della letteratura italiana» CXXXI, pp. 464-500.

1959 *La composizione del "De natura de amore" e i canzonieri maneggiati da Mario Equicola*, «Studi di filologia italiana» XVII, pp. 189-220.

1978 *Altri sonetti e canzoni di diversi antichi autori toscani*, «Medioevo Romanzo», V. 2-3 pp. 304-19.

1986 Guido Cavalcanti, *Rime* (v. sez. II)

De Sanctis, Francesco
1870-'71 *Storia della Letteratura Italiana* (cito dall'ed. a cura di N. Gallo, Torino, Einaudi, 1958).

D'Ovidio, Francesco
1889 *Dieresi e sineresi nella poesia italiana* (Atti dell'Accademia di scienze morali e politiche di Napoli, XXIV), Napoli, tipografia della Regia Università (ristampato in *Versificazione romanza. Poetica e poesia medievale*, Napoli, Guida, 1932, 3 voll., vol. I, 9-75).

Ellinwood, Leonard
1945 (v. sez. I).

Elwert, Wilhelm Theodor
1973 *Versificazione italiana dalle origini ai giorni nostri*, Firenze, Le Monnier.

Emiliani Giudici, Paolo
1896 *Storia della Letteratura Italiana*, Firenze, Le Monnier.

Fellin, Eugene C.
1973 *Le relazioni tra i manoscritti musicali del Trecento*, «Rivista italiana di Musicologia» VIII, pp. 165-180.

Ferrara, Mario
1950 *Il codice Venturi Ginori di rime antiche*, «La bibliofilia» LII, pp. 41-102.

Flamini, Francesco
1889 (v. sez. I)
1890a (v. sez. I).
1890b *L'imitazione di Dante e dello Stil Novo nelle rime di Cino Rinuccini*, Siracusa, estratto dall'«Alighieri».
1891 *La lirica toscana del Rinascimento anteriore ai tempi del Magnifico*, Pisa, Nistri.
1895 *Studi di Storia Letteraria italiana e straniera*, Livorno, Giusti.

Flora, Francesco
1940 *Storia della Letteratura Italiana*, Milano, Mondadori.

Frasca, Gabriele
1992 *La furia della sintassi. La sestina in Italia*, Napoli, Bibliopolis.

Frati, Ludovico

1895 *Per la storia del codice Isoldiano*, «Giornale storico della letteratura italiana» XXV, pp. 461-464.

1913 *Le rime del Codice Isoldiano (Bologn. Univ. 1739)*, Bologna, Commissione per i testi di Lingua.

Gallo, Francesco Alberto

1981 *Il codice musicale Panciatichi 26 della Biblioteca Nazionale di Firenze*, a c. di F. A. G., Firenze, Olschki.

1992 *Il codice Squarcialupi Mediceo Palatino 87, Biblioteca Medicea Laurenziana di Firenze*, studi raccolti da F. A. G., Firenze, Giunti Barbèra-Libreria Musicale Italiana (Saggi di: F. A. Gallo, J. Nadas, K. von Fischer, L. Bellosi, M. Ferro Luraghi, N. Pirrotta, G. Tavani, G. Cattin, A. Ziino).

Garin, Eugenio

1960 *La cultura fiorentina nella seconda metà del Trecento e i "barbari britanni"*, «La Rassegna della Letteratura Italiana», VII (maggio-agosto), pp. 181-195.

1967 *Dante nel Rinascimento*, «Rinascimento», s. 2ª, VII, pp. 3-28.

Gorni, Guglielmo

1973 *Ragioni metriche della canzone, tra filologia e storia*, in *Studi di filologia e letteratura italiana offerti a Carlo Dionisotti*, Milano-Napoli, Ricciardi.

1984 *Le forme primarie del testo poetico*, in *Letteratura italiana*, diretta da Alberto Asor Rosa, Torino, Einaudi, 1982-1988, III, I, 439-518.

Hirdt, Willi

1983 *Sul sonetto del Petrarca "Per mirar Policleto a prova fiso"*, in *Miscellanea di studi in onore di V. Branca*, I (dal Medioevo al Petrarca), Firenze, Olschki, 435-447.

Lanza, Antonio

1972 *Polemiche e berte letterarie nella Firenze del primo Quattrocento*, Roma, Bulzoni.

Lazzerini, Lucia

1993 *A proposito di due «Liebesstrophen» pretrobadoriche*, «Cultura neolatina» LIII. 3-4, pp. 123-34.

Li Gotti, Ettore

1946-8 *Il Madrigale nel Trecento*, «Poesia» III-IV; IX, poi in Renzo Cremante - Mario Pazzaglia, *La metrica*, Bologna, Il Mulino, 1972 (da cui si cita), 319-328.

1947 *Cino Rinuccini e il "Dolce Stil Novo"*, in *Restauri Trecenteschi*, Palermo, Palumbo.

Manetti, Aldo
1951 *Roberto de' Rossi*, «Rinascimento» II, pp. 33-55.

Marti, Mario
1953 *Cultura e stile dei poeti giocosi del tempo di Dante*, Pisa, Nistri-Lischi.
1971 Recensione a Corsi 1969 e 1970, «Giornale storico della letteratura italiana» CXLVIII, pp. 370-84.
1972 *Storia dello stil nuovo*, Lecce, Milella.

Martines, Lauro
1961 *Nuovi documenti su Cino Rinuccini e una nota sulle finanze della famiglia Rinuccini*, «Archivio storico italiano» CXIX, pp. 77-90.
1963 *The Social World of the Florentine Humanists 1390-1460*, Princeton, New Jersey, Princeton University Press.

Mazzotta, Clemente
1974 Niccolò Tinucci, *Rime* (v. sez. II).

Menichetti, Aldo
1984 *Sulla figura di sinalefe/dialefe nel "Canzoniere" di Petrarca: l'incontro fra nessi bivocalici finali e vocale iniziale della parola seguente*, «Studi Petrarcheschi», n. s., I, pp. 39-50.
1993 *Metrica italiana. Fondamenti metrici, prosodia, rima*, Padova, Antenore.

Migliorini, Bruno
1955 *Note sulla grafia italiana nel Rinascimento*, «Studi di filologia italiana» XIII, pp. 259-296.

Minetti, Francesco Filippo
1979 Monte Andrea da Fiorenza, *Le rime* (v. sez. II).

Mistruzzi, Vittorio
1928 *L'Intelligenza*, a c. di V. M., Bologna, Commissione per i testi di lingua.

Moreni, Domenico
1826 *Responsiva alla invettiva di Messer Antonio Lusco fatta per Cino di Messer Francesco Rinuccini cittadino fiorentino e traslatata di grammatica in volgare*, in *Invectiva Lini Colucii Salutati in Antonium Luschum vicentinum*, Firenze, Magheri, pp. 199-250.

Muscetta, Carlo - Tartaro, Achille
1972 *Il Trecento. Dalla crisi dell'età comunale all'umanesimo*, in *La Letteratura Italiana. Storia e testi*, diretta da C. M., Bari, Laterza (terza ristampa 1986), II, II, 519-561.

Nannucci, Vincenzo
1874 *Manuale della Letteratura del primo secolo della Lingua Italiana*, Firenze, Barbèra.

Negri, Giovanni
    1722 *Istoria degli scrittori fiorentini*, Ferrara, Pomatelli (ristampa anastatica
        Bologna, Forni, 1973).

Nottola, Umberto
    1893 *Una canzone inedita di Cino da Pistoia pubblicata in occasione delle nozze
        d'argento dei sovrani d'Italia*, Milano, tipogr. Ramperti.

Novati, Francesco
    1891-11 *Epistolario di Coluccio Salutati*, Roma, Istituto Storico Italiano,
        4 voll.

Orlando, Sandro
    1993 *Manuale di metrica italiana*, Milano, Bompiani.

Pagnotta, Linda
    1994 *Repertorio metrico della ballata italiana. Secoli XIII-XIV* (in corso di
        stampa).

Paparelli, Gioacchino
    1970 *Dante e il Trecento*, in *Dante nel pensiero e nella esegesi dei secoli XIV e XV*,
        atti del III Congresso Nazionale di Studi Danteschi, Melfi 27 settem-
        bre - 2 ottobre 1970, Firenze, Olschki, 31-70.

Pasquini, Emilio
    1964 *Il codice di Filippo Scarlatti (Firenze, Biblioteca Venturi Ginori Lisci, 3)*,
        «Studi di filologia italiana» XXII, pp. 363-580.
    1971 Recensione a Corsi 1969, «Studi e problemi di critica testuale» 3, pp.
        225-256.

Pelosi, Andrea
    1990 *La canzone italiana del Trecento*, «Metrica» V, pp. 3-162.

Petrocchi, Giorgio
    1965 *Cultura e poesia del Trecento*, in *Storia della Letteratura Italiana*, diretta da
        Emilio Cecchi e Natalino Sapegno, Milano, Garzanti, vol. II (*Il Tre-
        cento*), 451-580.
    1966 Dante Alighieri, *La Commedia secondo l'antica vulgata* (v. sez. III), I (*In-
        troduzione*).

Pirrotta, Nino
    1984 *Ars nova e Stil novo*, in *Musica e poesia tra Medioevo e Rinascimento*,
        Torino, Einaudi, pp. 37-51.

Pompeati, Arturo
    1944 *Storia della Letteratura Italiana*, Torino, UTET.

Pozzi, Giovanni
    1984 *Temi, tópoi, stereotipi*, in *Letteratura Italiana*, diretta da Alberto Asor
        Rosa, Torino, Einaudi, 1982-1988, III, 1, 391-436.

Raimondi, Ezio
  1957 *Ancora sui sostantivi in -entia, -enza*, «Lingua nostra» XVIII, pp. 10-11.

Rajna, Pio
  1874 *Frammento di una raccolta di favole in provenzale*, «Romania» III, pp. 291-294.

Roncaglia, Aurelio
  1953 Michelangelo Tanaglia, *De Agricultura*, testo inedito del secolo XV pubblicato e illustrato da Au. R., Bologna, Commissione per i testi di Lingua.

Rossi, Giorgio
  1893 *Tavola del codice 1739 della R. Biblioteca Universitaria di Bologna*, «Il Propugnatore», N. S., VI, pp. 112-167.

Rossi, Vittorio
  1930 *Saggi e discorsi su Dante*, Firenze, Sansoni.

Salvini, Salvino
  1717 *Fasti consolari dell'Accademia Fiorentina*, Firenze, Tartini e Santi Franchi.

Sapegno, Natalino
  1960 *Storia letteraria d'Italia*, Milano, Vallardi.
  1963 *Storia letteraria del Trecento*, Milano-Napoli, Ricciardi.

Scarpa, Emanuela
  1960 *Andrea de' Medici detto "il Butto"*, «Studi di Filologia Italiana», XLVII, pp. 149-210.

Schiaffini, Alfredo
  1926 *Testi fiorentini del Dugento e dei primi del Trecento*, con introduzione, annotazioni linguistiche e glossario, Firenze, Sansoni.
  1928 *Note sul colorito dialettale della Divina Commedia*, «Studi danteschi», XIII, pp. 31-45.

Spongano, Raffaele
  1954 *Rec. a Opere di Giovan Battista Gelli*, (a cura di Ireneo Sanesi, Torino, UTET, 1952), «Giornale Storico della Letteratura Italiana», CXXXI, 108-16.
  1970 *Le rime dei due Buonaccorso da Montemagno* (v. sez. II).
  1974² *Nozioni ed esempi di metrica italiana*, Bologna, Pàtron.

Suitner, Franco
  1977 *Petrarca e la tradizione stilnovistica*, Firenze, Olschki.

Tanturli, Giuliano
  1976 (v. sez. I).

Tartaro, Achille
  1972 v. Muscetta
  1986a *Forme poetiche del Trecento*, in *La Letteratura Italiana. Storia e testi*, diretta da C. Muscetta, Bari, Laterza (terza ristampa 1986), vol. 7.
  1986b *La Letteratura civile e religiosa del Trecento*, in *La Letteratura Italiana. Storia e testi*, diretta da C. Muscetta, Bari, Laterza, (terza ristampa 1986), vol. 9.

Vasoli, Cesare
  1952 *Polemiche occamiste*, «Rinascimento» III, pp. 119-141.
  1968 *La dialettica e la retorica nell'Umanesimo. "Invenzione" e "metodo" nella cultura del XV e XVI secolo*, Milano, Feltrinelli.

Wesselofsky, Aleksàndr
  1867 *Il Paradiso degli Alberti, ritrovi e ragionamenti del 1389. Romanzo di Giovanni da Prato, dal codice autografo e anonimo della Riccardiana*, Bologna, Romagnoli (ristampa fotomeccanica Forni, Bologna, 1968).

Witt, Ronald
  1970 *Cino Rinuccini's Responsiva alla Invettiva di Messer Antonio Lusco*, «Renaissance Quarterly» XXIII. 2, pp. 133-149.

Wolf, J.
  1955 *Der Squarcialupi Codex Pal. 87 der Biblioteca Medicea Laurenziana zu Florenz*, Lippstadt, Kistner und Siegel.

Zaccagnini, Guido
  1925 *Le rime di Cino da Pistoia*, Genève, Olsckhi.

Zambon, Francesco
  1983 *Sulla fenice del Petrarca*, in *Miscellanea di studi in onore di V. Branca*, I (dal Medioevo al Petrarca), Firenze, Olschki, pp. 411-425.

INTRODUZIONE

1. Nel leggere la rimeria 'minore' del Trecento non si può fare a meno di notare la ripetitività, la stanca frequentazione di *tópoi* risaputi, l'ossequio (esplicito o meno) ai grandi, la perdita della novità ideologica e del contenuto filosofico. Il confronto con il modello petrarchesco e con la poesia delle origini è ineludibile e risulta sempre svantaggioso: la produzione lirica si realizza in un contesto culturale nel quale tutto sembra già essere stato inventato e pare che nulla di nuovo possa essere prodotto.

Non si tratta qui di ritornare su quanto abbiano pesato, nell'interpretazione critica del Trecento minore, talune sistemazioni compiute nelle storie letterarie[1]; non si tratta neppure, del resto, di negare la preminenza generalmente accordata alle scuole poetiche delle origini o la loro funzione fondativa, né tanto meno si vogliono attribuire indebite connotazioni di valore artistico a testi spesso privi di particolare interesse. Ciò che tuttavia sembra continuare ad avere validità per la ricerca è la restituzione di testi di autori significativi per la ricostruzione di un'area culturale, in quanto ricettori immediati della grande poesia delle origini e del vicino modello petrarchesco: ciò consente di non isolare uno o pochi ingegni, tenendo conto, al contrario, del vario panorama letterario del secolo. A questo si aggiunge che l'analisi particolare consente di andare oltre la discutibilità di certe sistemazioni, nate da giudizi che per il loro carattere generalizzante diventano aprioristici e si rivelano quindi improduttivi

---

[1] Balduino 1984a, p. 13 e 45-6, osserva infatti quanto, a dispetto di «tutta una serie di specifiche e talora decisive acquisizioni filologiche», «le censure mosse alla poesia minore del Trecento» insistano «sui limiti di uno 'sterile epigonismo', sulla persistenza di 'inerti ripetizioni', sul vario configurarsi di un 'accademismo letterario' nel quale anche si sottintendono, per la maggior parte dei rimatori, le accuse inerenti alla mancanza di sincerità, di serietà morale, di un definito e personale mondo poetico».

per la critica. L'attenzione al testo consente di considerare ogni autore sì nel contesto in cui egli si forma, ma al di fuori della «turba de' rimatori»[2], indagando sull'uso più o meno personale che egli fa del materiale lessicale, metrico-retorico, tematico che trova nella tradizione, esprimendo la propria *parole* nell'ambito di una tradizione lirica in volgare già affermata[3].

Cino Rinuccini è un personaggio emblematico in questo senso, per la sua ripresa programmatica (anche teorizzata nella difesa delle 'tre corone'[4]) delle movenze stilistiche petrarchesche, dantesche e stilnovistiche, in un'epoca nella quale la tradizione è «decaduta a puro repertorio, a una funzione [...] utilitaria»[5]. Al di là della valutazione, come si è detto, generalmente negativa dell'approccio storico-letterario[6], interessa vedere

---

[2] È l'espressione usata da De Sanctis 1870, p. 385, in riferimento ai minori del Trecento.

[3] «Fino a che punto [...] si può essere certi di non essersi arrestati all'asse paradigmatico (scelte lessicali, uso di non inedite metafore, ecc.) senza considerare invece, sul piano sintagmatico, le novità e i particolari caratteri che possono emergere perfino in una poesia che sia fondamentalmente composta dalla combinazione di 'materiali' prefabbricati?» (Balduino 1984a, p. 45); è interessante che la stessa prospettiva metodologica (nata dall'insegnamento continiano, dalla ricerca, cioè, del funzionamento della «memoria» in Dante, cfr. Contini 1965) venga proposta (cfr. Suitner 1977) non per un'indagine su un minore, ma su Petrarca: una ricerca comune può portare a evitare indebite e pregiudiziali distinzioni tra 'grandi' e 'minori', superando il mito dell'autore «sorgivo e sincero» (Suitner 1977, p. 7).

[4] Cfr. *infra*, p. 34.

[5] De Robertis 1952, p. 11.

[6] Rinuccini è considerato da Crescimbeni 1730, II, pp. 317-318, (che afferma di aver letto le sue rime «con sommo piacere [...], avendole riconosciute d'ogni ornamento dotate, che il Petrarca prescrisse a' componitori toscani») come «uno de' migliori, che in quel tempo si sforzassero d'imitare il Petrarca». Le storie letterarie del secolo XIX, inclini ad apprezzare più le figure di grande rilievo che a riconoscere l'opera sotterranea della «turba dei rimatori», lo disdegnano. Lo cita appena Flora 1940, vol. I, p. 326; Pompeati 1944, vol. I, p. 489, lo dice «estrema propaggine dello Stil Novo quando già Petrarca andava conquistando gli animi dei nuovi rimatori»; ma questa valutazione può essere formulata da chi non abbia neppure iniziato la lettura delle rime rinucciniane, o comunque non si sia spinto oltre il secondo sonetto contenuto nel *corpus* tramandato dalla Raccolta Aragonese, se si considera che già nel terzo il rimatore elenca i propri modelli, e Petrarca vi occupa una posizione di primo piano. Sarà interessante notare che Carducci 1879, p. 98, che pure dimostra una sensibilità editoriale per la rimeria minore trecentesca, parli di «frasi contorte o pedantesche» e di sterile imitazione priva di vita. Certo più clementi altri giudizi, o, almeno, esenti da quella sorta di 'risentimento' verso i rimatori

lo sviluppo dell'attenzione per le sue rime, sia nelle edizioni, sia negli studi particolari. Dopo la sistemazione che la produzione poetica di Rinuccini ricevette nella Raccolta Aragonese (e già pare non privo di significato il suo accoglimento in tale silloge), si trovano alcune rime parafrasate nel *Libro di natura d'Amore* di Mario Equicola[7], che le lesse nei codici, giunti fino a noi, derivati dalla Raccolta stessa[8]. È questa l'unica attestazione a stampa fino al XVIII secolo (le rime di Rinuccini sono assenti dalla Giuntina come pure dalla *Bella mano* di Giusto de' Conti). Crescimbeni (che pubblica il son. III) lamenta l'assenza di un'edizione della produzione rinucciniana[9]: solo nel 1858 viene pubblicato, da Salvatore Bongi, l'intero *corpus* delle rime contenute nella silloge del Magnifico: l'edizione, che rispecchia la curiosità diffusa all'epoca per i testi del *buon secolo*, si rifà interamente ad una copia lucchese del Plut. XC inf. 37 della Biblioteca Medicea-Laurenziana (il codice Möucke VI della Biblioteca Statale di Lucca, ora segnato 1491). È un'edizione di pochi esemplari, realizzata da Bongi «per nozze»: il carattere occasionale della pubblicazione ha come inevitabile conseguenza la scarsa cura critica dell'opera, ma è indubbio il merito di aver reso accessibili quei testi.

Questo merito riconosce Flamini, lodando la serie di nuove continue scoperte di rimatori dall'epoca di Petrarca a Lorenzo il Magnifico. Il lavoro di Flamini su tali rimatori (e in particolare su Cino Rinuccini) è volto a tentare di definirne i rapporti con i grandi poeti che li hanno preceduti: l'impressione immediata che si riceve accostandosi ad essi, egli nota, è che siano tutti uguali, e tutti petrarchisti[10]. Flamini ha però il merito di indagare sul rapporto di Cino Rinuccini con Petrarca; egli riconosce che il rimatore «petrarcheggiava»[11], tuttavia afferma che nelle

---

minori che non furono in grado di raggiungere le vette dei grandi poeti: si vedano, ad esempio, l'equilibrato giudizio di Petrocchi, che riconosce in Rinuccini l'«ossequiosa imitazione dell'antico», ma anche il suo accoglimento delle forme filosofiche, oltre che espressive, della poetica stilnovistica (cfr. Petrocchi 1965, II, p. 549); inoltre la percezione che la polemica sul volgare e sul passato portata avanti da Rinuccini tradisca preoccupazioni di ordine morale e civile (in Muscetta-Tartaro 1972).

[7] Cfr. pp. 74-75.
[8] Cfr. De Robertis 1959, p. 207.
[9] Cfr. Crescimbeni 1730, II, p. 317.
[10] Cfr. Flamini 1895, p. 4.
[11] Cfr. Flamini 1890b, p. 2.

sue rime si trovano, da un lato, discordanze rispetto ai temi dei *Fragmenta*, dall'altro, richiami diretti ai poeti del Dolce stil nuovo e a Dante. Il critico però si arresta a indagini minuziose e poco significative, oltre che parziali[12]. Più importante pare piuttosto la riflessione generale di Flamini, il suo riconoscimento, cioè, che Petrarca non sia l'unica fonte di Rinuccini, nelle cui rime sono ingenti le presenze dantesche e cavalcantiane[13]: andrebbe osservato però che non sempre è possibile distinguere, entro la stratificazione delle forme, le diverse imitazioni: non per questo, mettersi «alla ricerca delle derivazioni e delle fonti» significa fermarsi «all'esteriorità», rinunciando a trovare «la sua voce [*sc.* del poeta] più schietta [...] più addentro di quelle imitazioni»[14]: non ha senso, come voleva invece Li Gotti, «far piazza pulita, una volta per tutte, di questo suo creduto, esclusivo stilnovismo e dantismo»[15]: prescindere dal dialogo con la tradizione ricondurrebbe al mito della spontaneità e sarebbe operazione critica sterile.

Il rifarsi di Rinuccini ad un bagaglio di tradizione poetica a lui precedente non esclude il più vicino modello petrarchesco per il fatto che lo stesso Petrarca si colloca in quella tradizione ed in essa sviluppa la sua poetica[16]. È peraltro inevitabile che, accanto all'indubbio influsso petrarchesco, una forte influenza esercitino almeno Dante e Cavalcanti su un

---

[12] Il punto di partenza del critico è il confronto tra il sonetto XLIV di Rinuccini e il CCXLVIII di Petrarca; nel primo si dice che la Natura non poteva formare la donna: «[...] Natura non potea | formar sì vago lume e dolce riso» (vv. 2-3); nel secondo essa è opera della Natura: «Chi vuol veder quantunque pò Natura [...]» (v. 1). Le differenze, tuttavia, non paiono «capitali», come sostiene Flamini: un'indagine che non si arresti ai componimenti citati conferma che nell'insieme delle rime rinucciniane e petrarchesche è presente la medesima compresenza di Cielo e Natura come responsabili della creazione dell'amata: si vedano, ad esempio, «[...] paradiso | (onde questa gentil donna si parte)» (RVF LXXVII 5-6); «Costei per fermo nacque in paradiso» (RVF CXXVI 55); «[...] appare | visibilmente quanto in questa vita | arte, ingegno et Natura e 'l Ciel pò fare» (RVF CXCIII 12-4); e, tra le rime di Rinuccini, «nel cui lume Natura non fu avara» (IV 6); «dove drittura pose | Natura [...]» (V 24-5); «o viso, cui Natura sì comparte [...]» (XXVI 7). Su questo, che è «uno dei motivi più comuni e sclerotizzati del codice cortese», cfr. nota di Leonardi al Son. 12 di Guittone, vv. 12-14.

[13] Cfr. Flamini 1890b, pp. 5-18.

[14] Cfr. Li Gotti 1947, p. 22.

[15] *Ibid.*

[16] Sulla collocazione di Petrarca nella tradizione poetica volgare a lui precedente, è fondamentale lo studio di Suitner 1977.

rimatore fiorentino[17]. Temi come quello dell'ineffabilità dell'amata, del suo carattere divino, della figura femminile assimilata all'immagine della fenice, per fare solo alcuni esempi, giungono certamente al rimatore trecentesco attraverso Petrarca, ma gli derivano anche dal bagaglio tematico della lirica precedente ed è evidente che ciò che appariva originale e nuovo (pur trattandosi spesso di «novità relative [...], essendo spesso dimostrabile che anche quegli antichi testi sono inscindibilmente legati, e talvolta quasi come sovraimpressioni, a modelli precedenti: occitanici, di solito, o, più di rado e meno direttamente, mediolatini»[18]) è ora mediato essendo passato attraverso vari 'filtri', che lasciano ben poco (ma pur qualcosa) all'innovazione del rimatore. La ricorrenza del motivo della fenice, ad esempio, pare riconducibile all'ammirazione per Petrarca[19], pur essendo diffusa ben prima, e si inserisce nell'ambito in una frequenza piuttosto alta di immagini mitologiche: da Medusa (con una configurazione originale, quella di un effetto della donna contrario a quello del mostro che pietrifica[20]); a Giove (invocato alla maniera dantesca: cfr. V 58 *sommo Giove*), ai miti degli amanti, quali Achille e Polissena, Troilo e Criseida, questi ultimi giunti a Cino attraverso la mediazione boccacciana[21].

---

[17] Da parte di un altro rimatore toscano, il maggior Cino, l'influsso si fa invece meno pesante: «[...] la relativa esiguità delle presenze ciniane» in Cino Rinuccini ha una spiegazione, che «si potrà anche condensare in un solo nome: quello, naturalmente, di Francesco Petrarca» (Balduino 1984b, p. 203).

[18] Cfr. Balduino 1984a, p. 44.

[19] L'immagine giunge a Petrarca già stereotipata, e liberata dalla valenza religiosa che aveva nei bestiari (in quanto figura della morte e resurrezione di Cristo), e diventa metafora non tanto dell'amante, quanto della donna. Le caratteristiche che fanno amare a Petrarca tale raffigurazione di Laura sono l'unicità, la perfezione, l'eternità (cfr. Zambon 1983, p. 415). Anche Rinuccini usa il mito come simbolo della donna in quanto unica (nel son. XI viene accennato anche un paragone tra l'immortalità della donna e la fragilità e debolezza dell'amante). Il motivo compare tre volte nelle rime rinucciniane: se si considera che nella ballata XXIV il senso richiederebbe piuttosto la presenza di Medusa (che, con il suo effetto pietrificante, compare infatti adeguatamente nella stanza del componimento), si sarebbe persino tentati di pensare ad un *senhal* della donna: ma tale interpretazione richiederebbe riscontri più certi, e la presenza della fenice può essere giustificata anche dalla rima (*fenice:dice*).

[20] Cfr., ad esempio, I 1 e V 77.

[21] Criseida è *in veste bruna*, come appare *in bruna vesta* in Boccaccio, *Filostrato*, I 19,2 e I 26,7.

Un punto da cui partire (anche se non sufficiente perché limitato a ciò che il rimatore decide di dichiarare esplicitamente, oltre che carico di richiami intertestuali e topici) è il sonetto III: in esso Cino rivela i suoi *auctores*, nominandoli con l'uso del *tópos* dell'inesprimibile[22]: tutti insieme, con le loro altissime capacità, non sarebbero in grado di cantare le bellezze della donna. Le quartine sono interamente dedicate a Petrarca; nelle terzine segue l'elenco degli altri modelli, con un panorama che va dai classici (Omero, Virgilio, Cicerone, Demostene) alla poesia volgare italiana (Dante, Guittone, Sennuccio del Bene, Franceschino degli Albizzi, Guido [Cavalcanti?], Fazio degli Uberti, Cino da Pistoia), a quella occitanica (Arnaut Daniel). Al di là del riferimento topico (direttamente mutuato da Petrarca, RVF CCXLVII 9-11) ai classici, maggiormente indicativi (per quanto si debba notare, ancora, che *Sennuccio e Franceschin* è un accostamento mutuato da *Triumphus Cupidinis*, IV) sembrano essere gli altri richiami in quanto esprimenti l'appartenenza (che assume la connotazione di 'figliolanza') ad una tradizione poetica. Più importa, però, sottolineare l'evocazione fortemente affettiva a Petrarca (*il mio*)[23] nonché il fatto che il sonetto sia interamente intessuto di citazioni dal *Canzoniere*[24]. Non è questione di pensare se Rinuccini avesse coscienza del carattere epigonico della sua parola[25]: la consapevolezza, come è stato osservato[26], si misura nella immedesimazione più o meno «compromessa»[27] con la tradizione; fare i nomi dei propri modelli ha il significato di dichiarare la propria consapevole collocazione in una tradizione, ma è anche un modo di relegarli a 'repertorio' (ben diversamente dalla dialettica istituita da Petrarca nella sua canzone *Lasso me* con i modelli dello pseudo-Arnaut, di Cavalcanti, di Dante, di Cino e, prova ulteriore della

---

[22] Cfr. Curtius 1948, p. 180.

[23] Ciò rimanda anche alla dichiarazione, altrettanto forte, di discepolato rispetto a Coluccio Salutati (detto *maestro mio* nella *Responsiva alla invettiva di Messer Antonio Lusco*, per la quale cfr. *infra*, p. 34).

[24] Si veda, in dettaglio, l'introduzione al sonetto III di Cino Rinuccini.

[25] «Il Rinuccini (come è naturale) di tutto questo notevole trascolorare di tendenze non ebbe coscienza: neppure avvertì di essere quell'epigono che i posteri si immaginarono poi» (Li Gotti 1947, p. 11).

[26] Cfr. De Robertis 1952.

[27] Si pensi a «quella 'serietà terribile' che Dante mette nell'imitazione, quel non far mai per giuoco, ma immedesimarsi tutto, compromettersi fino in fondo» (De Robertis 1952, p. 12).

vitalità del dialogo intertestuale, con la propria parola poetica). Ciononostante Rinuccini, come si vedrà, cerca (e in parte riesce a trovare) i modi del dialogo con il 'passato' attraverso il gioco tecnico (ma anche con conseguenze sul piano del contenuto) della versificazione.

Il peso della mediazione petrarchesca nel riuso del materiale lessicale, stilematico e retorico del vicino passato (e del presente) poetico è visibile nel sonetto 'in morte' *Oïmè lasso, ov'è fuggito il viso*, per il quale evidentemente al modello della canzone ciniana *Oimè lasso quelle trezze bionde*, non ignorato dal rimatore, è preferita la forma metrica del sonetto petrarchesco *Oimè il bel viso, oimè il soave sguardo*[28].

2. La scelta di un metro come indicatore di una fonte sposta dunque l'attenzione su un piano diverso: la canzone V ad esempio ha lo schema della dantesca *Tre donne intorno al cor mi son venute*, con una certa autonomia nel congedo[29]. Un maggiore interesse rivestono le canzoni XIV e XXXII, che riproducono lo schema, di invenzione dantesca, della *canzone ciclica CII* (*Amor, tu vedi ben che questa donna*)[30]. Rinuccini, che rispetta lo schema dantesco nelle stanze, muta invece il congedo, di 5 versi, con schema AEDCB: non riproduce, cioè, la rima centrale (come fa invece il congedo di Dante: AEDDCB). Questo pare interpretabile come una, seppur minima, indipendenza dal metro dantesco (e il fatto che entrambe le canzoni cicliche abbiano lo stesso tipo di congedo mostra che la modificazione rispetto al modello è intenzionale): il rimatore si mantiene fedele a quello che considera essere l'impianto generale del componimento, fino all'estremo del tecnicismo: 5 parole-rima su 5 stanze, con un congedo di cinque versi, per un totale di 65 versi. Rinuccini, che si dichiara ammiratore e discepolo di Petrarca, mostra dunque l'ambizione

---

[28] E cfr. nuovamente l'osservazione di Balduino 1984b, p. 203 sulla scarsità delle citazioni 'dirette' da Cino da Pistoia, mediate dalla più forte presenza petrarchesca.

[29] Per questa canzone, per le due *canzoni cicliche*, con la discussione sull'originale e artificioso metro, che ha attirato l'attenzione di molti, per le diverse e in gran parte devianti interpretazioni che ne sono state date (a causa della corrente denominazione di *sestina doppia*) e per i suoi rapporti con gli esperimenti di Rinuccini, cfr. Balbi 1992, di cui riprendo qui le conclusioni.

[30] Lo schema della canzone (di cinque stanze più una tornata) è il seguente: ABA ACA ADD AEE; EAE EBE ECC EDD; DED DAD DBB DCC; CDC CEC CAA CBB; BCB BDB BEE BAA; tornata in Dante AEDDCB; in Rinuccini AEDCB.

di praticare nelle sue canzoni un programmatico dantismo metrico, mantenendo tuttavia una sua autonomia. Più di questo conta la scelta di misurarsi con un metro complesso, che Dante raccomandava di non riprodurre «nisi forte novum aliquid atque intentatum artis hoc sibi peroget – ut nascentis militie dies, qui cum nulla prerogativa suam indignatur preterire dietam»[31]. Non si addice, allora, al rimatore una semplicistica definizione di petrarchista, né di stanco ripetitore dei grandi, ma gli si deve riconoscere una discreta capacità di progettare consapevolmente la propria attività poetica, magari ricorrendo a modelli inusitati e scarsamente praticati al suo tempo (si noti che la canzone è riprodotta una sola volta da Franco Sacchetti, *Con sì alto valor questa regina*); Cino si muove, insomma, nell'ambito di quel poco di nuovo che sembra restare da inventare ad un 'erede'.

In *Io sento sì mancare omai la vita* Rinuccini segue il modello anche nel tema: la limitata espressività pare essere il frutto inevitabile dell'incrocio delle parole-rima (che, per quanto semanticamente variate per l'*equivocatio*, costringono l'autore alla ripetitività). Il rimatore divide rigorosamente gli argomenti secondo le singole stanze, seguendo il tema della parola-rima-chiave (quella che compare 6 volte nella stanza). Nella canzone XXXII, invece, Rinuccini riesce a ovviare alla monotonia imposta dallo schema metrico con l'introduzione di un tema completamente diverso, la narrazione di una visione. Il motivo è usato anche nell'unica sestina di Cino Rinuccini, *Quando nel primo grado il chiaro sole*, cui la seconda canzone ciclica è vicina anche per il fatto di richiamarne, pur variandolo, l'*incipit* e l'aura di sogno. A limitare la concettosità è anche la rinuncia alla rigida ripartizione tematica della XIV: le scene si succedono l'una all'altra senza soluzione di continuità, grazie anche ad un più ampio uso dell'*enjambement*.

Anche due sonetti sono composti con la ripetizione di rimanti: il II (*Io porto scritto con lettere d'oro*) e il XXXVIII (*Saggio è colui che bene spende il tempo*), entrambi su 5 parole-rima; il sonetto II contiene l'*equivocatio* sulla parola *donna*, sia in rima sia all'interno del verso, il XXXVIII ha solo rime identiche. Il caso di rima su una stessa parola nel sonetto è raro e per lo più indice di noncuranza[32]; qui il fatto si può giustificare ammettendo

---

[31] *De vulgari eloquentia*, II xiii 13.
[32] Cfr. Ignazio Baldelli in ED, s.v. *rima* e s.v. *sonetto*.

che si tratti di esercizio poetico: una sorta di prova temporanea verso l'emulazione di un modello raro e altissimo, quello della canzone dantesca.

Nelle due canzoni cicliche, il cimento col modello ha portato Rinuccini a tentare di superare i limiti del metro[33]. Questo risultato è raggiunto non con una diversificazione dei termini in rima, che avrebbe avuto lo scopo di nascondere la struttura stessa del metro evitando solo apparentemente la ripetitività, bensì con l'uso fedele dello schema; questo viene adattato però ad un contenuto diverso, al quale si addice la ripetizione, poiché suggerisce il clima psicologico del sogno. Cino Rinuccini non esita allora a riprodurre, per ben due volte, l'inusitato modello dantesco: nel primo caso (XIV) egli non fa che esercitarsi sullo schema e utilizza anche, banalizzandoli, molti dei temi della CII di Dante; nel secondo (XXXII) egli realizza qualcosa di nuovo.

In tale 'esercizio', che, come si vedrà, è il riflesso di una probabile esperienza di scuola, il rimatore si svincola anche dai modi aulici per mettersi alla prova con lo stile comico del sonetto LIII. Anche questo sonetto può essere infatti considerato come una esercitazione, che non ignora certamente il modello dantesco della tenzone con Forese, né altri esempi di stile 'basso' (si veda, ad esempio, il tema della sodomia, tipico nella rimeria giocosa[34]).

Ancora, Rinuccini non rinuncia a provarsi anche nel *plazer*, con un primo tentativo nel son. XIII e uno senza dubbio di livello più alto nel son. XXV (si deve peraltro notare, ancora una volta, che l'imitazione è mediata dalle prove dantesca, cavalcantiana, petrarchesca): del resto, nel son. III anche la lirica provenzale, rappresentata da Arnaut Daniel (*Arnaldo*, v. 12), compare come parte dell'esperienza poetica cui il rimatore fa dichiaratamente riferimento.

Gli elementi finora osservati fanno di Rinuccini un rimatore nel complesso degno di rilievo tra i 'minori' del suo tempo. Alcune irregolarità tecniche ridimensionano tuttavia a volte l'idea di lui come un verseggiatore maturo. Si devono infatti segnalare le sviste metriche[35] delle

---

[33] «Un tal gioco di rime sfuggirà ai processi evocativi e tenderà a provocare sintatticamente, e però razionalmente, sempre nuovi 'concetti'» (Contini 1946[2], p. 160).

[34] Ad esempio, in Meo dei Tolomei e in alcune tenzoni, come quella di ser Cecco Nuccoli e Cucco di Messer Gualfreduccio Baglioni: cfr. Marti 1956, pp. 260, 770, 795.

[35] «I casi [...] di asimmetrismo (assenti nei canzonieri dei tre 'classici' Dante, Cino e

canzoni V e XIV[36]: di particolare rilevanza è, inoltre, l'imperfetta *retro-gradatio cruciata* della sestina XXVII (a quanto mi risulta il fatto non è stato ancora segnalato, neppure in studi recenti[37]): anche in questo caso l'inesattezza sembra dovuta all'autore, per il senso e per una, seppur minima, coerenza interna nel rispetto, almeno, di uno dei meccanismi fondamentali della sestina, quello delle *coblas capcaudadas*. Anche questo dato, in ogni caso, conferma l'immagine del rimatore in continua attività di sperimentazione.

3. Rinuccini dovette essere in contatto con gli sviluppi poetico-musicali del proprio tempo (vale a dire con l'*Ars Nova*), come mostrano i suoi due madrigali (vera «moda» del secolo[38]) e la forma delle sue ballate: queste (tutte mezzane, eccetto la LI, che è minore e corrisponde tra l'altro allo schema più ricorrente nel Trecento[39]) hanno tutte mutazioni distiche (XLVIII, L, LI) e tristiche (XXII, XXIV, XLV, XLVII, XLIX)[40] e sono tutte di una sola strofa e l'*Ars Nova*, come è stato osservato, dovette influire sul monostrofismo, per le esigenze della musica di adattarsi a strutture metriche brevi e concluse[41]. Il rapporto del rimatore con la poesia per musica è confermato anche dalla vicinanza a Francesco Landini, che musicò almeno la ballata XXII[42].

Petrarca)» sono «ricorrenti» nello sviluppo della canzone italiana del Trecento (esempi in Antonio da Ferrara, Antonio degli Alberti, Matteo Frescobaldi, Niccolò Soldanieri) e «interessano due livelli: rimico e versale» (cfr. Pelosi 1990, pp. 126 sgg., che segnala l'irregolarità della canzone V, ma non quella della XIV). Il caso di Rinuccini rientra nella prima categoria.

[36] Si vedano, per gli schemi, i 'cappelli' ai componimenti.

[37] Non ne fa menzione Frasca 1992, che pure parla della sestina di Cino Rinuccini come di uno degli «individui più riusciti dell'epoca» (p. 319); e si noti che irregolare è anche, in ambito trecentesco, la sestina di Antonio degli Alberti *Fra l'Ariete e il Tauro è giunto il giorno* (in Corsi 1969, pp. 523-524).

[38] Cfr. Li Gotti 1946-'48, p. 322.

[39] Cfr. Capovilla 1975, p. 113.

[40] È questo un altro carattere che si impone nel Trecento (cfr. Capovilla 1975, p. 117).

[41] Cfr. Li Gotti 1946-'48, p. 323; Bigi 1974, p. 485; Capovilla 1977, pp. 253-4 e Orlando 1984, p. 95 (e cfr. anche Pirrotta 1984, p. 47) ipotizzano che il monostrofismo non fosse sempre tale in origine, ma che sia stato prodotto nella trascrizione dei codici musicali, con eliminazione delle strofe originali.

[42] Di Francesco Landini nel *Paradiso degli Alberti* si dice che era «musico teorico e

Altre rime, che contengono temi morali e religiosi, collocano Rinuccini nel fermento culturale del suo tempo: avrà pesato il ripensamento
della «lunga e sofferta acquisizione della vicenda esistenziale e poetica di
Francesco Petrarca»[43], rivissuta forse attraverso l'esperienza della mona-
cazione del fratello Tommaso (si noti l'analogia di vicende biografiche, e
la non improbabile identificazione, con Petrarca); oltre a questo, avrà
influito il «soffio di misticismo» che percorreva gli ultimi anni del Trecento[44]; s. Caterina e s. Brigida ebbero una grande influenza (sappiamo,
ad esempio, che Antonio degli Alberti fu «di quelli che per qualche
tempo si lasciarono trascinare dalla mistica corrente»[45] e ottenne di poter
far costruire un monastero per s. Brigida poco lontano dalla villa del
Paradiso. In alcune delle sue rime è espressa la meditazione che lo portò
alla fuga dal mondo: si ricordi, ad esempio, il sonetto inviatogli da Franco
Sacchetti, *Egregio cavalier, el m'è aviso* e la sua risposta *No' siamo alme create
in Paradiso*). Il richiamo, poi, nel sonetto XXXVII, a *Ruberto*, che pare
identificabile con Roberto dei Rossi[46], può costituire un indizio del fatto
che questi temi fossero oggetto di discussione comune tra i dotti fiorentini dei ritrovi del *Paradiso*. I sonetti XXI, XXXVII, XXXVIII, XLI,
XLII, XLIII esprimono una condanna dell'amore terreno, con una esigenza di slancio mistico (**XLII** 14 *nel fin voliamo a vera claritate*) unita a
preoccupazioni di ordine etico (**XXXVIII** 1 *Saggio è colui che bene spende il
tempo*), rispecchiando fedelmente la situazione spirituale del tempo,
meno dedita all'ascesi che alla riflessione morale[47]. La compresenza del-
l'etica cristiana e del motivo dell'amore terreno appare già, del resto,
nella sestina *Quando nel primo grado il chiaro sole*, dove è affermata la

---

pratico, mirabile cosa a ridire» (cfr. Wesselofsky 1867, III, pp. 3-4). Fu tra i più impor-
tanti esponenti dell'*Ars Nova* italiana. Rinuccini ne parla nella sua *Responsiva alla invettiva
di Messer Antonio Lusco*: «[...] avemo in musica Francesco, cieco del corpo, ma dell'anima
alluminato, il quale così la teorica, come la pratica di quell'arte sapea, e nel suo tempo
niuno fu migliore modulatore de' dolcissimi canti, d'ogni strumento sonatore, e massima-
mente d'organi, co' quali con piacevole dolcezza ricreava gli stanchi» (cfr. Moreni 1826,
p. 238-9, inoltre Carducci 1870, pp. 380-7).

[43] Frasca 1992, p. 321.
[44] Cfr. Wesselofsky 1867, I, I, p. 194.
[45] *Ibid.* p. 195.
[46] Cfr. Wesselofsky 1867, I, II, p. 51. Su Roberto de' Rossi cfr. Manetti 1951.
[47] Cfr. Petrocchi 1965, pp. 535 sgg.; cfr., inoltre, le introduzioni ai singoli componimenti, per riscontri più puntuali.

caducità dei beni terreni «straordinariamente esemplificata nello sman-
tellamento dell'incantevole visione», con un trionfo dell'«etica cristiana,
il cui riaffiorare compositivo denuncia lo svuotamento dell'ideologia stilnovista»[48].

Cino Rinuccini visse «in quello straordinario fermento delle menti
che preludeva al Quattrocento, e fra le gare dei partiti letterari»[49]. Legato
per vicende politiche[50] alla famiglia degli Alberti, partecipava alle con-
versazioni che si tenevano nella villa del 'Paradiso', cui prendevano parte
personaggi come Coluccio Salutati e Luigi Marsili, Francesco Landini,
Antonio degli Alberti. Il rimatore tentò di collocarsi nel complesso dibattito tra 'antichi' e 'moderni': egli figura infatti come l'autore di due
invettive (entrambe in latino, se ne conservano i volgarizzamenti, ano-
nimi[51]), una contro i detrattori di Dante, Petrarca e Boccaccio, l'altra in
risposta alla *Invectiva in Florentinos* di Antonio Loschi. Con la prima egli
assume la difesa del volgare[52].

---

[48] Cfr. Frasca 1992, p. 320.
[49] Cfr. Wesselofsky 1867, I, II, pp. 50-51.
[50] Cfr. *Biografia*.
[51] L'*Invettiva contro a cierti calunniatori di Dante e di messer Francesco Petrarca e di messer Giovanni Boccaci, i nomi dei quali per onestà si tacciono, composta pello isciientifico e ciercuspetto uomo Cino di messer Francesco Rinuccini cittadino fiorentino, ridotta di gramatica in vulgare* è pubblicata in Wesselofsky 1867, I, II, pp. 303-316; in Lanza 1972, pp. 261-267, senza sostanziali variazioni. La *Risponsiva alla invettiva di messer Antonio Lusco, fatta per Cino di messer Francesco Rinuccini cittadino fiorentino e traslatata di gramatica in vulgare* è pubblicata da Moreni 1826, pp. 199-250. Wesselofsky 1867, I, II, pp. 53-54, avanza un'ipotesi riguardante il traduttore dell'*Invettiva*: o meglio, più cautamente, si limita ad indicare una corripondenza tra il capitolo iniziale del romanzo *Il Paradiso degli Alberti* (che egli, com'è noto, riconduce alla paternità di Giovanni Gherardi da Prato) e l'apertura dell'*Invettiva*: in entrambi si ha il racconto di un viaggio immaginario. Il tema del viaggio era, nota Wesselofsky, diventato popolarissimo dopo Dante e Fazio degli Uberti, ma non era «divenuto luogo comune [...] da incontrarsi dovunque all'autore piacesse». I due viaggi non avrebbero relazione con l'argomento delle opere cui sono premessi; si concludono, inoltre, quello del romanzo con l'approdo alla villa del 'Paradiso', quello dell'*Invettiva* «nel riposo del Paradiso Terrestre, ove si ragiona di Dante, di Petrarca e del Boccaccio e de' pregi della letteratura volgare».
[52] L'*Invettiva* si configura come una indiretta risposta alle affermazioni che Niccolò Niccoli fa nella prima giornata dei *Dialogi ad Petrum Histrum* di Leonardo Bruni (cfr. Wesselofsky 1867, I, II, p. 44, e Baron 1955b, pp. 261-4): replicando a Coluccio Salutati, che considerava eccellenti Dante, Petrarca e Boccaccio, il Niccoli si scagliava contro di essi, in quanto rappresentanti della vecchia scolastica, accusando l'epoca appena passata di

Avverso agli umanisti e alla nuova cultura in campo letterario e linguistico, Rinuccini è invece apertamente favorevole ad essi sul piano politico, nella difesa dalla minaccia della supremazia milanese; con la *Risponsiva* ad Antonio Loschi egli si colloca nei dibattiti politici degli umanisti fiorentini; i vari (e spesso oscuri) riferimenti a fatti storici hanno suscitato l'attenzione di molti: il *pamphlet* è considerato da alcuni come documento storico[53], mentre altri sostengono, come anche per altri scritti di quegli anni, un''ipotesi retorica'[54]: entrambe le invettive sarebbero cioè, seppure collocate in un contesto storico determinato, esercitazioni retoriche sul modello delle 'discussioni contraddittorie'[55]. Questa interpretazione ha ricevuto nuova luce grazie all'importante scoperta di di Giuliano Tanturli, che testimonia l'attività di Cino Rinuccini come maestro di retorica in Firenze[56].

aver dimenticato, e perduto, i libri degli antichi (cfr. Wesselofsky 1867, I, II, pp. 24-37, e Rossi 1930, pp. 294-5). Sull'argomento si segnalano ancora, almeno, Rossi 1930, Vasoli 1952, Garin 1967.

[53] Baron 1955a; 1955b. L'intento di Baron, che si è occupato prevalentemente della *Risponsiva* al Loschi, è quello di indagare fino a che punto, accanto al fiorire delle arti e delle lettere, gli umanisti avessero coscienza del cambiamento culturale nel quale vivevano e quanto i loro ideali politici pesassero nel determinare il cambiamento stesso. L'interesse di Baron è volto a collocare storicamente l'invettiva e a risolverne i complessi problemi di datazione. Su questa linea è anche Witt 1970, che suppone un rimaneggiamento del testo compiuto negli anni '30 del secolo XIV, con un riutilizzo del *pamphlet* per rispondere ad una ripresa della propaganda milanese. Tanturli 1976 interviene nel dibattito riconducendo invece la *Risponsiva* nel suo complesso alla paternità di Cino Rinuccini, per i suoi riferimenti a fatti politici e per la sostanziale affinità di impostazione retorica con l'*Invettiva* contro i calunniatori di Dante.

[54] Cfr. Rossi 1930, p. 296; Vasoli 1952; Garin 1960; Tanturli 1976.

[55] Cfr. Vasoli 1952, pp. 119-121, che sostiene che la tecnica oratoria può aver influito nel definire i confini dei contenuti delle invettive in modo più netto di quanto non fossero le reali opinioni dei loro autori.

[56] Tanturli 1976 segnala che il codice II. IV. 311 della Biblioteca Nazionale di Firenze conserva un gruppo di orazioni, esercitazioni dei membri della scuola di retorica di Santa Maria in Campo: tale scuola «era in funzione nel 1386, in un periodo [...] di lunga vacanza della cattedra di retorica allo studio fiorentino». Tra gli allievi della scuola, gli autori, cioè, delle orazioni conservate, vi sono Lorenzo di Francesco, Giovanni di Pietro da Perugia, «che rimangono per noi nudi nomi» e Roberto de' Rossi, umanista della prima metà del '400, amico del Salutati, ospite della seconda giornata dei *Dialogi* del Bruni; Cino, tra l'altro, si rivolge a lui nel son. XXXVII. La prima delle orazioni, che si trova a c. 196v del ms. citato, riporta un titolo nel quale il nome *Cino domini Francissci de Guidettis* copre una parola erasa, che Tanturli deduce essere *"Rinuccinis"*.

L'appartenenza del rimatore ad una scuola, con l'abitudine all'esercizio della *disputatio*, è confermata, per Tanturli, dalla tenzone con Pippo di
Franco Sacchetti: Pippo invita Cino ad abbandonare la danza, a riprendere la sua arte poetica e ad insegnare l'etica (o la dialettica, secondo il
poco affidabile ms. FL[5]) ai suoi scolari. *Etica* sarebbe secondo Tanturli una
«inesattezza, dovuta a cattiva informazione o all'esigenza di rimare con
poetica», oppure a qualche altra allusione per noi incomprensibile: reste-
rebbe comunque «indubbio il riferimento a una scuola tenuta da Cino»[57].
Del resto, nella tenzone si vedono utilizzate, trasferite in poesia, le stesse
tecniche delle *contentiones* e della *vituperatio* che si praticavano nella prosa.
E si può aggiungere che anche le rime («esercitazioni dantesche, petrarchesche e stilnovistiche»[58]) sono collocabili nell'ambito di una 'scuola',
sia pure di carattere non istituzionale: quella che nasce dagli incontri
della villa del 'Paradiso'.

[57] Cfr. Tanturli 1976, p. 630; la tenzone è pubblicata a p. 673.
[58] Cfr. Li Gotti 1947, p. 17.

NOTA BIOGRAFICA

Il primo dato documentario che possediamo sulla vita di Cino Rinuccini[1] è la sua immatricolazione nell'Arte della Lana nel 1381[2]. Moriva in quell'anno suo padre, Francesco di Cino, «uno dei più ricchi ed eminenti uomini politici di Firenze nel terzo quarto del '300»[3]; egli risulta infatti essere, nel 1378, l'uomo più ricco di Firenze: le prestanze da lui pagate alla Repubblica in varie occasioni costituirono uno dei modi con cui Francesco servì la sua città; gli furono affidati inoltre vari incarichi diplomatici: alcuni molto delicati, dovendosi in quegli anni gestire i rapporti tra la corte papale di Avignone e la città di Firenze, il che equivale a dire i rapporti tra l'ambizione egemonica della Chiesa sulla città e la determinazione dei Fiorentini a mantenere intatta la loro libertà.

Nella vita pubblica, Francesco fu seguito solo dal figlio Giovanni; non da Jacopo, che fu cavaliere, né da Andrea, che morì in Terra Santa nel 1384, né da Tommaso, che divenne pievano; Simone concluse tragica-

---

[1] La sua famiglia costituiva un ramo, separatosi nell'XI secolo, della più importante casa Ricasoli: cfr. Aiazzi 1840, p. 109. A quest'opera fanno riferimento vari studi su Rinuccini per quanto riguarda la sua biografia: tra questi, Flamini 1890b; Li Gotti 1957, pp. 9-29; Corsi 1969, pp. 557-559. Si soffermano ad esaltare la nobiltà della famiglia Rinuccini, e dell'onore che ad essa derivò dall'opera di Cino, Salvini 1717, p. 326; Negri 1722, p. 123 («Merita una commendazione particolare questo studiosissimo Amator delle Muse, discendente dall'antichissima, e nobilissima famiglia Rinuccini»); Giovanni Cavalcanti 1838-39, vol. II, p. 464 («[...] si poterono comprendere nelle schiatte de' più nobili, uomini di profonda eloquenza [...] ne' Rinuccini, Cino»).

[2] Sulla data di nascita, invece, non si possiedono informazioni sicure: la notizia che sia nato «poco dopo il 1350» viene da Aiazzi 1840, p. 126, ma il dato non è certo. Martines 1961, p. 110, dà il 1355 circa come data, e Witt 1970 p. 133, segnala che nella *Collezione genealogica Passerini* (Firenze, Bibl. Naz., vol. 226) è riportata la data del 1352.

[3] Cfr. Martines 1961, p. 80.

mente la sua vita in carcere, a causa dei debiti contratti con la Repubblica, che gli aveva imposto pesanti prestanze[4]: Cino accompagnò, nel 1376, il padre in una ambasceria a Genova[5], ma preferì in seguito dedicarsi alla gestione dei propri beni.

L'immatricolazione di Cino Rinuccini all'Arte della Lana non pare spiegabile con la norma prevista a Firenze di iscriversi ad un'Arte per ricoprire cariche pubbliche: il suo nome non figura mai tra i consoli di tale Arte. Solo dal 1404 Cino svolse una minima attività pubblica, ma a quell'epoca era iscritto all'Arte dei Medici e Speziali, dove fu console[6]. In ogni caso, come osserva Witt, questi compiti svolti da Cino al servizio della Repubblica non sono indice di un'ampia partecipazione politica, se si considera la quantità di uffici da coprire in Firenze[7]. Un elemento può far luce sulla scarsa attività pubblica di Rinuccini: la sua famiglia fu ammonita nel 1378, e il provvedimento perdurò fino al 1391[8]. Questo fu dovuto al legame del "clan" Rinuccini-del Garbo con la famiglia degli Alberti: costoro furono esclusi da ogni carica dopo il fallimento del tumulto dei Ciompi e la vittoria della casata ad essi avversa, quella degli Albizzi. Probabilmente anche in seguito permase una certa diffidenza nei confronti della famiglia e questa dovette essere la ragione della scelta di Cino di restare un privato cittadino[9]. La lettera, indirizzata a Donato Acciaiuoli, nella quale Cino lamenta la maldicenza di alcuni «susuroni» a suo danno e dichiara la sua innocenza, può offrire una conferma di tale distacco[10]. Nella registrazione nell'Arte c'è probabilmente un valore di

---

[4] Cfr. Aiazzi 1840, pp. 121-123.

[5] Dopo la guerra degli Otto Santi, si trattava di una delle tante ambascerie fiorentine per ristabilire le relazioni diplomatiche con la Santa Sede.

[6] In virtù dell'ufficio di console dell'Arte ebbe sei incarichi nel Consiglio del Comune e servì il Consiglio del Popolo come rappresentante del distretto della sua città. Cfr. Witt 1970, p. 133.

[7] Cfr. Witt 1970, p. 133.

[8] Cfr. Aiazzi 1840, p. 91. Nel Ms. Passerini 226, n° 25: «Rinuccini del Garbo p(er) sempre ammoniti dalla Repu(blic)a».

[9] Cfr. Witt 1970, p. 134.

[10] «Padre carissimo, più mi sforça la mia innocentia a riscriuere che lla presuptione di faticare vm sì facto huomo non ritarda la penna. Lecta e rilecta la uostra sottile lectera, ò malinconia assai: con ciò sia cosa ch'io vi ueggia pertinace a credere quello che pe' susuroni v'è stato apportato, che veramente di loro è vero il decto di Seneca, che dice essere certi cani, che non per verità, ma per vsança abbaiano. Come potrei io parllare

partecipazione formale: Cino si immatricolò «per tutta la famiglia»[11] in una delle Arti maggiori, come competeva ad un nobile. La sua immatricolazione sembra però rispecchiare anche una reale attività commerciale: come suo padre, che «esercitò nobile mercatura, tenendo navi in mare ed estese corrispondenze nei porti del Mediterraneo fino in Levante»[12], anche Cino non si limitò ad amministrare i beni fondiari ricevuti dal padre (e in seguito dal fratello Andrea): si sa che tre sue navi subirono un naufragio[13]. In seguito a ciò, Cino si trovò nell'impossibilità di pagare le prestanze che doveva alla Repubblica: fattane richiesta al Comune, ottenne uno sgravio fiscale[14]. C'è, dunque, un elemento che differenzia l'attività economica di Cino da quella dei fratelli: «mentre Cino si era iscritto a una delle corporazioni mercantili e cercava di incrementare la sua rendita per mezzo di imprese commerciali, gli altri si tenevano lontani dai traffici e vivevano in massima parte con [...] gli investimenti terrieri»[15].

Poche altre notizie si conoscono riguardo alla sua vita: sposò la sorella dell'arcivescovo di Pisa, Elisabetta di Messer Filippo d'Alamanno Adimari: da questo matrimonio nacquero quattro figli[16].

La sua attività culturale ci è documentata dai suoi interventi nelle dispute sull'umanesimo nascente; una minima ma interessante testimonianza materiale dei suoi interessi è fornita dalla copia che si procurò

d'uno huomo di tanta virtù, di tanta bontà, se non bene? Certo io nol so, né anche so quello a ch'io vi debba rispondere; et però quanto più posso vi priego, che per lettera o a bocca mi facciate sentire ciò che i maliloqui per male ànno seminato. De! per amore di me fatelo: ch'io sono certo ch'e' loro pensieri a questa volta saranno vani. Cristo vi guardi. Di' 20 di maggio. Cino Rinuccini vostro». Donato Acciaiuoli, personaggio di grande rilevanza politica nella vita politica fiorentina, si trovava in esilio a Barletta dal 1395, «perché si disse che cercava cose nuove de' fatti del reggimento, e chi disse che fu per invidia». Cfr. Aiazzi 1840, p. XLII. La lettera è pubblicata da Flamini 1889 (da cui si cita); si trova inoltre in Witt 1970, p. 134, n. 8.

[11] Cfr. Aiazzi 1840, p. 126.

[12] *Ibid.*, p. 119.

[13] Martines 1961, p. 79, n. 7, osserva l'errore presente in Aiazzi 1840, p. 127, che parla della perdita di 100.000 fiorini: risulta invece che «perdidit ultra florenos decem milia [...]» (cit. da Martines 1961, p. 89).

[14] Cfr. Aiazzi 1840, p. 127 e Martines 1961, p. 79.

[15] Cfr. Martines 1961, p. 84.

[16] Cfr. Aiazzi 1840, p. 127.

della *Genealogia deorum gentilium* del Boccaccio[17].

Morto, probabilmente di peste, nel 1417, fu sepolto in Santa Croce nella tomba dei suoi avi[18].

---

[17] «Il ms. è ora il cod. Vaticano Ottoboniano lat. 1156: " *Scriptum ad instanciam Cini domini Francisci de Ranucinis de Florencia. Anno domini MCCCLXXXIII*"» (Branca 1981[5], p. 293, n. 4).

[18] Li Gotti 1947, pp. 11-12 ha insistito, forse un po' troppo fantasiosamente, sui viaggi compiuti da Cino: «E se viaggiò in gioventù coi fratelli, sia per accompagnare il padre in qualche ambasceria, sia per diporto (perchè possedeva navi proprie e gli era facile farlo, avendo la sua famiglia estese relazioni nei porti del Mediterraneo fino al Levante), si limitò a visitare 'disarmato' il Sepolcro santissimo (come scrive nella *Invectiva* al Loschi), ritraendone gloriosamente il cavalierato». Il fatto non è però altrimenti documentato.

I CODICI

Della produzione poetica di Rinuccini 52 componimenti (38 sonetti, 8 ballate, 2 madrigali, 3 canzoni, due delle quali a rime cicliche[1], e una sestina) ci sono giunti attraverso la Raccolta Aragonese (Ar) e sono in minima parte attestati da altri codici; restano fuori dalla silloge un sonetto in risposta a Pippo, figlio di Franco Sacchetti, assegnato al rimatore da Flamini[2]; un altro sonetto di corrispondenza è stato anch'esso segnalato da Flamini[3], che non conosceva un'altra risposta, diversa, presente in H.

Per una canzone dubbia di Cino da Pistoia, *A forza mi conven ch'alquanto spiri*[4], Guglielmo Gorni ha espresso (ma in modo alquanto dubitativo) l'ipotesi di una possibile attribuzione a Rinuccini, dovuta alla comunanza dello schema metrico, che ripete quello della dantesca *Tre donne intorno al cor mi son venute*: lo schema è infatti ripreso anche dalla canzone V di Rinuccini[5]. L'omometria costituirebbe però l'unico elemento a favore dell'attribuzione: la canzone è intessuta di un linguaggio genericamente stilnovistico, che non conduce necessariamente al trecen-

---

[1] Cfr. pp. 29-31.

[2] Cfr. Flamini 1890a, p. 456.

[3] Cfr. Flamini 1889, pp. [13-4] (non numerate).

[4] La canzone, assegnata a Dante dal cod. Vat. Barber. 3953 e Barber. 4035, a Cino dal Marc. it. IX. 191 e dal Riccardiano 1118 e adespota nel Laur. Conv. Soppr. 122 (SS. Annunziata), è attribuita con sicurezza al pistoiese da Nottola 1893; compare tra le dubbie di Cino nell'edizione Zaccagnini 1925, p. 278-81, che la considera un «mosaico formato con versi danteschi» ed è esclusa dai successivi editori.

[5] «Non so se questa predilezione metrica del Rinuccini possa indurre a restituirgli il testo dubbio del suo omonimo da Pistoia» (Gorni 1984, p. 460); Pelosi 1990, p. 24 registra però un altro esemplare in Sinibaldo da Perugia, *Pallida, stanca e sotto il manto oscuro* (si trova in Carducci 1862, pp. 592-6).

tista (anzi, alcuni elementi invitano decisamente alla negazione di tale
paternità[6]) e, se la ragione metrica è certo un segnale di scelta stilistica,
non deve condurre a un'attribuzione non supportata da altri elementi
probanti.

TAVOLA DELLE ABBREVIAZIONI

Bergamo, Biblioteca civica Angelo Mai
Bg   MM 318 (Ψ. II. 8)

Bologna, Biblioteca Carducciana
BC   88

Bologna, Biblioteca Universitaria
BU   1739

Firenze, Biblioteca Medicea-Laurenziana
FL¹   Plut. XLI. 34
FL²   Plut. XC. inf. 37
FL³   Med. Pal. 87
FL⁴   Redi 184
FL⁵   Conv. Soppr. 122 (prov. SS. Annunziata)
FL⁶   Acquisti e Doni 759

---

[6] Alcuni termini compaiono in Cino Rinuccini (ad es. *colpo mortale*, v. 35, *mi consuma*,
v. 36, *guerra*, v. 47, *disserra*, v. 51, *lena*, v. 73, o le rime in *-olpa* nella stanza III), ma, come si
vede, appartengono al rimatore allo stesso modo in cui sono propri del linguaggio poetico
del tempo. Altri elementi allontanano invece dal 'minor' Cino, come l'uso di indicare la
donna amata con l'aggettivo sostantivato (*l'orgogliosa*, v. 7, *una leggiadra*, v. 19), le espres-
sioni *la pena angosciosa | che non cape nel cor*, vv. 3-4, *a veder lei di botto mi conduce*, v. 54 ecc.; i
diretti riferimenti a Cino da Pistoia, soprattutto, (come il richiamo, al v. 72 «sì m'allegra
la pola fatta verde» che pare rimandare al v. 14 del sonetto CXII *Novelle non di veritate
ignude*, «come si dee mutar lo scuro in verde») paiono allontanare dalla tendenza del
rimatore a mediare l'imitazione del pistoiese con l'esperienza petrarchesca (cfr. *supra*, p.
29 e Balduino 1984b, p. 203).

Firenze, Biblioteca Nazionale Centrale
FN¹ II. II. 40
FN² Mgl. VII. 1035
FN³ Mgl. VIII. 33
FN⁴ Pal. 204
FN⁵ Panciat. 26

Firenze, Biblioteca Riccardiana
FR¹ 1091
FR² 1118
FR³ 1154
FR⁴ 1156
FR⁵ 2735

Holkham Hall, Library of the Earl of Leicester
H   524

Lucca, Biblioteca Statale
LM⁶ 1491

Paris, Bibliothèque Nationale
Pit¹ Ital. 554
Pit² Ital. 568

Parma, Biblioteca Palatina
Pr   Palatino 245

Città del Vaticano, Biblioteca Apostolica Vaticana
VB   Barberin. Lat. 4051
VCh¹ Chigi L. VIII. 301
VCh² Chigi M. VII. 142
VL   Vat. Lat. 3213
VP   Patetta 352

DESCRIZIONE DEI TESTIMONI

Bg Bergamo, Biblioteca civica Angelo Mai, MM 318 (Ψ. II. 8)
Cartaceo, mm. 210×150.

Sec. XVIII.

Pp. VIII, 175, XVIII. Numeraz. 1-75, cui seguono due pp. non numerate, quindi la numeraz. riprende 76-91 e ripete 82-91, indi termina 82-163.

Una sola mano, con correzioni di altra mano (non per la sez. riguardante Rinuccini).

Indice degli autori sul verso della prima sguardia anteriore.

Versi in colonna, su una colonna, con ampi margini.

Legatura elegante, in cartone rivestito di pelle lavorata, piuttosto sgualcita.

Contiene una sezione delle rime di Ar, esemplate, almeno per la parte relativa a Rinuccini, da FN[4].

Le rime di Cino Rinuccini conservate nel codice sono 52 e si trovano da p. 117 («Qui cominciano sonetti e Canzoni e Ballate et | altri versi composti da Cino di messer Francesco Rinuccini nobile | cittadino fiorentino et uomo ne' tempi suoi di lettere ornatissimo») a p. 139.

BC Bologna, Biblioteca Carducciana, 88

Cartaceo, mm. 160×110.

Sec. XVIII (1708).

Pp. 138 con numeraz. complessiva.

«Raccolta di poetici componimenti scelti da me Ercole Maria Zanotti. 1708. Libro Sesto».

Fa parte di una collana di 9 volumi esemplati tra il 1707 e il 1711, contenenti rime, tutti in-8, ma con piccole variazioni nelle dimensioni, legati modernamente (XIX sec.)

Versi in colonna.

A p. 30 si trova il son. IV: «Di Cino Rinuccini».

IMBI, vol. 62, pp. 108-13.

BU Bologna, Biblioteca Universitaria 1739 (già Aul. III, Appendice mss. 1211 – noto come codice *Isoldiano*, poiché fu posseduto, almeno dal 1712, da Giuseppe Isoldi, auditore generale delle cause civili durante la legazione in Bologna del Card. Niccolò Grimaldi).

Membr. e cart., mm. 210×150.

Sec. XV, seconda metà.

Cc. IX (cart.), 9 (membr.), 375 (cart.), numeraz. ant. 2-310 (perduta la c.1), proseguita più tardi 311-321 e completata modernamente a lapis 322-384. Fra la c. IX e la c. 2 si trova una carta bianca non numerata.

Alle cc. III-IX, indice dei capoversi delle rime di mano di uno dei copisti.

Scrittura di mani diverse coeve, con giunte di mani più tarde e postille di mano post. A c. IIr-v, epistola dedicatoria a Giovanni II Bentivoglio, con una rubrica di mano post. (quella che ha postillato in altre parti il codice): «Ad Ioannem

Bentivolum, ni fallor, directa est haec epistola».

Bianche le cc. 308r-309r, 311v, 312v-350v, 351v-377v, 378v-379v, 380v-384v.

Versi in colonna. Rubriche rosse, segni paragrafali alternativamente rossi e azzurri.

A c. 88, filigrana rappresentante la peraltro diffusissima corona priva di riscontro accettabile nei modelli offerti da Briquet (*Les filigranes. Dictionnaire historique des marques du papier dès leur apparition vers 1282 jusqu'en 1600*, Genève, Jullien, 1907).

Il codice è stato nei tempi passati oggetto di un pessimo restauro che, in alcuni punti, impedisce la lettura del testo.

Legatura mod. in cartone e mezza pelle.

Fragmentario poetico (c. 1v); altro titolo a c. 1r, che contiene prove di penna: *Poesie di diversi*.

Conserva i sonetti LIVa (c. 88v, preceduto dalla seguente rubrica: «Neri de Carinis de Florentia purgatoris viri clarisimi | carmina cuidam amico suo») e d. LIV¹ (c. 248r, preceduto, a c. 247v, dalla rubrica: «Sonetto rensponsivo ad uno sonetto composto p(er) neri carini | purgatore scripto in questo a folglij 89 cominza l'arco la corda» [si tratta, in realtà, della c. 88v; l'indicazione della c. 89 è stata aggiunta in inchiostro marrone, di mano post.]).

Rossi 1893; Frati 1895; De Robertis, *Censimento* n. 12.
Edizione delle poesie in Frati 1913.

FL¹   Firenze, Biblioteca Medicea Laurenziana, Plut. XLI. 34
Cart., mm. 165 × 110.
Sec. XV *ex*.
Cc. I (membr.), 125, I (numerata 125 a lapis di mano mod.): numeraz. ant. 1-124 con ripetizione del n. 76 (al secondo aggiunto un *bis* di mano mod.).
Indice di mano del sec. XVI a c. I anter. v.
Bianche le cc. 122v-124v.
Versi in col. A c. 1r, iniziale ad oro con fregio a colori (azzurro e verde) lungo il margine interno e sup.; le altre iniziali sono azzurre e le rubriche rosse.
Legatura ant. con costola mod., in assi rivestite di pelle rossa con borchie, fermagli e catena.
Contiene il sonetto XXV, attribuito a Niccolò Tinucci, a c. 51v («del decto ser Nicolo»).

Bandini, V, pp. 146-153; De Robertis, *Censimento* n. 215; *Mostra laurenziana*, 2. 62.

FL²   Firenze, Biblioteca Medicea Laurenziana, Plut. XC. inf. 37 (prov. Gaddi, già Biscioni).

Cart., mm. 287 × 204.

Secc. XV *ex.* e XVI *in.*

Cc. V (la V membr.), 240, V, numeraz. ant. 1-180 con salto dal n. 149 al 160, proseguita saltuariamente da un'altra mano post. e integrata di mano recenziore 181-242, poi, saltate 5 cc., due cc. numerate 248. Altra numeraz., mod., a piè di pag. 1-240 (che si segue).

A c. V anter. v., indice degli autori (sec. XVI).

Due mani: la prima fino a c. 2-231, la seconda, cc. 232-239. Bianche le cc. 1r e 240.

Versi in colonna. Rubriche ed iniziali (eccetto la prima lasciata in bianco) rosse.

Il copista è solito segnare con punti sottoscritti le vocali soprannumerarie.

Legatura mod. in assi e mezza pelle.

Sul rovescio del piatto anteriore della copertina è incollato un cartellino a stampa del sec. XVIII, dove si legge: «Bibliothecae Laurentianae Franciscus III Imp. Aug. M. D. E. donavit an. MDCCLV».

Le rime di Cino Rinuccini sono 52 e si trovano da c.180v («Qui cominciano sonetti, canzone et ballate et altri uersi co(m)posti | da Cino di m(esser) Franc(esc)o Rinuccini cittadino fior(entin)o et huomo ne te(m)pi | suoi di lettere ornatissimo») a c.195v («Qui finiscono canzone et sonetti di Cino di m(esser) franc(esc)o Rinuccini»).

Bandini, V, pp. 435-448; Barbi 1915, pp. 218, 219, 228-231; De Robertis, *Censimento* n. 225; *Mostra*, L 6; *Mostra laurenziana*, 1.6.

FL³   Firenze, Biblioteca Medicea Laurenziana, Med. Pal. 87 (*Codice Squarcialupi*)
Membr., mm. 407 × 285.

Sec. XV *in.*

Cc. II, 216, con miniature rappresentanti vari musicisti.

Numeraz. ant. I-CCXVI. Il codice è incompiuto: si arresta infatti a c. 194v, dove termina la trascrizione delle musiche del *M[agister] F[rater] Andreas Horganista de Florentia*. Bianca la c. 195r: sul *verso* di questa sarebbe dovuta iniziare la sezione delle composizioni di Giovanni da Firenze, come indicano l'intestazione *Magister Jovannes Horganista de Florentia* e il ritratto del maestro. Lacuna alle cc. 55r-71v, che dovevano contenere le musiche del maestro Paolo, come indicano l'intestazione *Paulus Abbas de Florentia* e il ritratto. Bianche le cc. 22r-25r, 32r-35r, 39r-45r, 55r-71v, 79v-81r, 97r-101r, 171v-173r, 174v-175r, 178r-183r.

Littera textualis di una sola mano, note nere su sistemi di righe rosse.

Contiene 347 componimenti, di cui 145 intonati da Francesco Landini, tra ballate, cacce e madrigali. I maestri sono distribuiti in sezioni distinte, ognuna delle quali si apre col ritratto del musicista racchiuso entro l'iniziale del testo letterario; sono tutti italiani, eccetto Egidio e Guglielmo di Francia, vissuti però a Firenze nel Convento di Santo Spirito. Italiani i testi, eccetto due in francese (uno di Francesco Landini e uno di Bartolomeo da Padova).

Nel *recto* del primo foglio di guardia si legge: «Questo libro è di m° antonio | di bartolomeo schuarcialupi horganisto in sancta | maria del fiore» (morto nel 1470). I nomi degli intonatori sono scritti in caratteri onciali, alternativamente neri e rossi (così pure i numeri delle carte). Le iniziali sono alternativamente rosse con fregi blu e blu con fregi rossi. Le note e le parole sono in nero, le linee per le note (sei) sono in rosso. Miniature a oro e colori rappresentanti gli intonatori.

Leg. in pelle con il sigillo mediceo. *Collezione di Canzoni it[aliane] con musica.* Contiene la ballata XXII, a c. 157v, con il nome dell'intonatore («Magister Franciscus Cecus horganista de Florentia»).

Bandini, Suppl., III, 248-260; *Mostra*, L 10; Carducci 1870, pp. 306-307; Ellinwood 1945, pp. XVII-XVIII; Wolf 1955; Corsi 1970, pp. LI-LV; Gallo 1992.

Riproduzione in fac-simile: Gallo 1992.

FL⁴   Firenze, Biblioteca Medicea Laurenziana, Redi 184 [già 151 (fascio g) – prov. Redi 402]

Cart., miscell., composito: 3 formati diversi: mm. 290 × 215, 290 × 205, 287 × 202.

Secc. XV e XVI.

Cc. III, 205, II (più 2 fogli di guardia mod. anter. e 3 poster.); numeraz. mod. a macchina complessiva 1-210 a piè di pagina. A cominciare da c. 2, altra numeraz. mod. a lapis 1-207, proseguita a penna 208-209. A c. 3r-v, indice alfabetico degli autori di mano del sec. XVI; a c. 4r-21v, indice alfabetico dei capoversi (sec. XV).

A due colonne le cc. 4r-153r, 155v-158v, 163v-164v, 193v-208r.

Bianche la c. 1v, il *verso* delle cc. 4-10 e 13-18, le cc. 48v, 165-192, 207v, 108v-210v.

Legatura ant. in assi rivestite di pelle con incisioni, con costola rifatta modernamente.

Rime varie antiche.

Appartenne a Giovanni di Simone Berti, poi a Simone Berti, detto *lo Smunto* (questo soprannome si legge a c. 92r, di grossi caratteri del sec. XVII), quindi a Francesco Redi: a c. 2r e a c. 164v: «Della Libreria Manuscritta di Francesco Redi, num° 402» (il numero forse di altra mano); a c. 2v, forse della stessa mano: «Francesco Redi, n° 402».

Contiene (a c. 148v), i sonetti LIIIa («Sonetto di Pippo di Francho Sacchetti») e LIII («Risposta di Cino a Pippo detto»).

Mostra, L 5; De Robertis, *Censimento* n. 247.

FL⁵   Firenze, Biblioteca Medicea Laurenziana, Conv. Soppr. 122 (prov. SS. Annunziata 1687)
Cart., mm. 270 × 205; fortemente rovinato dall'umidità.
Sec. XV, prima metà.
Cc. III, 266, III. Numeraz. ant. (sec. XVI-XVII) 1-265 con ripetizione del n. 71. Numeraz. mod. a penna I-III, a macchina 1-266. La metà inferiore della c. 15 è andata perduta.
A due coll. le cc. 10r-v, 24r-25r, 206-208, 210r-v, 218v-219v; a tre coll. la c. 136v. Versi scritti di seguito, come se si trattasse di prosa, alle cc. 6-7, 22r-24r, 84r-85r, 85v.
Ai margini, illustrazioni a penna, di carattere popolaresco (raffiguranti ad es. teste, un lupo, un uomo che guarda il sole,...).
Iniziali azzurre o rosse, maiuscole in ocra.
Legatura mod. in cartone rivestito di tela e mezza pelle.
Rime antiche di diuersi.
A c. 1r, di mano del sec. XVII: «Rime antiche m. +...+» e, sotto, le iniziali «F. B.».
Contiene i sonetti LIIIa («Sonetto fecie Pippo da Fi(ren)ze e mandollo a Cino») e LIII («Risposta di Cino a Pippo») (c. 261 r-v, num. mod.).

Mostra, L 7; De Robertis, *Censimento* n. 240.

FL⁶   Firenze, Biblioteca Medicea Laurenziana, Acquisti e Doni 759 (prov. Venturi Ginori Lisci 3)
Cart. mm. 217 × 145.
Sec. XV, 2ª metà.
Cc. X, 464, I (membr.), numeraz. ant. 31-498, che attesta la perdita delle prime 30 cc. Tale numerazione è anteriore all'asportazione delle cc. 456-459. Un indice alfabetico dei capoversi alla fine del cod. riporta i capoversi contenuti nelle 30 cc. disperse. Alle cc. I-X, indice topografico dei testi di mano del sec. XVIII, compilato dall'Accademico Rosso Antonio Martini, che termina con la nota: «Dal sopracitato indice delle poesie contenute in questo codice si ricava che ci si contengono molte buone poesie di varij autori; che la maggior parte sono di Filippo Scarlatti, e che forse suo era questo codice, e scritto di sua mano dicendo sempre per me *Filippo Scarlatti*». Della c. 498 è stata strappata la metà inferiore.
Scrittura di una mano fondamentale, di Filippo Scarlatti (sue anche le rubriche). Numeraz. originale dei testi ad inchiostro rosso e nero fino a c. 311r.
A due colonne le cc. 44v-45r, 65v-70r, 439, 441v-449v, 452v-454r.
Legatura ant., con costola rifatta modernam., in assi rivestite di pelle con borchie.
Rime varie.

Conserva il son XXV (c. 358r), tra quelli di Niccolò Tinucci (a c. 354v: «Sonetti di s(er) nicholo tinuccj»).

Ferrara 1950, pp. 41-102; De Robertis, *Censimento* n. 269; Pasquini 1964, pp. 363-580.

FN¹ Firenze, Biblioteca Nazionale Centrale, II. II. 40 (Magliabechiano VII. 1010 – prov. Strozzi in f.° 640, già 107)
Cart., mm. 296 × 214.
Secc. XV e XIX.
Cc. I, 34 (aggiunte nel sec. XIX *in.* e numerate modernam. a lapis i-xxxv, inclusa la c. I ant., recanti il titolo e l'indice) 228, 30 (anche queste ultime del sec. XIX *in.*); numeraz. ant. originale 1-227 a cominciare da c. 19 (tale numeraz. precede la caduta di alcune cc.); numeraz. complessiva più tarda 1-225 (con le ultime 3 cc. n.n.). A c. 1r, di mano del sec. XVII, si legge: «Raccolta di poesie diverse, degli autori notati nella seguente tavola»; sotto, del medesimo carattere, «Del sen.re Carlo Tommaso Strozzi, 1670».
Scritto da una mano fondamentale, di un tale *Agnolo* (a c. 108a, in corrispondenza di macchie d'inchiostro si legge «Io angnolo», con i versi «Della fortuna mia assai mi doglio | che cchonversar mi fa tra ppuerizia | però nbrattato mi fu questo foglio»).
Bianche le cc. 3v, 18, 21v, 65v, 75v, 88v, 91r-95r, 105, 123v, 133v, 139, 173v, 182v, 186v-197v, 201-211, 215v-216r, 223v, 228.
Il cod. ant. è a due colonne, tranne le cc. 17, 150r-152r. Versi in col. Iniziali lasciate in bianco al miniatore.
Legatura mod. in assi e mezza pelle. *Raccolta di poesie diverse.*
Contiene il sonetto XXV, attribuito a Niccolò Tinucci, a c. 90d («sonetto di s(er) nicholo tinuccj») (secondo la numeraz. mod. complessiva).

Bartoli, I, pp. 345-383; IMBI, VIII, pp. 151-162; *Mostra*, N 6; De Robertis, *Censimento* n. 23; Mazzotta 1974, pp. XXI, XXXIII-XXXVII.

FN² Firenze, Biblioteca Nazionale Centrale, Magliabechiano VII. 1035 (prov. Strozzi 1328).
Misto e composto: consta di cinque codici o frammenti di codici. (Precedono due fogli di guardia cartacei che riportano rispettivamente i titoli *Poesie toscane antiche* e *Intelligentia poesia d'Incerto*; questi fogli misurano mm. 275 × 201).
Secc. XIII e XIV.
Cc. II, 43. Numerazione complessiva a penna 1-43 (della c. 31 manca l'angolo superiore destro, con il numero); i fogli di guardia sono numerati a lapis I-II; altri fogli sono inseriti tra un frammento e l'altro e numerati *bis*.

1 - membr., mm. 303 × 210.

    Sec. XIV *in.*

    Cc. 21.

    A c. 1r si legge: «Questo libro e di me Giuliano Zan.»

    Versi in colonna a due colonne, con iniziali alternativamente rosse e blu.

    A c. 21v si legge una nota di possesso: «Questo libro e dell bianco Castel-

    lanj chi lo trova lo renda | lo renda sotto pena delle forche [...]».

    Contiene *L'Intelligenza.*

  2 - membr., mm. 275 × 200, precedute da un foglio di guardia cartaceo

      (numerato 21bis), recante il titolo «Alcune rime di Domenico...».

      Sec. XIV.

      Cc. 4. Le carte sono fortemente deformate dall'umidità.

      Versi in col. a due colonne.

  3 - membr., mm. 315 × 210.

      Sec. XIV.

      Cc. 6.

      Due mani, la prima da c. 26r a c. 31v, la seconda da c. 29v a 31v.

      Bianca la c. 29r.

      La c. 31v contiene prove di penna.

      Contiene frammenti di Boezio.

  4 - membr., mm. 205 × 135, preceduto da un foglio di guardia cartaceo

      (numerato 31*bis*), di mm. 280 × 195, che reca il titolo di questo fram-

      mento e del successivo: «Alcune rime di M. Fran(cesco) Rinuccini ed

      altri e le due favole del borro e del mulattiere in versi provenzali».

      Sec. XIV *ex.*

      Cc. 6.

      I versi sono scritti di seguito, come se si trattasse di prosa.

      Contiene la sestina XXVIIbis (c. 32v) e il sonetto di risposta, XXVIIb,

      adespoto (c. 33r). A c. 32v, nel margine sinistro, si legge: «(Cançone

      dicino | di messe(r) francesco Rinuccinj)» e, a c. 33r, «Risposta a

      Cino».

  5 - membr., mm. 209 × 125.

      Sec. XIV.

      Cc. 1.

      Versi in colonna con iniziali miniate e un disegno di un uomo a cavallo

      di un mulo a c. 38v.

      Contiene un frammento di favola provenzale.

      Legatura in pergamena.

      Rajna 1874, pp. 291-4; Flamini 1890a, pp. 455-459; Mistruzzi 1928,

      pp. XLIII sgg.; Barbi 1915, pp. 321-322; *Mostra*, N 98.

FN³ Firenze, Biblioteca Nazionale Centrale, Magliabechiano VIII. 33 (prov. Maglia-
bechi – ant. segnatura: N° 1621)
Cart., mm. 292 × 218.
Sec. XV (metà).
Cc. 88, numeraz. non originale 1-81, completata modernam. 82-88.
La scrittura delle cc. 1-71 è di una mano fondamentale. Di altre mani (coeve) le
altre cc.
Bianche le cc. 80v, 81v-87r, 88.
Versi in colonna. A c. 1r si trova una iniziale azzurra, mentre alle cc. seguenti le
iniziali sono rosse.
Legatura mod. in assi e mezza pelle.
A c. 1r, di mano del sec. XVII: «Zibaldone di lettere amorose».
Conserva i sonetti LIIIa (c. 19r, «Sonetto di pippo di franco sacchetti») e LIII (c.
19v, «Risposta fatta p(er) cino Rinuccini»).

De Robertis, *Censimento* n. 60.

FN⁴ Firenze, Biblioteca Nazionale Centrale, Palatino 204 (E. 5. 5. 43, già 721)
Cart. mm. 281 × 210.
Sec. XVI, posteriore al 1514[7].
Cc. 312. La numeraz. ant. è saltuaria ed è completata di mano mod.; la numeraz.
giunge a c. 313, essendo stato saltato il n. 164. Da c. 113 a c. 311 altra numeraz.
ant. 96-293. Bianche le ultime due cc.
Tre mani coeve in collaborazione: la seconda (35r-110v), un tempo si credeva di
Lorenzo de' Medici[8];
Bianche le cc. 55v, 113v, 311v-313v.
Versi in colonna. Nella prima e nella quarta sezione (scritte dalla medesima
mano) le iniziali sono lasciate in bianco al miniatore (eccetto la prima, a c. 1r).
Alcune rubriche, tagliate, mostrano che le carte sono state rifilate.
A piè di c. 1r, si legge: «Bonifatij Banfij» (la scrittura, quasi completamente
erasa, è del sec. XVII).
Legatura ant. in pergamena. *Raccolta di rimatori antichi.*
Le rime di Cino Rinuccini conservate nel codice sono 52 e si trovano da c. 242r
(«Qui cominciano sonetti e canzone et ballate et altri | uersi composti da Cino di
messer Francesco Rinuccini nobile citadino fiorentino et huomo ne tempi suoi
di lettere | ornatissimo») a c. 259v («Qui cominciano sonetti di messer bonacorso
da Mo(n)t(emagno)»). In margine al son. IV, di mano mod., si legge: «stampato
dal Crescimbe(ni)».

---

[7] Come è dimostrato da De Robertis 1954, pp. 477-478.
[8] Cfr. Barbi 1915, pp. 227-228.

Palermo, I, pp. 363-373; Gentile, I, 219-232; Barbi 1915, pp. 218, 219, 227-231; De Robertis 1954; *Mostra*, N 7; De Robertis, *Censimento* n. 77.

FN⁵   Firenze, Biblioteca Nazionale Centrale, Panciatichiano 26 (già 14. – III, 27)
Cart., mm. 297 × 210.
Sec. XV.
Cc. I, 115, numeraz. mod. 1-5, cui segue una numeraz. antica I-CX. Le cc. sono raggruppate in 12 fascicoli, rispettivamente di 4, 12, 8, 12, 8, 12, 8, 12, 8, 12, 8, 11 unità.
Bianche le cc. 1, 5, XVI e CX.
Fortemente rovinato dall'umidità.
Alle cc. 2, 3, 4, indice alfabetico dei capoversi.
In rosso la numerazione in alto a destra, i nomi dei compositori in alto al centro, le lettere iniziali dei testi poetici, i termini tecnici musicali (*tenor, contratenor, cantus, ...*).
Due cc. di guardia: quella anter. contiene nel recto una intitolazione (*Canzoni | di diversi | sulle note*) composta probabilmente quando il codice apparteneva ai marchesi Panciatichi di Firenze; quella posteriore contiene nel *verso* una nota descrittiva redatta probabilmente in occasione del primo restauro (1917). Secondo restauro 1957-'58.
Precede (cc. 2r-4v) l'indice alfabetico dei capoversi, che per difetto di una carta comincia soltanto dalla lettera F.
Contiene 151 componimenti italiani e 24 francesi, tutti musicati. Le opere sono disposte secondo la struttura musicale. Senza miniature. Gli autori sono spesso indicati solo con l'iniziale (in rosso).
Legatura mod. in assi e mezza pelle.
Contiene la ballata XXII, a c. 50r: «Di F. de Fior.». A c. 49v, contenente un componimento di Giovanni da Firenze, in basso, si legge l'*incipit* della ballata di Rinuccini: essa compare però interamente nella metà inferiore della c. 50r (nella metà superiore si trova un altro componimento di Giovanni da Firenze).

Morpurgo, *Panc.*, pp. 44-54; *Mostra*, N 17; Ellinwood 1945, p. XVIII; Corsi 1970, pp. LV-LVIII.
Riproduzione integrale in facsimile: Gallo 1981.

FR¹   Firenze, Biblioteca Riccardiana, 1091 (già O.II.9)
Cart., mm. 285 × 204.
Sec. XV, 1460 (a c. 225v si legge: «Rubriche dello(per)e le quali sono scripte nel p(resen)te volume dimano dime Benedetto Biffoli not(aio) fiorentino nel 1460»).
Cc. II, 228, numeraz. ant. 1-225, proseguita modernam. 226-228, numeraz. mod. a macchina 1-228. Una c. strappata prima della c. 1.

Indice di mano del sec. XVII o XVIII a c. II.

Indice in rosso di mano di Benedetto Biffoli a c. 225v-226v.

Scrittura di una sola mano, di Benedetto Biffoli, che scrisse anche le rubriche e l'indice in rosso. Iniziali ad oro e colori con fregi lungo il marg. alle cc. 1r, 40v, 60r, 69r. A c. 1r iniziale (N) con busto del Petrarca a oro e colori e fregio nel margine. Altre iniziali alternativam. rosse con fregi azzurri e azzurre con fregi rossi.

Legatura mod. in cartone rivestito di pergamena. *Rime di diversi.*

Contiene, a cc. 148v-150r, la canzone V: «Morale dicino dimes(ser) francescho».

Morpurgo, *Ricc.*, pp. 89-92; De Robertis, *Censimento* n. 127.

FR² Firenze, Biblioteca Riccardiana, 1118

Cart., mm. 218 × 156.

Sec. XVI.

Cc. III, 167. Numeraz. ant. 1-164 con le ultime tre cc. n.n. e bianche. Numeraz. mod. a macchina 1-167. A c. IIIr-v un indice degli autori di mano del sec. XVIII (L. Mehus) completato di mano post.

Postille e correzioni di mano coeva (anche tra le rime di Rinuccini).

Bianche le ultime tre cc.

Versi in col.

Legatura mod. in cartone e mezza pelle, con taglio dorato.

Contiene (cc. 117r-125v) i componimenti I, II, IV, VI, VII, VIII, IX, X, XI, XII, XV, XVI, XVII, XXI, XXII, XXIV, XXVII, XXX, XXXI, XLIV, XLV, XLVI, XLVIII. («Cyno di Franc(esc)o Rinuccini fiorentino»). A c. 117r, postilla marginale della stessa mano che compilò l'indice di c. IIIr-v: «Questi è l'autore dell'apologia | di Dante, Petrarca, | e Boccacci, che | si conserva in un testo Gaddiano– | Mediceo Plut: 90 | sup. 63». Il son. LIVa (attribuito al «Conte Riciardo» [da Battifolle]) è a c. 71r.

Morpurgo, *Ricc.*, pp. 142-148; Barbi 1915, pp. 247, 259-269; *Mostra*, R 16; De Robertis, *Censimento* n. 134; De Robertis 1978.

FR³ Firenze, Biblioteca Riccardiana, 1154.

Membr., mm. 232 × 152.

Sec. XV *ex.*

Cc. II, 172. Numeraz. ant. 180-345 a cominciare da c. 7 (questa sembrerebbe solo una parte di un volume più ampio: ma l'indice degli autori, che precede, mostra che non manca niente, e che questa era probabilmente la configurazione del codice dall'inizio, oppure il secondo tomo di un volume più ampio). Numeraz. mod. a macchina 1-172.

Scrittura di una sola mano, che compilò anche l'indice (cc. 1-6).
Versi in col.; a due coll. le cc. 169v (a partire dalle ultime righe)-172r. Rubriche e talvolta vv. iniziali interi in rosso. A c. 7r, a piè di pag., iniziale dorata su fondo verde e azzurro e con fregi a oro e colori, e stemma dei Visconti-Sforza sostenuto da due putti; altre iniziali alternativamente rosse e azzurre. Le carte sono state rifilate, poiché la numeraz. ant. è talvolta tagliata.
Legatura ant. (ma con costola rifatta modernam.) in cartone rivestito di pelle. *Rime varie di quattrocentisti.*
Contiene il sonetto LIVa (cc. 135v.-136r.), attribuito a «Neri Carini Purgatore».

Morpurgo, *Ricc.*, pp. 177-185; De Robertis, *Censimento* n. 139.

FR⁴   Firenze, Biblioteca Riccardiana, 1156 (998, già 103)
Cart., mm. 212 × 140.
Sec. XV.
Cc. VII, 176. Numeraz. ant. 1-176; altra numeraz. ant. 24-197 a cominciare da c. 3; numeraz. mod. a macchina 1-176. Dalla numeraz. 24-197 si deduce la mancanza delle prime 21 cc. del codice, che è mutilo anche alla fine.
Indice di mano del sec. XVIII (di L. Mehus) alle cc. VIv-VIIr, continuato di mano recenziore (c. VIIr-v).
Versi in col. Iniziali rosse a cominciare da c. 19r.
Legatura mod. in cartone e mezza pelle. *Rime - Epistole - Dicerie.*
Contiene il sonetto XXV a c. 1v («sonetto del p(re)detto»): tale carta corrisponde alla 22v della numeraz. ant.; a partire da c. 1r si hanno i medesimi sonetti e nello stesso ordine che in FN¹, FL¹, FL⁶, Pr, che li attribuiscono a Niccolò Tinucci, ma mancano qui i primi, con l'attribuzione; si deduce che essa dovesse essere la stessa di tali codici.

Morpurgo, *Ricc.*, pp. 187-192; *Mostra*, R 17; De Robertis, *Censimento* n. 141.

FR⁵   Firenze, Biblioteca Riccardiana, 2735 (già O. III. 21)
Cart, mm. 295 × 215.
Sec. XV, circa metà.
Cc. I, 52, II. Ant. numeraz. (sec. XV) 139-190: si tratta della numerazione dell'epoca in cui il codice era unito ai codici Riccardiani 2729 e 2734. Resti di una numeraz. originale 1-33 (probabilmente tali cc. costituivano in origine un fascicolo a sé). Numeraz. mod. a macchina 1-52.
A c. I anter. v un indice di mano del sec. XVII.
Due mani, la prima, cc. 1r-35r, di Michele di Nofri del Gigante; la seconda, da c. 35v alla fine.
Versi in col. (a due coll. le cc. 1v-32r, 34v-47r); alle cc. 33r, 47v-52v, i versi sono

però scritti di seguito, come se si trattasse di prosa. Iniziali lasciate in bianco al miniatore; capoversi in ocra.

Legatura mod., ma con costola ant., in assi e mezza pelle.

Rime antiche di diversi.

Contiene il sonetto LIVa (c. 166v), attribuito a Neri Carini e con il nome del corrispondente: «(S)onetto di chiarino fatto a stanza duno | i(n)namorato che piglaua co(n)siglio co(n) cino di | messer franc(esc)o rinuccinj che modo tenesse».

De Robertis, *Censimento* n. 164.

H Holkham Hall, Library of the Earl of Leicester, 524

Cart., sec. XV, scritto da Andrea de' Medici (a c. 44v. «Explicit per Andrea de Medici nelle Stinche adì | viii d'ottobre Mcccclxviii in Firenze» e a c. 118v «Finis | Explicit per Andrea de Medici nelle Stinche | adì viii di gennaio Mcccclxviii»).

Cc. 118, l'iniziale (Q) della prima c. è miniata e il margine sinistro ornato; in calce è tracciato uno stemma recante le sei palle medicee.

Contiene un poema in terzine adespoto, *L'Onorato* (a c. 1r «Incomincia il libro chiamato l'Onorato, cioè Trionphi nuoui conposti p(er)..............», e rime varie (a c. 45r «Sonetti canzone e ternali nuoui opera del detto»).

«Allusioni interne, disseminate qua e là, conducono inequivocabilmente a Perugia: e difatto alcuni componimenti (una quarantina circa vanno assegnati con relativa sicurezza a Lorenzo Spirito Gualtieri, in quanto presenti nei suoi canzonieri autografi; una canzone appartiene, sembra, a Sinibaldo da Perugia; un'altra spetta certamente all'urbinate Angelo Galli; un sonetto è attribuito a se stesso (benché con dubbia attendibilità) da Filippo Scarlatti [... in FL⁶]»[9].

I sonetti LIVa e d. LIV² sono a c. 103 r-v.

Scarpa 1989, pp. 196-201.

LM⁶ Lucca, Biblioteca Statale, 1491 (già Möucke VI)

Cart., in 4°, mm. 247 × 164, con talune cc. (41r-59r [rime di Antonio da Ferrara] e 128r-136r [rime di Bindo Bonichi]) di formato minore.

Sec. XVIII.

Cc. 383 numerate irregolarmente (dopo la c. 59r la numerazione riprende al 65r-136r, quindi 140-383).

Varie cc. bianche, tra cui 166v-168v e 194v, precedenti e seguente le rime di Rinuccini.

---

[9] Cfr. Scarpa 1989, p. 197.

Costituisce il primo volume di una raccolta di poeti antichi, copiati da antichi codici. Il 1491 contiene i poeti il cui nome è compreso sotto le lettere A-G; nell'altro volume, segnato 1492 (già Möucke VII), delle medesime dimensioni e materiale, di cc. 324, si contengono poeti che cadono sotto le lettere I-U. Contiene le 52 rime rinucciniane di Ar, esemplate da FL[2] (cc. 170r-194r: a c. 170r: «Dal Cod. Bisc. f. 189v fino a 2104v [corrisponde alla num. ant. di FL[2]]» e, di altra mano, «Trovansi tutti nel Cod. Plut. LXXXX Inf. della Lurenziana»); si legge inoltre, copiato da FL[4] (a c. 169r), il son. LIII («Sonetto in risposta a Pippo Sacchetti di quello che principia *De lascia Cino*»; «Copiato dal cod. Redi»).

Pit[1] Paris, Bibliothèque Nationale, Ital. 554 (già 7767 – prov. Bibliothèque Royale)
Cart., mm. 304 × 200.
Sec. XVI *in.*
Cc. III, 251, I Numeraz. mod. 1-251. Segnatura dei quaderni Aj, Aij, ..., Bj, Bij, ecc.
Scritto da una sola mano.
Bianche le cc. 248v, 251v.
Versi in colonna, con iniziali alternativamente verdi (la prima con fregi rossi sbiaditi) e rosse, e con rubriche rosse. A volte, in rosso la prima parola di ciascun componimento. A c. 1r, stemma a forma di cuore con il numero XXVII giallo su fondo azzurro.
Legatura in cartone rivestito di pelle con fregi dorati.
Le rime di Rinuccini sono le 52 di Ar e si trovano da c. 189r («Qui cominciano sonetti & canzone & ballate & | altri uersi composti da Cino di messer francesco | rinuccini nobile cittadino fiorentino & huomo ne tempi suoi di lettere ornatissimo») a c. 204r («Qui cominciano sonetti di M(esser) Bonaccorso da | monte magno cittadino fiorentino»).

Marsand, I, pp. 123-4; Mazzatinti, I, p. 109; Barbi 1915, pp. 218, 229-231; De Robertis, *Censimento* n. 404.

Pit[2] Paris, Bibliothèque Nationale, Ital. 568 (già 535 – prov. Bibliothèque Royale, supplément)
Membr., mm. 180 × 260.
XV sec., prima metà.
Cc. 280.
Scritto in caratteri semigotici, non tutti di una mano. Le note musicali sono disposte a punti su sei linee. Iniziali miniate.
Contiene 173 composizioni, delle quali 17 francesi e 5 latine di argomento sacro. 60 sono musicate da Francesco Landini. I componimenti sono disposti per

generi. «Tra le poesie italiane, contandosene una per l'acquisto di Pisa fatto dai fiorentini nel 1406, il codice fu certamente scritto ne' primi anni del secolo decimoquinto; sebbene la grandissima parte dei versi che vi si leggono, e per la lingua e per lo stile, e per i maestri che gli han musicati, e, quando conosconsi, per gli autori, si sentono appartenere al trecento»[10].

La c. 1r è occupata da una miniatura a oro e colori, che rappresenta l'origine della musica. Nella parte superiore c'è una fanciulla, seduta in un piccolo tabernacolo, che suona un organetto che tiene sulle ginocchia. In basso, un vecchio barbuto batte col maglio sull'incudine, in atto di ascoltare i suoni che ne escono (si tratta di Tubalcain, che il Medioevo riteneva essere l'inventore della musica).

Le prime cc. contengono la tavola dei componimenti.

Contiene la ballata XXII (c. 99r).

Mazzatinti, I, p. 109; II, pp. 130-166; Carducci 1870, p. 305. Ellinwood 1945, p. XX; Corsi 1970, pp. LXV-LXVIII.

Pr Parma, Biblioteca Palatina, Palatino 245 (81, già 111)

Cart., composito (cc.1-77, mm. 224 × 146; cc. 78-fine, mm. 212 × 141).

Cc. 76, 57, I. Numeraz. ant. 1-77 con salto del n. 69; numeraz. originale delle cc. 13-60 per fascicoli; numeraz. moderna complessiva a lapis nell'angolo sup. destro.

Nella prima sez., 6 mani differenti, tutte del sec. XV. Nella seconda sez., 3 mani differenti del sec. XVI.

Versi in col. Rubriche rosse alle cc. 14-54. Bianche le cc. 10v, 11, 12, 34, 43, 55r, 60, 67, 68, 74r, 76r, 77, 78v, 97v, 102v, 103, 104, 105v, 127, 128v, 131v, 132, 133.

Legatura mod. in pelle.

Raccolta di rime.

Contiene (c. 24v) il son. XXV, attribuito a Niccolò Tinucci (a c. 20r: «Sonetti di s(er) nicholo tinucci»).

De Robertis, *Censimento* n. 101; Mazzotta 1974, pp. XXVI, XXXIII-XXXVII.

VB Biblioteca Apostolica Vaticana, Barberin. Lat. 4051 (XLV. 145, già 2454)

Cart., mm. 289 × 199.

Sec. XV, 1ª metà.

Cc. 169, numeraz. ant. 1-6, con salto del n. 3 (correzione a lapis) ma poi

[10] Cfr. Carducci 1870, p. 305.

ripetizione del n. 5 due volte. La numerazione prosegue a lapis 7-12, e poi c'è un'altra num. ant. 11-173; num. mod. a macchina 1-169.

Leg. mod. (1825), in cartone rivestito di pergamena verde. *Prose e poesie dei secoli XIV e XV.*

A c. 25v i sonetti LIIIa («Sonetto di Pippo di Franco Sacchetti») e LIII («Risposta fatta per Cino Rinuccini»).

VCh¹   Biblioteca Apostolica Vaticana, Chigiano L. VIII. 301 (2305, già 576)
Cart., composto di otto frammenti, mm. 284 × 218. Fortemente rovinato dall'umidità.
Secc. XIV *ex.*, XV, e XV-XVI.
Cc. IV, 132, III. Le cc. 5-10 hanno una numeraz. ant. 1-6, che si interrompe e riprende di mano del sec. XVI da c. 61 a c. 134, ma 55-128, proseguita a lapis 129-130. Numerazione mod. a macchina complessiva 1-137 continuata erroneamente a penna 188-189 (in luogo di 138-139).
Il codice è mutilo in principio, e mancano, tra l'altro, carte dopo la 113 (c'è a c. 113v una nota di richiamo per il legatore *O gram singnore appellato Cupido* cui non corrisponde il madrigale di Rinuccini nella c. seguente). È inoltre mutilo nella parte tra c. 111v e 112r (il son. XXXVIII di Cino Rinuccini vi compare solo dal v. 5.) A cc. 1r, 2r-v, indici degli autori e dei capoversi di mano del sec. XIX. Varie mani, una per ciascun frammento.
Postille di mano del sec. XVII a lapis e a penna. Bianche le cc. 1v, 3-4, 66v-69v, 127v-128v, 137-fine.
Legatura ant. (sec. XVIII) in cartone rivestito di pergamena verde con fregi dorati e insegne chigiane.
Poesie di F. Barberino e altri.
Le rime di Rinuccini (vv. in colonna) sono nella sez. III (cc. 111v-113v), la più tarda, e sono adespote; i componimenti rimasti sono i nn. XVIII, XXXVIII (dal v. 5), XXXIX, XL, XLI, XLII, XLIII, XLIV, XLV.

De Robertis, *Censimento* n. 336.

VCh² Biblioteca Apostolica Vaticana, Chigiano M. VII. 142 (già 1124)
Cart., composto, mm. 298 × 206.
Sec. XVI.
Cc. VIII (la VII di formato minore), 432, I. Numeraz. ant. 1-19 proseguita di mano post. 20-433 (salto del n. 159). I primi 9 quinterni sono segnati aj, aij, ..., bj, bij, ecc. Numeraz. mod. a macchina 1-432.
Indice dei capoversi dei componimenti fino a c. 99r, alle cc. 90r-99r (di mano del copista). Indice di mano del sec. XVII a c. VIIr-v. Indice degli autori e indice alfabetico dei capoversi a cc. I-IV, di mano di Giuseppe Cugnoni (seconda metà del sec. XIX).

Scrittura di due mani, che distinguono due codici: a c. 1r, di mano del copista, nota di possesso del primo cod.: «Diuerse cose antiquissime composte p(er) diuersi authori, et sono dil R.do | mosignor hieronymo di rossi protonotario ap(osto)lico et de li suoi amici» (Mons. Girolamo de' Rossi fu vescovo di Pavia dal 1530 al 1564, e visse anche a Firenze):
1) sec. XVI (metà), cc. 1r-99r, con postille di mano del copista;
2) sec. XVI, cc. 100r-432r.
Tra le cc. bianche, le cc. 87v-89v, successive alle rime di Rinuccini.
Versi in colonna.
Legatura ant. (sec. XVII) in pergamena con legacci, molto sgualcita.
Rime di diuersi Autori antichi toscani.
Contiene, alle cc. 81r-87r, i componimenti: I, II, IV, VI, VII, VIII, IX, X, XII, XV, XVI, XVII, XXI, XXII, XXIV, XXVII, XXX, XXXI, XLIV, XLV, XLVI, XLVIII. Il son. LIVa (attribuito al «Conte Riciardo» [da Battifolle]) è a c. 44v.

Barbi 1915, pp. 247-258 (tavola della prima sezione pp. 249-253); De Robertis, *Censimento* n. 340.

VL Biblioteca Apostolica Vaticana, Vat. Lat. 3213 (prov. Fulvio Orsini, Libri vulgari II)
Cart. mm. 285 × 212.
Sec. XVI, prima metà.
Cc. II, 671, I. Numeraz. ant. 2-687. Perdute le cc. 1, 406-407, 638-639; salto di numerazione da 544 a 555 e da 643 a 645.
Sulla c. IIr. è incollata una striscia di carta con il titolo e una nota di possesso di Fulvio Orsini: «Varij poeti antichi in papiro in foglio Ful. Urs.»
Indice alfabetico dei capoversi alle cc. 2r-18v.
«È una raccolta di rime messe insieme da un letterato con l'aiuto di più copisti. Egli impiantò la raccolta assegnando a ciascun autore un quinterno distinto, e ponendovi in testa il nome del rimatore e il capoverso della prima poesia da trascrivere; e poi s'affidò per la copia ad amanuensi, non senza però dare egli stesso aiuto a più riprese. Aggiunge pure annotazioni, sia di contro al titolo delle sezioni, sia in margine alle poesie. [...] Egli preparò il volume per un'ampia raccolta di rime antiche in continuazione, disponendo gli autori in ordine crono- logico; ma in ciascuna sezione copiò o lasciò copiare le rime secondo l'ordine delle fonti, senza alcuna alterazione; né fece opera critica per il testo, che anzi, generalmente non si diede neppur cura di rivedere quello che gli amanuensi avevano copiato. [...]»[11].

[11] Cfr. Barbi 1915, pp. 269-271.

Giunte di altre mani, del sec. XVI, alle cc. 33v, 103v. Bianche varie cc., tra le quali la 509v e 528r-529v (cioè prima e dopo le rime di Rinuccini).
A due coll. le cc. 277, 630r. Versi in col.
Legatura ant. in cartone rivestito di pergamena.
Le rime di Cino Rinuccini contenute sono le 52 di Ar, e nello stesso ordine (cc. 510r-527v): «M. Francesco Rinuccini Fiorentino il quale fu poco poi il Boccaccio» (con una confusione di nomi: in precedenza c'era scritto *Cino*, che fu raschiato, e corretto in *Francesco*). Il son. LIVa (attribuito al «Conte Ricciardo») è a c. 442r.

Barbi 1915, pp. 218, 247, 269-288 (descriz. p. 269 nota 1; tavola delle rime derivate da Ar pp. 271-278); De Robertis, *Censimento* n. 303.

VP Biblioteca Apostolica Vaticana, Patetta 352
Cart., mm. 228 × 180.
Sec. XIX.
Cc. 269.
Vv. in colonna.
Leg. in cartone rivestito di pelle.
Rime antiche tratte da un codice della Bib. Reale di Parigi (il 7767, ora Paris, Bibliothèque Nationale, Ital. 554).
Le rime di Rinuccini sono alle cc. 188r-221r, e sono scritte solo sul *recto*.

(Ho consultato direttamente i manoscritti, eccetto FL[3], su diapositiva, FL[6] e H su buone riproduzioni fotografiche).

Ar conserva, come si è detto, la parte più consistente delle rime di Rinuccini, e di quella parte pare trasmettere anche le lezioni meno corrotte: l'esame della *varia lectio* della tradizione aragonese delle rime di Rinuccini non porta che alla conferma delle conclusioni di Michele Barbi nel suo studio sulla Raccolta[12]. Della silloge non si possiede, come è noto, l'originale, ma se ne conservano alcune copie, di cui le più autorevoli e complete sono FL[2], FN[4] e Pit[1]: questi tre codici tramandano 52 rime rinucciniane, nello stesso ordine e con le medesime lezioni[13]. Ad essi si accompagna VL, che risale ad Ar per la sezione che comprende le rime di

[12] Cfr. Barbi 1915, pp. 217-326.
[13] *Ibid.*, pp. 228 sgg.

Rinuccini[14]. È piuttosto trascurato e presenta tra l'altro alcune lacune di versi interi: V 9; V 61; XL 3.

Il gruppo α

FL[2], Pit[1], FN[4] e VL, maggiori rappresentanti di Ar (= α) presentano, per la sezione riguardante Cino Rinuccini, i seguenti errori:

VIII 6	*posero* in luogo di *posaro*
XVI 1	*che* in luogo di *de* (*deh*)
XLI 7	*fami* in luogo di *favi* (di per sé congiuntivo, ma non separativo perché FL[2] ha *fami* su *favi*)

sempre che non nasconda un errore anche XXXIX 3 (per rendere la misura dell'endacasillabo sono necessarie due dieresi su *laurea*: normale quella su -*ëa* (e neppure da indicare graficamente, in quanto già bisillabico nella base latina), meno canonica, anche se attestata, quella su -*aü*-, derivante da dittongo latino[15]: ma un altro verso rinucciniano, scandibile, secondo Menichetti, con *Laüra* trisillabico (III 2), legittimerebbe *laürëa*.

Sono da eliminare in quanto *descripti* LM[6] (al quale si rifà l'edizione di Bongi), che trae le rime di Rinuccini da FL[2], VP, copia di Pit[1] e Bg, *descriptus* di FN[4][16].

A questo gruppo di codici si affianca anche VCh[1]. Questo codice contiene rime presenti solo in α, oltre a due componimenti (XLIV e

---

[14] Cfr. Barbi 1915, p. 284.

[15] Cfr. ED, s.v. *dieresi* (voce firmata da Gianluigi Beccaria); ma cfr. D'Ovidio 1889, pp. 47-8, nonché i casi di *au* bisillabico registrati da Beltrami 1991, p. 141 e da Menichetti 1993, pp. 263-7.

[16] Bg reca, oltre a quelle di FN[4], le seguenti *singulares*: IV 12 *la lor biltate*; V 15 *dentro asusa*; V 61 *vi par*; VIII 2 *m'adiro*; XI 5 *muto e leno*; XII 7 *riserra*; XIV, tra il v. 51 e il 52 riporta il v. 55, che compare anche nella sua giusta posizione; XIV 65 *et assai sotto i piè son messo Amore*; XX 10 *per la continua*; XXI 11 *fragil barca*; XXII 6 *che mi fa sentire*; XXVIII 6 *cui adugge*; XXXII 31 om.; XXXIII 3 *nulla ragion hanno* (FN[4] *ragionhano*); XXXVII 1 *che portò dentro*; XLVIII *Come* (per *oimè*). Lezioni erronee di VP oltre a quelle di Pit[1]: XIV 16 *questa* (Pit[1] ha *queste* corr. in *questa*); XXXII 49 om. *che*; XLVIII 3 om. *com*; LII 4 om. Lezioni erronee di LM[6] oltre a quelle di FL[2]: XVIII 7 *per via*; LI 14 *dorato stelo*.

XLV) che sono anche in FR² e VCh²: le lezioni di VCh¹ sono concordi con α, a parte vari errori e *lectiones singulares*:

XVIII 9 *questra*; XVIII 13 *donati*; XVIII 14 *soldo*; XXXVIII 7 *duntale*; XXXVIII 11 *bramar sempre honore alma*; XXXIX 4 *indegne some*; XXXIX 7 *uerdar*; XXXIX 14 om. *il*; XL 8 *canfa*; XL 9 om. *di*; *strate*; XL 14 *trelle*; XLI 1 *pauro*; XLI 12 *del gram consumpto*; XLII 5 *cascese*; XLII 7 *poi che c(he)* XLII 14 *uengnamo a uera claritate*; XLIII 4 *subgottita*; XLIII 8 *savia*; XLIII 12 *brieui giorni*; XLIII 14 *rimira*; XLIV 3 *e udira*; XLIV 4 *dolce lume et uagho riso*; XLIV 6 om. *la*; XLIV 9 *che le mortali*.

Il ms. condivide con α l'errore di XLI 7 (*fami* in luogo di *favi*). *Lectiones singulares* dei codici appartenenti ad α:

FL²: IX 9 *Ed ella*; XVII 9 *tempestoso amare*; XXXII 58 *et et ad*; XLIII 6 *piaceuole*; XLIII 11 *di conoscenza*

FN⁴: I 11 *vivoso*; I 14 *vol*; XI 10 *uscito fuor*; XV 1 *suardo*; XV 7 *la non*; XXVI 3 *in questa*; XXIX 6 om. *che*; XXXII 12 *gli animal*; XL 6 *quelle*; XLIII 11 *mi tira*; XLVII 12 *è sì presta*; XLIX 12 *rimbianchi*

VL: V 9 v. mancante; V 45 *sottile*; V 51 om. *andar*; V 55 *dive*; V 61 v. mancante; V 69 *far non lo so io*; V 86 *guardio io*; VI 12 *m'accenda*; VII 11 *con lo*; XIV 34 om. *sta*; XIV 41 *mi vando*; XIV 60 *odio la* (om. *et*); XIV 61 *canzon non* (om. *e*); XIV 62 *pregha amore*; XVI 9 om. *che*; XIX 11 om. *che*; XIX 12 *ch'aveva*; XX 3 om. *et*; XXIV 3 om. *cor*; XXV 8 *rilelogo*; XXVII 27 *con lo suo*; XXXII 14 e 15 vv. mancanti; XXXII 42 om. *or*; XXXII 51 *in tal*; XXXII 57 om. *ben*; XXXII 58 om. *et*; XXXVI 8 *ascoltare*; XXXVII 11 *de questo*; XXXVII 12 om. *si*; XXXIX 12 *canzon canto*; XL 3 v. mancante; XLIX 3 *così gran*; L 5 *remunderajsi* (con *r* soprascritta alla *j*); LII 11 *dalto*

Pit¹: XIV 16 *questa*; XIV 42 *diuessi*; XX 5 *nel del*

Il gruppo β

FR² e VCh² conservano gli stessi componimenti, salvo che FR² ha in più il son. XI; l'ordine dei componimenti è lo stesso di α. Li accomunano ad α (Ar) gli errori di VIII 6 e di XVI 1[17].

---

[17] Riproducono inoltre per la sestina XXVII, «il testo della raccolta medicea, e non quello tanto diverso che fece conoscere il Flamini dal Mgl.VII.1035». Cfr. Barbi 1915, p. 225.

Indizio della stretta affinità che lega i due codici è la presenza di note marginali: per la sezione riguardante Rinuccini, si vedano:

XVII 10	*turbo* nel margine destro in FR²; nel margine sinistro in VCh²
XXXI 12	*ploro* nel margine destro in entrambi

I due mss. sono accomunati dai seguenti errori (in parentesi la lezione corretta):

I 3	*altri non parla* [il v. risulta ipermetro] (*non parla altri*)
VII 9-10	*Virgilio et Lucano	Virgilio Statio* (*Virgilio, Lucano, | Ovidio, Stazio*)
VIII 4	*quando ha tutta* (*quando tutta*)
VIII 9	*concio sia che (g)li celesti* [il v. risulta ipometro] (*con ciò sia cosa che i celesti*)
IX 8	*possa (h)omai* (*posa mai*)
IX 13	*al cor* (*il core*)
XXIV 10	lacuna del v. intero in β
XXVII 12	*manco* (*manto*)
XXVII 13	om. *et*
XXVII 15	*abbaglian* (*abbagliai*)
XXXI 5	*non auedi* (*non ancidi*)
XLIV 7	*a tempo* (*attento*)
XLIV 14	*con si* (*così*)
XLV 6	*a chi* (*e chi*)
XLV 8	*unita* (*unito*)
XLVI 6	*da Vene* VCh² *da le uene* FR² (*da Venere*)

Ciascuno dei due testimoni presenta anche errori e lezioni proprie:

VCh²:

IV 9	*o Dante* (*e Dante*)
VI 6	*cereno* (*cereo*)
VI 8	*trista* (*trita*)
IX 5	*potei* (*porrei*)
X 5	*mi scorge* (*risorge*)
XV 10	*ch'io or* (*che or*)
XVI 5	*da il mio* (*ma il mio*)

XV 10	*volto (voto)*
XXI 13	*non mi dai penne (non mi dai piume)* [in rima con lume]
XXII 12	*io muor (e' muore)*
XXIV 8	*tosto (tristo)*
XXVII 10-1	VCh[2] scrive il primo emistichio del v. 10 e il secondo del v. 11, in modo che la stanza della sestina risulta lacunosa di un verso, mentre FR[2] procede regolarmente.
XXVII 21	*in hora (in oro)*
XXVII 34	*et fa (ed o)*
XXX 5	*alta valore (alto volare)*
XXXI 10	*piu non uolto (piu non vedrò)*

FR[2]:

IX 11	*felice (fenice)*
X 11	*soffrir (sospir)*
XI 9	*tien (ben)*
XII 8	*suspirar (respirar)*
XVI 11	*queste (questo)*
XXI 6	*poso (polso)*
XXVII 27	*con (col)*
XXX 8	*leve (lena)*
XLIV 9	*immortale (mortale)*

Si suppone, quindi, un *interpositus* β, che ha, oltre agli errori già segnalati, le seguenti lezioni caratteristiche discordanti da α:

I 7	*et fiore (o fiore)*
I 9	*terrena (serena)*
II 8	*pur mi affino qual (più m'affino che)*
II 11	*rubini (balasci)*
IV 9	*perche se fusse (benché se fusse)*
VI 12	*sorridendo accenna (sorridendo m'accenna)*
VII 11	*col (con)*
VII 13	*cantaste VCh[2] cantasti FR[2] (cantassi)*
X 1	*amor(e) scorge (amor mi scorge)*
X 3	*il foco (e 'l foco)*
X 11	*pianto (pianti)*
XV 14	*e alle mie spese (onde a mie spese)*

XVI 12	*enver* (*e ver'*)
XXI 6	*non ho spirto in po(l)so on uena* (*non ho polpa, osso, né vena*)
XXIV 8	*et lasso* (*lasso*)
XXVII 30	*e rossi e bianchi* (*e ' bianchi e ' rossi*)
XLIV 4	*uago uolto* (*vago lume*)
XLIV 8	om. *ei*
XLV 4	*leggiadra gentilezza* (*leggiadria, gentilezza*)

Il gruppo γ

I mss. FL¹, FN¹, FR⁴, FL⁶ e Pr conservano il sonetto XXV, attribuendolo a Niccolò Tinucci, «in stridente contrasto con la concorde ed attendibile testimonianza dei discendenti di Ar, che [...] lo riconducono all'autore trecentesco»[18]. Come fa notare Mazzotta, il primo a riconoscere la paternità rinucciniana del componimento fu Bongi, a differenza di Casotti che accettò l'attribuzione di FN¹ [19]. La corretta attribuzione dell'edizione di Bongi, tuttavia, è dovuta semplicemente alla fedeltà al codice lucchese al quale si attenne, e non è il risultato di un esame di altri testimoni. Fu Flamini a riconoscere invece vari errori attributivi dei codici FL¹, FN¹ ed FR⁴ (e si aggiungono qui FL⁶ e Pr), tra cui anche quella a Niccolò Tinucci del sonetto dantesco *De gli occhi de la mia donna si move*[20] (che vi compare nella variante dell'incipit *De gli occhi di costei chiaro si muove*).

I codici risalgono ad un capostipite γ, che si giustifica, oltre che con l'attribuzione, con:

XXV 8	*dominar*, ulteriormente corretto da FL¹ in *nominar* (*donnear*)
XXV 12	*offese* (*offesa* in rima con *discesa*; solo FL¹ ha *discese*)

---

[18] Cfr. Mazzotta 1974, p. XVII. In realtà, in FR⁴ non figura il nome del Tinucci, ma ciò è dovuto soltanto al fatto che il ms. è mutilo delle prime 21 cc.; la successione di componimenti è però la stessa dei mss. FL¹, FN¹, FL⁶ e Pr, cui FR⁴ è affine.

[19] Cfr. Casotti 1718, p. 322, son. XXXI.

[20] Cfr. Flamini 1891, pp. 399-401.

inoltre con le lezioni cartteristiche:

XXV 2	*donne amorose* (*donna amorosa*)
XXV 7	*stato* (*fato*)
XXV 9	*a mirar* (*a veder*)
XXV 9	*iddea* (*dea*)
XXV 12	*cotante, chotanto* FN[1] (*cotale*)

Il codice FN[2]

FN[2] fu indicato per la prima volta da Flamini in quanto contenente la sestina XXVII secondo una redazione diversa da quella presente in Ar[21]. Egli ritenne che questo codice conservasse la lezione genuina; la redazione di Ar sarebbe stata, invece, oggetto di un intervento rimaneggiatore da parte di Lorenzo il Magnifico: essa supera a suo avviso la sciattezza, rende i versi più armoniosi, la poesia risulta «raggentilita»[22]. Le differenze tra le lezioni sono così sostanziali che non possono, secondo Flamini, essere state inserite da un «volgare amanuense»[23]. Questa considerazione spinse Flamini a ipotizzare un intervento del Magnifico non solo su questo componimento, ma in tutta la silloge, che da questa interpretazione riceverebbe nuova luce. L'analisi complessiva delle fonti di Ar ha condotto Barbi a rifiutare le conclusioni di Flamini: si tratterebbe, secondo Barbi, non di un intervento di Lorenzo il Magnifico, ma di un rifacimento attribuibile allo stesso Cino Rinuccini. «L'esame della raccolta a confronto dei testi più antichi non dà altre prove di tanto arbitrio da parte di chi la mise insieme: si hanno accomodamenti e correzioni congetturali dove il testo era difettoso, e facile l'aggiustamento, ma non di più; e anche tali correzioni non dobbiamo correre ad attribuirle al Magnifico, perché troppi codici sono perduti, e ad emendare i testi antichi non s'aspettarono i letterati di casa Medici»[24]. In mancanza di testimonianze esterne (il dato che indurrebbe a dar ragione a Barbi è l'immagine di Rinuccini sperimentatore di forme e di metri che emerge dall'in-

---

[21] Cfr. Flamini 1890a.
[22] *Ibid.*, p. 457.
[23] *Ibid.*, p. 456.
[24] Cfr. Barbi 1915, p. 322.

sieme delle sue rime), non si può che affermare la difficoltà, e talora l'impossibilità, che è stata osservata[25], di distinguere tra varianti redazionali e rifacimenti, in modo particolare laddove non sia facile riconoscere «almeno apparentemente, un 'progresso' o comunque una evoluzione sul piano formale»[26].

Il codice FR[1]

FR[1] contiene la canzone V; esso precede la compilazione di Ar, poiché fu trascritto nel 1460: contiene errori non presenti in Ar:

V 5	*largheça (fortezza)*
V 72	*pero dissi io qua giu nel metal uelo (produsse Dio quaggiù nel mortal velo)*
V 74	*chuor dun gran sasso duro (che or d'un sasso duro)*
V 77	*et contro a rea (o contraria a)*
V 79	*misuro (mi furo)*
V 84	*comantutu (comanda tu)*
V 100	*racchomando (raccomanda)*

Altre lezioni caratteristiche di FR[1]:

V 7	*or fa (et fa)*
V 18	*quel chio (ciò ch'io)*
V 26	*delle stelle (di mie stelle)*
V 32	*bianchi (nivei)*
V 46	*lattato (latteo)*
V 68	*narrar (ritrar)*
V 93	*quello (questo)*

[25] Cfr. Avalle 1978[2], pp. 40-2.
[26] «[...] sarà difficile stabilire se si tratti di varianti redazionali oppure no, e nel secondo caso, quale sia l'originale (sempre ammesso che non siano ambedue dei rifacimenti...)» (*ibid.*, p. 41).

I codici musicali: FN⁵, FL³, Pit²

I manoscritti musicali FN[5], FL[3], Pit[2] precedono tutti Ar. Conservano la ballata XXII, senza il nome dell'autore, ma con quello dell'intonatore, Francesco Landini. Mancano nella ballata errori tali da poter dedurre relazioni più precise tra questi tre codici, e di essi con Ar[27].

Il codice BC

BC conserva il sonetto IV. Riporta un errore che lo rivela come fonte probabile del testo stampato da Crescimbeni[28]:

IV 3   *donna con lei tenuta* (*donna è con lei tenuta*)

Il gruppo δ

I quattro codici VB, FN[3], FL[5], FL[4] conservano i sonetti LIIIa e LIII (con questi numeri indico rispettivamente la proposta di Pippo, figlio di Franco Sacchetti, e la risposta di Cino Rinuccini). FL[5] ed FL[4] attribuiscono la risposta a «Cino» (*Risposta di Cino a Pippo* FL[5] *Risposta di Cino a Pippo detto* FL[4]); FN[3] e VB recano, più precisamente, *Risposta fatta per Cino Rinuccini*. I due sonetti sono stati pubblicati da Giuliano Tanturli[29]. Dall'esame dei codici da lui svolto, con il quale concordo (vi si deve solo

---

[27] Il rapporto fra i tre codici è stato studiato da Fellin 1973, pp. 165-71, che lo rappresenta con il seguente stemma (p. 169):

[28] Cfr. Crescimbeni 1730, II, p. 318.
[29] Cfr. Tanturli 1976, pp. 671-674.

aggiungere la testimonianza, per LIII, di LM[6], *descriptus* di FL[430]), risulta che essi risalgono ad un antigrafo δ, che si giustifica con i seguenti errori:

LIII 5	*minc(i)abbi* VB FN[3] FL[5]; FL[4] rinuncia a trascrivere e lascia la seconda parte del verso in bianco. (È una *crux*, risolta da Ciampi in *m'ingabbi*, che non risolve l'incomprensibilità del termine)[31].
LIII 9	verso ipermetro (*Io ringrazio chol(l)ui che fu rotto ameloria* VB FN[3]; *Ma lui ringratio che fu rotto ameloria* FL[5]; *Ma ben ringrazio qual fu rotto ameloria* FL[4])

VB ed FN[3] (che sono accomunati dalla precisazione del patronimico nell'attribuzione) sono uniti dai seguenti errori (oltre che dai già citati LIII 5 e 9):

LIIIa 1	*Cino mino* (per *Cino*)
LIIIa 13	*arinballoria* (*allimballoria* FN[3]) (per *alla Melloria*, che pare lezione genuina, poiché è ripreso nella risposta e poiché *arimballoria* è modellato su *balzellon* (nello stesso verso), ed è quindi una ripetizione.
LIII 1	verso ipermetro.
LIII 4	*vorresti* (per *potresti*)
LIII 5	*gharzoni* anticipa inutilmente *giovinetti* del verso seguente.

FN[3] è *descriptus* di VB: presenta i suoi stessi errori più il seguente:

LIIIa 7	*agliorrenti* (per *a' garretti*)

FL[5] ed FL[4] sono accomunati da:

LIII 12	*minacce* (in luogo di *manacce difficilior*)
LIIIa 16	*dialeticha* di FL[5] pare derivare da *delleticha* di ε, rispettato da FL[4], e discordante da *leticha* di VB.

---

[30] LM[6] riporta inoltre al v. 11 *col tuo tim tim*; al v. 15, *E p(er) dolore avvenuto e frenetica*.

[31] Cfr. Ciampi 1826, p. 288.

inoltre dalle lezioni caratteristiche:

LIIIa 2	*encio no(n) metter piu* (in luogo di *e no(n) metter piu in cio*)
LIIIa 5	*testa allor* (in luogo di *testa tua*)
LIIIa 6	*o sentivi* (in luogo di *o avevi*)
LIIIa 10	*chel suon parea che non* (in luogo di *che non parea che 'l suon*)

Essi risalgono allora ad un solo capostipite, ε; FL⁴ non può derivare da FL⁵, poiché quest'ultimo manca dei due versi finali, e per almeno un errore che FL⁴ non potrebbe aver corretto:

LIIIa 7	*che ben parea una anchudine* (per *che a' garretti parea ch'un'ancudine*)[32];

FL⁵ non può, a sua volta, derivare da FL⁴, per alcune lacune (parte dei vv. 5, 6, 8 di LIII), e per errori che FL⁵ non avrebbe potuto correggere:

LIIIa 12	*La rana grossa avevi*
LIII 5	FL⁵ riporta la *crux*, mentre FL⁴ lascia una lacuna.

Come suggerisce Tanturli, pare opportuno seguire il codice VB, emendandolo nei luoghi corrotti con l'aiuto di ε. VB sembra infatti preferibile, poiché privo di grosse lacune, che invece si trovano in FL⁵ (ultimi 2 vv. di LIII) e in FL⁴ (parte dei vv. 5, 6, 7, 8 di LIII). Pare impossibile, anche per l'assenza di riferimenti che consentano di ricostruire il contesto della tenzone e di chiarirne le allusioni, risolvere l'ipermetria di LIII 9[33].

---

[32] *Lectiones singulares* di FL⁵: LIIIa 1 *Cino de lascia*; LIIIa 8 *alle gharrette avessi alleghacciata*; LIIIa 15 *ritorna a tua scientia poetica*; LIIIa 16 *ensegna a tuoi scholari*; LIII 2 *infino audine*; LIII 7 *non come artieri*; LIII 10 *di quel che volesti*; LIII 12 *sepper prendere*; LIII 13 *li schorsi lacci*.

[33] Tanturli 1976, p. 672 rinuncia a «regolarizzare l'ipermetria, ponendo a testo, ma in modo del tutto provvisorio, la lezione di [VB]».

Una corrispondenza poetica che avrebbe come destinatario Cino Rinuccini è stata segnalata, come si è detto, da Flamini, sulla base della testimonianza di FR⁵, l'unico codice che faccia il nome del destinatario. BU conserva per Flamini la risposta, *Se tutto el stil d'Omero inseme acchioppi* (nel codice i due componimenti sono distanti e collegati da una didascalia). Il sonetto di proposta *L'arco, la corda, i gravi colpi e doppi* è riportato da VL, FR² e VCh² con l'attribuzione a Ricciardo da Battifolle. È conservato inoltre in FR³, FR⁵ e BU, che lo assegnano invece ad un tal Neri Carini[34], oltre che in H, dove è adespoto e seguito da una risposta diversa da quella di BU (*Intesi e' tuoi martir' sì gravi e doppi*)[35].

Come si è detto, FR² e VCh² si rifanno ad Ar per le rime di Rinuccini, attraverso il capostipite β, mentre VL risale ad α. Ma per il sonetto LIVa, che non fa parte di Ar, i tre codici risalgono ad un'altra fonte[36], ζ, che presenta un errore comune:

LIVa 14   *se non minsegni* (corretto in *si* da VL e VCh²) (*non m'insegni*) [ripete il *se* del v. 12]

comuni anche le lezioni:

LIVa 5   *penso sciogliermi* (*cerco* [FR⁵ *intendo*] *solverme*)
LIVa 13   *d(i) elic(h)ona* (*eliconeo*)

Altro elemento, inoltre, che prova la vicinanza (già riscontrata) di FR² e VCh² è la nota marginale comune al v. 13. Flamini afferma che i codici FR⁵ ed FR³, oltre a BU sono «ben altramente autorevoli» rispetto a VL e FR² (di VCh² non fa parola)[37]. Il testo della proposta si costituisce sulla base di ζ e di FR⁵, FR³, BU, H, fino a prova contraria indipendenti (anche

---

[34] Non sono riuscita a reperire notizie su questo personaggio (Flamini parla di lui come di un «oscuro verseggiatore»), del quale FR³ e BU rivelano il mestiere di *purgatore*, colui che, negli antichi procedimenti tessili, puliva i panni di lana dall'olio residuo e li tingeva.

[35] Cfr. Scarpa 1989, pp. 196-201.

[36] «Le fonti principali [di VL] furono due: la Raccolta Aragonese e l'altra silloge di rime della quale si valse anche il capostipite di [FR² e VCh²]». Cfr. Barbi 1915, p. 271.

[37] Cfr. Flamini 1889, p. [13].

se la concordanza di lezione tra ζ e H ai vv. 5, 13 e 14 potrebbe indurre a ipotizzare qualche parentela. Mancano però errori significativi e ogni supposizione in tal senso sarebbe arbitraria. H per il resto va per conto suo, con la tendenza a invertire i sintagmi). Il ridursi a uno della testimonianza di ζ riduce il peso dell'attribuzione a Ricciardo). Si riportano entrambe le redazioni, quella di BU e quella di H, per la risposta.

* * *

Riassumendo, quindi, almeno per i componimenti VIII, XVI e XLI:

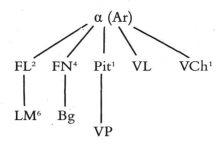

cui si aggiunge, almeno per I, VII, VIII, XXIV, XXXI, XLIV:

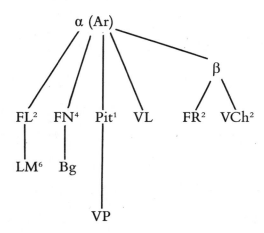

Per il son. XXV si aggiunge, ma senza legami con α:

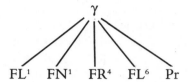

Per il sonetto LIII:

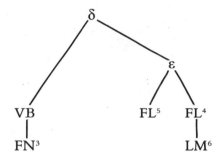

Per LIVa:

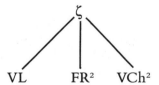

(Mancano però dati che consentano di stabilire legami tra FR³, FR⁵, BU, H, e si può, in via ipotetica, considerarli come risalenti all'originale).

Per la maggior parte delle rime rinucciniane non possediamo altra attestazione che quella di Ar: essa vede da un lato la tradizione piuttosto concorde dei suoi principali (e più completi) derivati FL², FN⁴ e Pit¹, inoltre di VL, dall'altro quella di β. La restituzione di un testo vicino ad Ar è l'unica possibile, dal momento che i codici precedenti non sono ad essa collegabili da precisi rapporti: FR¹, inoltre, è molto corrotto; i mss. musicali (FN⁵, FL³, Pit²) che conservano la ballata XXII non presentano sostanziali differenze rispetto al testo di Ar e i codici risalenti a γ non offrono grande affidabilità. L'unica attestazione importante, al di fuori di Ar, pare allora quella di FN^2 [38].

Il codice scelto come ms. base per le rime di Ar è FL^2, per completezza, chiarezza e affidabilità di lezione (VL come si è detto ha varie *singulares*): al laurenziano si potrebbe opporre per le medesime caratteristiche Pit^1, al quale FL^2 è stato preferito anche per maggiore comodità di consultazione: da tale ms. mi discosto nei seguenti punti (tra parentesi la lezione corretta):

IX 9	*Ed ella* (*Ella*)
XVII 9	*amare* (*mare*)
XXII 3	*Amor* (*Amore*)
XXIV 4	*escano* (*escono*)
XXXII 58	*sempre et et ad* (dittografia per *sempre ed a*)
XLIII 6	*piaceuole* (*piagnevole*)
XLIII 11	*di conoscenza* (*di coscïenza*)

LE EDIZIONI

Le 52 rime contenute in Ar sono disponibili, come si è detto, nell'edizione di Salvatore Bongi, che si attenne interamente al codice Möucke VI della Biblioteca Statale di Lucca, copia di FL^2. Prima di questa edizione, possediamo la testimonianza del *Libro di natura d'Amore* di Mario Equi-

---

[38] Il fatto che l'unica attestazione di entità considerevole delle rime di Rinuccini provenga dalla Raccolta Aragonese pone alcuni problemi anche per definire l'entità del *corpus* del rimatore: da un lato si potrebbe credere che, come per altri rimatori tramandati dalla Ar, ciò che ci è giunto costituisca solo una parte della produzione complessiva. Tale fatto sembrerebbe probabile anche per l'esistenza del sonetto a Pippo Sacchetti, inoltre per la possibilità che in qualche codice musicale, oltre alla ballata XXII (che sappiamo essere di Rinuccini in base al riscontro con la Raccolta Aragonese), vi siano altri componimenti che appartengono al rimatore (è noto infatti che l'anonimato degli autori a vantaggio degli intonatori è frequente nei codici musicali). D'altro canto, per certi autori è difficile dire se Ar non operi una scelta: Rinuccini vi ha infatti più rime di Cavalcanti e di Dante.

cola[39]; inoltre le edizioni del sonetto XXV, attribuito da Casotti, secondo il codice FN[1], a Niccolò Tinucci[40], del IV, stampato da Crescimbeni[41] e ripreso da Del Balzo[42] e della ballata XLVII, pubblicata da Trucchi, che si attenne al cod. FR[2][43]. Le edizioni successive (tutte parziali) seguono o l'edizione Bongi, o un solo codice[44]. La variante della sestina *Quando nel primo grado il chiaro sole* è pubblicata, come si è detto, da Flamini[45]; Carducci[46] si attiene a FN[2] per la sestina, ma non si vede la ragione della lettura, che ricompare in Sapegno[47], del v. 17 *tolte dal vento allor; sì che più l'oro*, come pure della lezione *nodi*, di Ar, al v. 28. Volpi[48] riproduce anch'egli la redazione di FN[2], così come Sapegno[49], che dà conto delle contestazioni di Barbi a Flamini, ma sceglie poi FN[2], riportando peraltro al v. 36 la lezione di Ar, senza darne ragione. Ancora, Corsi[50] riporta in apparato le varianti rispetto alla forma, che accoglie, di Ar.

La raccolta antologica di rimatori del Trecento (i cui indubitabili pregi sono stati riconosciuti da più parti[51]), curata da Giuseppe Corsi, contiene 25 dei componimenti rinucciniani di Ar[52]: l'edizione ha il pregio di segnalare la maggior parte dei codici che contengono le rime di

[39] Nella vera e propria selva delle citazioni dell'Equicola 1554, V, pp. 350-2, si possono riconoscere parte dei componimenti parafrasati (i nn. I, II, V, VI, XXVII, XXXIII, XXXV, XLIV). Come segnalato da De Robertis 1959, p. 207, i testi parafrasati «sono (salvo qualche minimo frammento reso forse irriconoscibile dal rimaneggiamento, o che serve di passaggio, e comunque senza riscontro in altra tradizione) contenuti nei tre più grossi rappresentanti di Ar».

[40] Cfr. Casotti 1718, p. 322, son. XXXI.

[41] Cfr. Crescimbeni 1730, p. 318.

[42] Cfr. Del Balzo 1890, p. 561.

[43] Cfr. Trucchi 1846, II, p. 143.

[44] Cfr. Levi 1905, p. 30; Carducci 1907, coll. 164-166 e 393-395; Volpi 1907, pp. 183-186; Ellinwood 1945, pp. 56-57; Sapegno 1952, pp. 252-267; Getto-Sanguineti 1957, p. 121.

[45] Cfr. Flamini 1890a, pp. 456-8, che riporta anche la «risposta a Cino» pp. 456-7n.

[46] Carducci 1907, col. 166

[47] Sapegno 1952, p. 252 e 1967, p. 144.

[48] Volpi 1907, p. 85.

[49] Sapegno 1952, pp. 252-3.

[50] Corsi 1969, p. 562.

[51] Cfr., Balduino 1970, Marti 1971, Pasquini 1971 e Ageno 1977.

[52] Corsi 1969, pp. 557-587.

Rinuccini, ma non offre indicazioni precise sui rapporti tra essi: segue sostanzialmente due dei codici della raccolta (FL[2] ed FN[4]), ma tralascia Pit[1], dicendolo, sull'autorità di Mazzatinti, «interamente identico a FL[2]»[53] (si tratta, in realtà, di discendenza dallo stesso capostipite[54]). Nel terzo sonetto tra quelli da lui scelti (il IV nella numerazione complessiva), non cita come testimone VL, che contiene, invece, tutte le 52 rime. Ignora, infine, Pr, VCh[1], VP e BC [55].

La tenzone con Pippo Sacchetti non compare nell'edizione Bongi, che però la menziona, affermando di non voler pubblicare i due sonetti perché «allusivi a qualche fatto particolare e scritti come direbbesi in bisticcio, tantoché poco o niun senso se ne ricaverebbe»[56]. La risposta, che Bongi attribuisce a Rinuccini «come da codici autorevoli apparisce» (ma non li menziona) è assegnata invece a Cino da Pistoia da Ciampi e da Bindi-Fanfani[57]. L'edizione Ciampi si basa su FL[5], l'altra confronta tale codice e l'edizione precedente con FL[4][58]. Già Biadene[59] riteneva di poter assegnare la risposta a Rinuccini e segnalava la «poca cura e diligenza critica» dell'edizione Bindi-Fanfani, insieme all'errore attributivo, ma non offriva indicazioni per supportare tale ipotesi. È Flamini[60] a fornire l'elenco dei manoscritti e a ribadire la paternità rinucciniana della risposta. Una edizione critica dei due sonetti è stata approntata, come si è detto, da Tanturli[61], che non dubita dell'attribuzione a Rinuccini e considera l'affermazione della chiusa del sonetto di proposta come una conferma del fatto che il rimatore fosse maestro di scuola. Benché si parli di

[53] *Ibid.*, p. 559. Il riferimento è a Mazzatinti, I, p. 109.

[54] Cfr. *supra*, pp. 61.

[55] Nel son. IV 11 [secondo l'ordine dei componimenti in Ar], FN[4] reca *potria(n)*, con il *titulus*, mentre Corsi legge *potria*; non sono segnalate le lacune dei vv. 9 e 61 della canzone V in VL; né varianti come *bianchi* in luogo di *nivei* in FR[1] (V 32); *pero dissio qua giu nel metal uelo* per *produsse Dio quaggiù nel mortal velo* sempre in FR[1] (V 72); non è vero che in XV 4 VCh[2] ometta *tosto*. Su alcuni punti discutibili del lavoro, pur pregevole, di Corsi, si veda Ageno 1977.

[56] Bongi 1858, p. VII.

[57] Ciampi 1826, p. 288, son. CLVII; Bindi-Fanfani 1878, p. 408, son. CLVI.

[58] L'indice degli autori di FL[4] (di mano del sec. XVI) distingue *Cino* da *Cino da Pistoia*, indicando qindi la percezione di un autore diverso dal pistoiese.

[59] Biadene 1888, pp. 197-8.

[60] Flamini 1890a, p. 456.

[61] Tanturli 1976, pp. 671-4.

un insegnamento di *etica* (LIIIa 16), infatti (solo FL⁵ trasforma in *dialeti-cha* la lezione del suo capostipite, *delleticha*), ciò che pare maggiormente significativo è il riferimento ad una scuola e ai discepoli di Rinuccini[62].

La corrispondenza con Neri Carini (sulla quale mancano prove attributive indubitabili, se non la sola menzione nella rubrica di FR⁵) fu pubblicata da Flamini[63]. La risposta trasmessa da H è finora inedita.

* * *

Li Gotti afferma con sicurezza che Lorenzo il Magnifico aveva a disposizione l'autografo e che ne seguì l'ordinamento nella Raccolta Aragonese[64]. Il critico supporta la sua affermazione con il dato, che egli afferma essere comune soltanto alla scelta di rime sacchettiane nella Raccolta, che «l'ordinamento per generi letterari» è tralasciato a favore dell'organizzazione tematica dell'autografo: il rispetto dell'ordinamento per generi metrici, tuttavia, non è un dato costante in Ar. Scorrendo il *corpus*, si ha effettivamente l'impressione che i componimenti siano stati disposti secondo un criterio tematico[65]. Ar, come si è detto, è l'unico riferimento importante per le rime di Rinuccini: pubblicare il testo di Cino significherà certo restituire prima di tutto una sezione di Ar, mancandoci altri riscontri se non per pochi componimenti. Dal 1417 (anno della morte di Cino) al 1476 (anno della compilazione di Ar[66]) passa una

[62] Cfr. p. 35.

[63] Flamini 1889, pp. [13-4].

[64] Cfr. Li Gotti 1947, pp. 19-20.

[65] I primi svolgono i motivi dell'ineffabilità della donna (III, IV, V, VI, VII, VIII); dell'invocazione ai grandi poeti affinché cantino le bellezze della donna (III, IV, VII, VIII); della donna-dea scesa dal cielo per confortare gli uomini con la sua presenza (I, IV, V, IX); successivamente viene sviluppato il motivo della donna nemica, crudele come una fiera, dal cuore di pietra (IX, X, XIV, XV, XVI, XVII, XVIII, XIX). La morte non più temuta (XI, XIV) e persino desiderata e invocata è nei componimenti XIV, XX, XXI, XXIII. La fugacità dei beni terreni, argomento della chiusa della sestina XXVII, è anche nel sonetto seguente. I sonetti di argomento morale e religioso sono i XXXIV, XXXVIII, XLI, XLII, XLIII. Il fatto più significativo pare poi che il sonetto posto per ultimo sia quasi interamente modellato sul primo dei *Rerum Vulgarium Fragmenta* e contenga, allo stesso tempo, il tema etico e religioso.

[66] Cfr. Barbi 1915, p. 224.

sessantina d'anni, un arco di tempo piuttosto ampio, nel quale si deve supporre una certa diffusione delle sue rime (lo confermano anche i codici più antichi, in particolare FN[2], la cui sezione contenente la sestina è ascrivibile alla fine del secolo XIV, il che porterebbe a collocare parte della produzione del rimatore intorno al 1390[67]). La presenza di sue rime nei codici musicali, inoltre la citazione di almeno due suoi *incipit* in epoca a lui vicina[68] mostrano una diffusione delle sue rime prima di Ar. Ciò naturalmente non esclude l'ipotesi della presenza di un autografo, che potrebbe essere stato conservato in casa Rinuccini attraverso due sole generazioni, se è vero, come sostiene Li Gotti, che «[...] questo autografo, che apparteneva al patrimonio librario della famiglia Rinuccini, gli fu fatto conoscere [*sc.* a Lorenzo] da Alamanno di Filippo di Cino, che è con lo stesso Lorenzo e con Giuliano dei Medici un personaggio delle *Disputationes camaldulenses* di Cristoforo Landino»[69]. L'ipotesi non va esclusa a priori, ma richiederebbe maggiore fondamento. In mancanza di altre prove, sarà più corretto limitarsi a ritenere, con Barbi, che il «*canzoniere* [...] dovè passare in Ar da *buona fonte*»[70].

Seguire nell'edizione l'ordinamento di Ar è quindi una scelta obbligata, ma soprattutto l'unica rispettosa di quella breve sezione di storia della tradizione che ci è giunta[71].

---

[67] Anche Li Gotti 1947, p. 16 suppone che la produzione rinucciniana vada collocata in quegli anni. Si aggiunga che quelli erano i tempi dei ritrovi del *Paradiso*, oltre che il periodo della piena maturità di Cino: del 1386, oltretutto, è l'orazione citata da Tanturli 1976, p. 660, anno in cui, quindi, pare collocarsi la piena attività della scuola.

[68] «Un ricordo del capoverso della ballata *Che giova innamorar degli occhi vaghi* è nella ballata *Che giova 'nnamorar di questa dea* composta dal Tinucci [c. 1390-1444] per Giovanna Strozzi; e rispettivamente un'eco del madrigale *Un falcon pellegrin dal ciel discese* è nel sonetto di Mariotto Davanzati [1410-dopo il 1470] *Dal ciel discese un falcon pellegrino*» (Li Gotti 1947, p. 18).

[69] Li Gotti 1947, p. 19.

[70] Cfr. Barbi 1915, p. 322 (corsivi miei).

[71] Benché la presente sia un'edizione che cede alla «considerazione puramente individuale dei singoli autori» (cfr. Avalle 1985, p. 382), questa è un'operazione che tenta di rispettare l'eventuale intervento del committente (se non, come si è visto, ma in modo dubitativo, dello stesso autore) e di non fare intervenire altre ragioni (che nel caso di Rinuccini sarebbero dettate unicamente dall'arbitrarietà del gusto personale) nell'ordinamento: diversi criteri hanno seguito Carducci 1907 e Sapegno 1952 e 1967 nell'antologizzazione.

AVVERTENZA GRAFICA

Gli interventi principali nella restituzione del testo sono i seguenti:
— scioglimento delle abbreviazioni, divisione delle parole, introduzione della punteggiatura e delle maiuscole secondo l'uso moderno.
— distinzione di *u* da *v* con valore consonantico[1];
— riduzione all'uso moderno dei nessi della serie nasale, liquida e fricativo-palatale (eliminazione di *l* ed *n* superflue in *lgl* e *ngn* con introduzione di *i* diacritica quando necessaria);
— eliminazione di *i* diacritica davanti ad *e* dopo palatale;
— regolarizzazione di *n* e *m* davanti a *b, f, q* ed *s*;
— la preposizione *ad* è stata ridotta ad *a* davanti a consonante;
— la congiunzione *et* è stata resa con *ed* di fronte a vocale; di fronte a consonante (inoltre davanti a vocale quando il verso risulterebbe ipermetro) è stata ridotta ad *e*.
— le grafie latineggianti, usate con larghezza in tutti i codici di Ar, si frappongono tra i lettori moderni e l'autore: non sempre è possibile stabilire quali grafie siano da attribuirsi all'opera dei copisti di età umanistica e quali siano fatti grafici che rivestono una connotazione stilistica (basti pensare al modello, anche grafico, petrarchesco); si sono conservati i fonemi latineggianti per i quali non è da escludere una possibile intonazione culta (ma si sono eliminati e ridotti all'uso moderno i nessi che da tempo non costituivano più il riflesso della pronuncia).
Si sono pertanto operati i seguenti interventi:
— normalizzazione dei nessi *ph* (= *f*) e *th*;

---

[1] Il manoscritto-base ha *V* per la maiuscola, *v* per la minuscola iniziale, *u* per la minuscola interna: il fatto è comune ai codici rinascimentali italiani (cfr. Migliorini 1955, p. 265).

— normalizzazione dei nessi *ct dm mn*, che la pronuncia aveva da tempo assimilato in geminate;

— normalizzazione dei nessi *nct* e *mpt*, che la pronuncia aveva da tempo semplificato (*sancte* in VII 12 è del resto in rima con *Dante* e *ammirante*; *puncto* di XLI 9 in rima con *consumpto*);

— ridotte ad *i* le *y*;

— risolte le *x* con -*ss*- tra due vocali, di cui una sia tonica (*saxo* > *sasso* I 1), compreso il caso di *exemplo* > *essemplo*[2];

— normalizzato l'uso di *h*: eliminata dopo le consonanti velari *c* e *g* davanti ad *a, o, u*; aggiunta (nei casi in cui il copista la ometta) quando un *che* si elida davanti ad *a, o, u* (*ca* > *ch'a*; *cogni* > *ch'ogni*); eliminata quando si tratta di *h* etimologica.

— normalizzata l'alternanza G-/I- in *Gesù* e *Giove*.

— si è inoltre normalizzato l'uso di *z*, resa nel ms. base con *t* (latineggiante, seguìta da *i*), *ç, z* (*ringratio* I 9; *ançi* III 4; *belleze* V 55). Quanto ai sostantivi in -*anza* ed -*enza* (con *z* o con *ç* nel ms. base[3]), sono stati resi con *z*); più problematico il caso -*entia* (*sententie* XXXVI 13; *scientia* XXIX 2; *patientia* XLI 11, così in tutti i codici, e comunque non in rima). La scelta in questo caso è stata quella di proporre, come ipotesi di lavoro, la terminazione -*enzia*, benché assente nei codici: questo allo scopo di non spianare un fenomeno non ancora definito sul rapporto tra grafia e pronuncia[4].

---

[2] Schiaffini 1928, p. 43, segnala che fino al Cinquecento si disse *essemplo*.

[3] I 5 *scienza* α e β (FN[4] *scientia*); XL 2 *scienza* FL[2] Pit[1], *scientia* FN[4] VL, *scienzia* VCh[1]; XLVI 4 *scienza* α (in rima con *intelligenza*); XIV 53 *possanza* α (*possansa* VL); XVII 5 *speranza* α e a; XLI 10 *speranza* α (*sperança* FL[2]); XX 10 *usanza* α; XXXV 9 *potenza* α (in rima con *essenza*); XXXVII 10 *potenza* α; XXXV 12 *essenza* α (in rima con *potenza*); XLIII 11 *coscienza* α (*conscientia* FN4); XLVI 3 *intelligenza* FN[4] FR[2] VCh[2], *intelligença* FL[2], *inteligentia* VL

[4] Sul problema, cfr. almeno Raimondi 1957, p. 11n.: «[...] *sentenzia*, in mezzo ad una selva di *sentenza, sentenze*, si ritrova ancora nel Settecento [...]»; Baldelli 1971, p. 15, n. 18: «Oltre al tipo *razone* [...] vi è la forma *ratione* [...] per cui non si può forse escludere una duplicità di pronuncia»; di analoga opinione era Migliorini 1955, p. 277, a differenza di Roncaglia 1953, p. 141, Spongano 1954, pp. 110-2 e Petrocchi 1966, p. 439 («è difficile pensare che la grafia comportasse la pronuncia di i dopo l'affricata», ma si noti, almeno, *Inferno* IV 73 *sciënzïa*, IX 15 *sentenzïa*).

CRITERI PER LA RESTITUZIONE DEL VERSO

Il manoscritto-base è caratterizzato dalla tendenza (propria, come è noto, anche dei «manoscritti antichi della poesia del Duecento e del Trecento [...]»), a conservare le «atone finali o 'vocali caduche' che l'editore moderno giustamente toglie di mezzo per far tornare i conti del sillabismo»[5].

Sia FL[2] sia Pit[1] hanno inoltre la particolarità di riportare un segno espuntorio, il punto sottoscritto alla vocale (o alle vocali) soprannumeraria[6]; non sempre si ha perfetta coincidenza delle espunzioni nei due codici, i soli, comunque, che li riportino. Negli altri manoscritti dello stesso gruppo (FN[4], VL, VP) si registra un analogo rifiuto dell'elisione (per quanto FL[2] sia il codice che presenta la maggiore tendenza a questo comportamento), ma manca l'espunzione.

Il segno espuntorio serve ad indicare:

1. troncamenti: talvolta il segno è omesso, benché il troncamento sia richiesto dalla misura ritmica del verso. In tali casi si è adottato il troncamento, registrando in apparato la forma non espunta;

2. elisioni: quando l'elisione è ovvia, si è conservata la vocale; quando pone equivoci che potrebbero far sorgere dubbi riguardo alla misura ritmica del verso, si è omessa la vocale (con apostrofo), registrando in apparato la forma espunta;

3. semivocali: poiché non c'è possibilità di confusione per la misura del verso, non se ne è tenuto conto[7].

Nel caso della ballata XXII al v. 12 si è ritenuto opportuno evitare l'elisione e segnare il punto soscritto (per avvertire della necessità dell'espunzione al fine di risolvere l'ipermetria): questo allo scopo di rendere percepibile la rimalmezzo. Nella medesima ballata, al v. 3, FL[2] riporta la parola con troncamento: con il conforto degli altri codici (e per l'analogo schema della ballata XXIV) si è ritenuto opportuno mettere a testo la

---

[5] CLPIO, p. LXXXVIII.

[6] Il fatto è segnalato, per FL[2], anche nel catalogo del Bandini V, p. 435: «Animadvertendum consuevisse huius scriptorem codicis supponere punctula iis vocabulibus, quae in pronunciatione sunt elidendae».

[7] Cfr., per situazioni simili, Roncaglia 1953.

forma estesa (segnalando l'ipermetria col punto espuntorio)[8]. Saranno da segnalare, ma non sono state messe a testo nell'edizione per rispetto della totalità delle attestazioni, altre due possibili rime interne (*traditor*, v. 9, e *signor*, v. 10)[9].

---

[8] Sul fatto che «l'"esecuzione" delle atone finali virtuali ([...] apparentemente iper-metriche) fosse lasciata all'arbitrio del lettore», cfr. Avalle 1981, p. 134.

[9] Sul problema, cfr. CLPIO, pp. LXXXVII-LXXXVIII.

RIME

I

FL² (ms. base), c. 180v; Pit¹, c. 189r; FN⁴, 242v; VL¹, c. 510r; FR², c. 117r; VCh², c. 81v

    Venuto sono or uom di duro sasso
    per la fe' cch'a Amor porto, e dentro al core
    non parla altri, se nnon il mio signore,
    che, di lei ragionando, tienmi a spasso.

5   Così senza pensier' la vita passo,
    mia fortuna obliando e 'l mio dolore;
    né penso altro che perla, rosa o fiore
    con che s'adorni: e così qui trapasso.

    Ond'io ringrazio te, serena dea,
10   che scendesti dal ciel sol per conforto
    di chi riguarda il tuo vezzoso viso;

    e poi ringrazio Amor, che d'un uom morto
    fatto m'ha vivo, per la fe', cch'avea
    fitta in mio cor di voi di Paradiso.

1 son VL¹ FR² VCh² hora (-a *espunta*) FL² Pit¹   hora FN⁴ VL¹ FR² VCh² hom FR² VCh² (β)   **2** fech(e)amor FN⁴ FR² VCh²   **3** altri non parla FR² VCh² (β) se no VCh² el mio VL¹   **5** pensieri FL² pensieri (-i *espunta*) Pit¹   **6** il mio FR² FN⁴ **7** rosa e fiore FR²   rosa et fiore VCh²   **8** se adorni VL¹ VCh²   **9** (*VCh² corregge dopo aver anticipato i vv. 12-4*)   rengratio VL¹   terrena dea FR² VCh² (β)   **10** cielo (-o *espunta*) FL² Pit¹   **11** de chi FR² VCh² (β)   reguarda VL¹   uezoso uiuoso FN⁴   **12** puoi FN⁴   rengratio VL¹   hom FR² VCh² (β)   **13** fecchaueua VL¹ fech(e)auea FR² VCh²

Edd.: Bongi 1858, p. 1; Carducci 1907, col. 393; Sapegno 1967, p. 149.

Sonetto: ABBA ABBA CDE DCE. Rima derivativa al v. 8.

La donna è scesa dal cielo per confortare gli uomini, e la sua azione fa rinascere il poeta, rendendolo nuovamente uomo da essere privo di vita; il che costituisce un rovesciamento, che pare originale (ma si veda anche la possibile suggestione di RVF CCCXXV 82-3 «legno, acqua, terra o sasso | verde facea»), della topica pietrificazione dell'amante ad opera della donna-Medusa (ad esempio, Guinizzelli VI 12 «remagno como statua d'ottono»; Cavalcanti VIII 9-11 «I' vo come colui ch'è fuor di vita | che pare, a chi lo sguarda, ch'omo sia | fatto di rame o di pietra o di legno»; RVF CXXXI 11 e CCCLXVI 111).

4. *tienmi a spasso*: 'mi procura diletto'.

6. *fortuna*: 'sorte avversa'.

7. *perla, rosa o fiore*: il motivo delle perle e delle pietre preziose è ricorrente (cfr. II 12; V 28; XXV 1; XXVII 19). Cfr. RVF XLVI 1 «L'oro et le perle e i fior vermigli e bianchi»; CLVII 12 «perle e rose vermiglie» (i denti e le labbra di Laura).

9. *dea*: l'appellativo è frequente: cfr. XII 6; XVI 10; XXV 9; XLV 2. Il motivo, diffuso nello Stil nuovo (cfr. Cavalcanti I 27-28 «fra lor le donne dea | vi chiaman, come sète» e IV 11 «e la beltate per sua dea la mostra»; Cino da Pistoia CII 11 «quella ch'è dea d'ogni gran biltate» e CXXIII 28-9 «dea per cui d'ogni dea, | sì come volse Amor, feci rifiuto»), «è l'estremo dell'angelicazione, e sfiora il peccato teologico» (Marti 1969, p. 127); ma qui è superato ormai ogni imbarazzo e l'immagine è già topica. Cfr. anche RVF CCCXXXVII 8 «la mia dea».

10-1. Cfr. Dante, *Rime* LXIX 12-4 «Credo che de lo ciel fosse soprana, | e venne in terra per nostra salute | là 'nd'è beata chi l'è prossimana»; Cino da Pistoia XLIX 50 sgg. «Com'io credo di piana, | v'elesse Dio fra li angeli più bella, | e 'n far cosa novella | prender vi fece condizione umana»; Sennuccio del Bene, *L'alta bellezza tua è tanto nova* (Corsi 1969, p. 122), 14 «che discesa dal ciel ciascun ti crede».

11. *vezzoso*: cfr. Cino da Pistoia, *Amor, la dolce vista di Pietate*, 7 «aspetto vezzoso». Il termine manca nel Canzoniere petrarchesco (cfr. Balduino 1984b, p. 203n: «solo eccezionalmente Rinuccini si discosta dal lessico petrarchesco: fra le eccezioni, appunto, sarà da porre l'agg. *vezzoso* [...] usato da Cino [...] ma non dal Petrarca»).

12. Cfr. Franco Sacchetti CCCV 9-10 «Come che sia, io ti ringrazio, Amore, | che servo fatto m'ha' di cosa tale».

14. *Paradiso*: cfr. RVF LXXVII 5-6 «[...] paradiso | (onde questa gentil donna si parte)», CXXVI 55 «costei per fermo nacque in paradiso»; Cino XI 14 «ch'i' non credo più gio' sia in Paradiso».

II

FL² (ms. base), c. 180v; Pit¹, c. 189r; FN⁴, c. 242v; VL¹, c. 510r; FR², c. 117v; VCh², c. 82r

Io porto scritto con lettere d'oro
nella mia mente delle donne donna:

1 littere VCh²

il perché d'esser servo a cotal donna
assai m'è caro più che tutto l'oro.

5   Quando i biondi capelli in lucente oro
veggio annodati da man di tal donna,
lieto ardo tutto per biltà di donna
e più m'affino che nel foco l'oro.

Ond'io ringrazio te, caro signore,
10   che di tal donna – m'hai or fatto amante,
che vince di color balasci e perle.

E sempre te chiamar vò' per signore
e lei per donna – e star pallido amante
all'ombra delle sue guance di perle.

3 di esser VL¹   4 me e caro FR² VCh² (β)   6 di man FR² VCh² (β) mano (-o *espunta*) FL² Pit¹   mano FN⁴   mano (-o *biffata*) VL¹   7 belta FN⁴ FR² VCh²   8 et pur mi affino qual FR² VCh² (β)   9 rengratio VL¹   11 rubini e perle FR² VCh² (β)   14 de perle VL¹

Edd.: Bongi 1858, p. 2; Carducci 1907, col. 393; Sapegno 1952, p. 263; 1967, p. 157; Muscetta-Rivalta 1956, p. 562; Corsi 1969, p. 565.

Sonetto: ABBA ABBA C(b)DE C(b)DE su cinque parole-rima (cfr. son. XXXVIII).

Biadene 1888, pp. 154-6 cita questo come esempio di sonetto con rime equivoche (nella cui definizione egli comprende sia «le rime costituite da parole identiche di suono, ma diverse di significato», sia le rime identiche, che alle altre «si avvicendano talvolta in un medesimo sonetto»), accostandolo a RVF XVIII (ma in Petrarca si ha una ricerca di variazione con *equivocatio* che qui manca); qui tutte le rime sono identiche, eccetto al v. 2; l'ambivalenza del termine è ripresa nei terzetti (vv. 10 e 13) e ricompare, tra l'altro, in XI 11.
Il tema cortese del servaggio d'Amore (presente anche in XIV 54; XLVI 7; XLVII 11; L 4), di ascendenza provenzale, è presente a Rinuccini per via di modelli più vicini (cfr. Lapo Gianni, *Gentil donna cortese e dibonare*, 2 «di cui Amor mi fe' prima servente», e si veda anche la fortuna del motivo ad esempio in Matteo di Dino Frescobaldi). Il tema del pallore dell'amante è 'regola' (come ricorda Corsi 1969, p. 565) dell'amore cortese in Andrea Cappellano: «Omnis consuevit amans in coamantis aspectu pallescere» (p. 358), nonché indizio dell'innamoramento: «mulier autem, quae in sui coamantis aspectu pallescit, in vero procul dubio consistit amore» (p. 292), è anche, tra gli altri, in Dante, *Vita*

Nuova XXXVII 1 «d'un colore palido quasi come d'amore»; Lapo Gianni, *Ballata, poi che ti compuose Amore* 24 «e palidetta quasi nel colore».

Il motivo delle pietre preziose, già accennato nel sonetto precedente e caro a Rinuccini, è diffuso all'epoca, ed è frequente in Giovanni da Prato: nel *Paradiso degli Alberti* (cfr. Wesselofsky 1867, II, p. 37): «[...] rubini, perle, zaffiri, balasci, diamanti e topazii, che a gara paria [...]»; si trova inoltre in altre rime dello stesso Giovanni *La grolia di quel sir ch'è tanto altero* (Lanza 1973, I), 174-5 «rubini, perle, zaffini e topazi | vedea sopra suo chiome sparse al vento»; *Gigli, rose, vivole in vasel d'oro* [V], 8 «perle, zaffir, balasci e più tesoro»; «*Perle, zaffini, balasci e diamanti | smeraldi con topazi e chiome d'oro*» [X].

1. Cfr. RVF XCIII 2 «scrivi quel che vedesti in lettere d'oro».

2. Per l'uso di *donna* nel senso di *domina* 'padrona', 'signora', cfr. almeno Dante, *Vita Nuova* II i «la gloriosa donna della mia mente»; RVF CCLXX 107 «quella che fu mia donna al ciel è gita».

3. *il perché*: 'per la qual cosa, per cui' cfr. X 7; XXXVI 12.

5. Superfluo ricordare il topico motivo dei capelli biondi come l'oro, se non per collocarlo al vicino modello petrarchesco (RVF XXIX 3; CCXCII 5).

7. *lieto ardo*: cfr., con lo stesso accostamento di gioia e tormento amoroso, RVF CCCXXI 6-7 «ov'è il bel viso onde quel lume venne | che vivo et lieto ardendo mi mantenne?». — *biltà*: dal franc. *biautet*, con riduzione di dittongo, ancora trecentesco: ad es., Matteo Frescobaldi, XIX 3 «La donna, ch'è d'ogni biltà fontana».

8. *m'affino*: cfr. prov. *afinar* 'raffinare, rendere nobile' (Peire Vidal, *De chantar m'era laissatz* 25-9 «A tal domna ·m sui donatz | que viu de joi e d'amor | e de pretz e de valor | on s'afina si beutatz | cum l'aurs en l'arden carbo»). Corsi 1969, p. 565 rimanda a *Sap.*, 3,6: «tamquam aurum in fornace probavit illos»: ma un richiamo più immediato sembra essere RVF CCCLX 5 «com'oro che nel foco affina» (su questo cfr. anche Pasquini 1971, p. 247).

9. Cfr. I 9 e RVF CV 9 «ond'io ringratio Amore [...]».

11. *balasci*: il balascio (gemma di color rubino) è menzionato nel *Milione* («e quivi nasce le pietre preziose che si chiamano balas[c]i, che sono molto care [...]»: cfr. Bertolucci Pizzorusso 1975, pp. 63 e 551). *Balasci e perle* indicano il colore della pelle della donna, secondo il modello topico dell'accostamento del bianco al vermiglio, come in Guinizzelli VII 5 «viso de neve colorato in grana»; Antonio da Ferrara II 52-3 «El bel vermiglio in su le bianche gote | come rubino e perla orientale»; Brizio Visconti II 42-45 «[...] e suo pulito viso | color di perla e d'onestà sembianti | e ancor d'un rubino | lì parea tra quel bianco color miso» (Corsi 1969, p. 182). I *balasci*, frequenti, come si è detto, in Giovanni da Prato, sono anche in XXV 1.

12-3. Cfr. Boccaccio, *Filostrato* II 98, 5-6 «hanno lui per signore | e te per donna».

14. *guance di perle*: cfr. V 28-9.

III

FL² (ms. base), c. 181r; Pit¹, c. 189v; FN⁴, c. 243r; VL¹, c. 510v

> Tal donna già non vide il mio Petrarca
> quando Laura sua leggiadra e bella
> temé che Dio non la facesse stella,
> anzi nel cielo un sol, per che poi scarca
>
> 5   di sì dolci pensier' fosse sua barca
> quale è costei, che 'l core or mi martella
> e l'arco e la faretra e le quadrella
> tolto ha a Cupido e sì signoril varca.
>
> Né pure Smirna, Mantova e Arpino,
> 10   Atene, ma se stesso e 'l suo concive
> Dante, Guitton, Sennuccio e Franceschino
>
> Arnaldo, Guido, Fazio e, se altri vive
> o visse, are' chiamato, e Messer Cino
> nelle lode di questa, e nove dive.

1 el mio VL¹   **3** fecesse VL¹   **4** ciel VL¹ sole (-e *espunta*) FL² Pit¹   sole FN⁴
VL¹   puoi FN⁴   **5** pensieri (-i *espunta*) FL² Pit¹ pensieri FN⁴ VL¹   **6** cor FN⁴
VL¹   **9** Mantoa Pit¹ Mantua VL¹

Edd.: Bongi 1858, p. 2; Corsi 1969, p. 566.

Sonetto: ABBA ABBA CDC DCD. *Enjambement* al v. 4, che unisce i quartetti.

Nella "gara poetica" (che si conclude con l'affermazione della superiorità della donna cantata su quella dei grandi poeti e oratori del passato) Petrarca occupa un posto di rilievo, in quanto connotato affettivamente e poiché più volte citato. Uno dei modelli è RVF CCLXXXVII, il sonetto in morte di Sennuccio del Bene, dove, oltre all'amico poeta morto, si nominano Guittone, Cino da Pistoia, Dante e Franceschino degli Albizzi. Ma si pensi anche a RVF LXX (*Lasso me*), dove Petrarca esibisce i suoi "maggiori" poetici: lo pseudo-Arnaut, Cavalcanti (con il che pare di poter eliminare ogni dubbio su quale dei due maggiori "Guidi" sia qui in causa), Dante e Cino. Dante, Guittone, *Sennuccio e Franceschin*, *Arnaldo Daniello* sono anche in *Triumphus Cupidinis*, IV (e si ricordi che lo pseudo-Arnaut è anche in RVF LXX: si veda anche *Introduzione*, p. 28).

Un'altra (duplice) ripresa dei RVF (CCLIV) è nel tema di Laura chiamata da Dio al cielo per trasformarla in astro e nell'utilizzo del v. 4 (*sí 'l cor tema et speranza mi puntella*), che viene trasformato con un'abile *variatio* in *qual è costei, che 'l cor or mi martella*.

1. Cfr. *Sennuccio mio* (RVF CCLXXXVII 1).

2. *Laüra*: cfr. Menichetti 1993, p. 266. — *leggiadra* ha significato positivo, come in Dante, *Poscia ch'Amor*, vv. 52 e 56, e come in Dino Frescobaldi XIV (IX) 10 «con questa nuova leggadria ch'io porto»; II 1-2 «Giovane, che così leggiadramente | mi fai di te sì ragionar d'amore» (la nota di Marti 1969: «secondo una leggiadria che non è frivolezza mondana ed esteriore, prov. *leujairia*, ma amabile pensosità di problemi spirituali»). Il significato positivo, normale in Petrarca (ad es. RVF CCLXI 6 «come è giunta honestà con leggiadria» e CCCXXIII 62 «sí leggiadra et bella donna»), è ancora assente, sulla scorta del provenzale, oltre che in Guittone (ad es. 81, 9-11 «ché tu se' laida 'n semblanti e villana, [...] | e sse' leggiadra ed altizzosa e strana»), in vari esempi dei poeti dello Stil nuovo: Lapo Gianni III 15-6 «In tal manera fece dimostranza | meo cor leggiadro [Marti: "divenuto superbo, altero"] de la gio' che prese»; IX 25-30 «Non può vincere Amore | di pinger nella mente gentilia | d'esta novella cosa, | ché selvaggia tuttore | la trova con sì nova leggiadria [Marti: "superbia, alterigia"] | contra di lui sdegnosa»; Cino LII 10 «ch'ell'è leggiadra, [Marti: "orgogliosa, superba"] alta e vezzosa»; Dino Frescobaldi XVI (IV) 1-2 «No spero di trovar giammai pietate | negli occhi di costei, tant'è leggiadra!» [Marti: "altera e superba"]. Cfr. XXV 6 e XXXVIII 2.

3. Costruzione alla latina del *verbum timendi*.

3-4. È richiamo di RVF CCLIV 7-9 «forse vuol Dio tal di vertute amica | tôrre a la terra, e 'n ciel farne una stella; | anzi un sole».

4. *per che*: «nesso relativo-consecutivo» (Pasquini 1971, p. 247).

5. Per la metafora della barca, cfr. XXI 11; XLVII 10-1, inoltre RVF CXXXII 10 «fra sí contrari vènti in frale barca» e l'*incipit* di CLXXXIX *Passa la nave mia colma d'oblio*.

6. *quale è costei*: cfr. XIV 10. — *mi martella*: forse reminescenza di RVF CCLIV 4 «sí 'l cor tema e speranza mi puntella»; *martellare* è altrimenti in Monte Andrea IX (*Ancor di dire non fino, perché*), v. 147 «ed ogn'uom fabro | si fa per martellare te, Ancudine».

7. Cfr. Dino Frescobaldi XVIII 3-4 «ond'io sento nel core | fitto un quadrello»; RVF XXIX 32; CCVI 10. Il *tópos* del dardo di Amore è ricorrente in Rinuccini. Quella di Cupido arciere è inoltre immagine cara a Cavalcanti, che peraltro «si moveva nei termini di una ben collaudata tradizione», come illustra De Robertis 1986, p. 66, relativamente a *O tu che porti nelli occhi sovente*, dove Amore tiene «tre saette in mano» (v. 2).

7-8. L'«immagine (forse risalente a *Tr. Pud.* 133-135 ["gli strali | avean spezzato e la fartetra a lato | a quel protervo, e spennacchiato l'ali"]) [è] riproposta dal Saviozzo quasi alla lettera» (XLIII 13-4 «tolto ha l'arco a Cupido e 'l dolce strale | costei che par non trova in questa vita») (Pasquini 1971, p. 247).

8. *signoril* ha valore avverbiale; *varca*: 'avanza', 'procede'.

9. «Smirna, città dell'Anatolia sul mar Egeo, una delle sette città che, secondo il noto epigramma dell'*Antologia Palatina*, 295-98, avrebbe dato i natali ad Omero; [...] Mantova, patria di Virgilio secondo l'antico epitaffio attribuito allo stesso poeta; Arpino: patria di Cicerone» (Corsi 1969, p. 566).

9-10. Cfr. RVF CCXLVII 9-11 «si dirà ben: Quello ove questi aspira | è cosa da stancare Athene, Arpino, | Mantova et Smirna, et l'una et l'altra lira»; *se stesso*: 'lui stesso' (cfr. Rohlfs § 479: «La forma riflessiva tonica può in qualche caso assumere il valore di 'lui'»).

10. *Atene* indica Demostene, come in RVF CCXLVII 10.

11. *Dante, Guitton, Sennuccio e Franceschino*: RVF CCLXXXVII *Sennuccio mio*, 10-11 «Guitton saluti, et messer Cino, et Dante, | Franceschin nostro, et tutta quella schiera».

14. *nove dive*: le nove Muse.

IV

FL² (ms. base), c. 181r; Pit¹, c. 189v; FN⁴, c. 243r; VL¹, c. 510v; FR², c. 118r; VCh², 82r; BC, p. 30

      Chi è costei, Amor, che quando appare
      l'aer si rasserena e fassi chiara,
      e qual donna è con lei tenuta è cara
      per le virtù che prendon nel suo andare?

5   Negli occhi vaghi allor ti metti a stare
      nel cui lume Natura non fu avara,
      signor, sì che da te e lei s'impara
      di non poter parlar, ma sospirare.

      Benché se fusse Omer, Virgilio e Dante
10   ne' miei pensier' con lor' versi sonori,
      non porrian mai ritrar la sua biltate;

      peroché Dio da' suoi eccelsi onori
      la produsse quaggiù nel mondo errante
      per mostrar ciò che può sua deïtate.

3 donna con lei tenuta BC   **8** suspirare FN⁴ VL¹   **9** perche se fusse FR² VCh² (β) BC   si fosse FN⁴   Homero (o *biffata da altra m.*) VL¹ o Dante VCh BC   **10** pensieri (-i *espunta*) FL² Pit¹   pensieri FN⁴   pensieri (-i *biffata*) VL¹ **11** po-tria(n) FN⁴   retrar VL¹   beltate FN⁴ VCh²   biltade VL¹   **12** da soi FR² VCh² (β) BC   **14** mostrare FN⁴

Edd.: Crescimbeni 1730, p. 318; Bongi 1858, p. 3; Carducci 1907, col. 393; Del Balzo 1890, p. 561; Volpi 1907, p. 183; Sapegno 1952, p. 262; Corsi 1969, p. 567.

Sonetto: ABBA ABBA CDE DCE. Assonanza tonica A-B; consonanza A-B-D; assonanza C-E.

Il sonetto riprende motivi cari allo Stil nuovo: l'apparizione della donna («La donna scende dalla sua torre d'avorio a camminare fra gli uomini e a incivilirli col dono della sua bellezza, che li rende migliori: donna e dea. È uno dei motivi più nuovi e anche socialmente significativi dello Stil nuovo», cfr. Marti 1969, p. 133, nota a Cavalcanti, *Chi è questa che vèn*), il suo influsso benefico sulle compagne («motivo ben stilnovistico quello delle donne che accompagnano la donna, ricevendo da lei luce di nobiltà e di cortesia e mettendone in rilievo l'inattingibile 'valore'» [nota a *Avete 'n vo' li fior'*, 9]), l'ineffabilità del poeta di fronte a tanta bellezza, la creazione della donna sulla terra per manifestare la potenza di Dio.

Si noti la progressione dallo stupore (*chi è costei...?*), alla constatazione dell'indicibilità dell'amata (II quartetto e I terzetto), alla divinizzazione della donna (II terzetto).

1. Cfr. Cavalcanti, IV 1-2 «Chi è questa che vèn, ch'ogn'om la mira | che fa tremar di chiaritate l'âre». Certamente Rinuccini ha presente questo sonetto, anche perché ne ripete, al v. 8, i vv. 3-4. La citazione scritturale (per la quale cfr. De Robertis 1986, p. 17) passa qui attraverso la mediazione cavalcantiana. — *quando appare*: cfr. Chiaro Davanzati, *La splendïente luce quando apare*.

3. *qual* 'qualunque'. — *cara* 'pregiata'.

3-4. BC legge «qual donna con lei tenuta è cara», mentre gli altri mss. hanno «qual donna è con lei tenuta è cara»: questa lezione pare migliore per il significato di *tenuta*: 'considerata', 'ritenuta'. — Per il motivo dell'effetto benefico della donna sulle compagne, cfr. Dante, *Vita Nuova*, XIX, *Donne ch'avete*, 31-32 «qual vuol gentil donna parere | vada con lei»; XXVI, *Vede perfettamente*, 11 «ciascuna per lei riceve onore»; Cavalcanti II 9-10 «le donne che vi fanno compagnia | assai mi piaccion per lo vostro amore». Il tema è ripreso, tra gli altri, da Matteo Frescobaldi, *Tant'è la nobiltà*, 7-8 «così da voi ciascuna donna prende | ogni cara salute».

4. *prendon: constructio ad sensum* con *qual donna*. — *nel suo andare*: andando con lei; cfr. Dante, *Vita Nuova*, XXVI, *Vede perfettamente*, 3-4 «quelle che vanno con lei son tenute | di bella grazia a Dio render mercede».

7. Dialefe fra *te* ed *e*.

8. Cfr. Cavalcanti, IV 3-4 «parlare | null'omo pote, ma ciascun sospira» e Dante, *Vita Nuova*, XXVI, *Tanto gentile*, 14 «che vá dicendo all'anima: Sospira». — Infondata la lettura di Sapegno 1952 e 1967 *di non parlar, ma solo suspirare*.

9. *se fusse Omer,...*: ritorna il motivo dell'eccellenza della donna amata, degna di essere cantata da grandi poeti, che si è visto nel sonetto III: richiama in questo RVF CLXXXVI (*Se Virgilio et Homero avessin visto...*); inoltre Sennuccio del Bene, *Non si potria compiutamente dire* (Corsi 1969, p. 124), 9-10 «ché mai Ovidio o altri non discrisse | valor di donna tanto affigurata»; la sublimità della bellezza della donna, che neppure grandi poeti saprebbero cantare, si trova anche in Sacchetti, IV, in particolare nei quartetti: «Se fosson vivi mille e mille Danti | ed altrettanti Guidi con lor detti, | Guitton con Pane, o chi ma' fe' sonetti, | presti con penne insieme tutti quanti, [...] non porien dir i nuovi ed alti

aspetti | di questa, a cui mio cor sta sempre avanti».

13. *mondo errante* è sintagma ricorrente in Petrarca (ad es. RVF CCCXLVI 7; CCCL 11). Cfr., inoltre, Dante, *Paradiso* XX 67-69.

14. Cfr. RVF CLIX 1-4 «In qual parte del ciel, in quale ydea | era l'exempio, onde Natura tolse | quel bel viso leggiadro, in ch'ella volse | mostrar qua giù quanto lassù potea?»; Dante, *Vita Nuova*, XXVI, *Tanto gentile*, 7-8 «cosa venuta | da cielo in terra a miracol mostrare»; Cino da Pistoia *Sì mi stringe l'amore*, 58-63 «Donna, per Deo, pensate, | ched e' però vi fe' maravigliosa | sovrapiacente cosa, | che l'uom laudasse Lui nel vostro aviso; | a ciò vi die' beltate, | che voi mostraste sua somma potenza». Il motivo compare anche in I 9-10; XLV 2.

V

FL² (ms. base), c. 181v; Pit¹, c. 190r; FN⁴, c. 243v; VL, c. 511r; FR¹, c.148v

    Tu vuoi ch'io parli, Amor, della bellezza
    d'un miracol ch'è al mondo
    il qual non ha secondo:
    come il potrò io far senza tua aïta?
5   Aiutami, signor, dammi fortezza,
    ch'io sopporti tal pondo
    e fa' ch'io sia facondo
    a ritrar sua biltà, ch'è infinita.
    Se 'l mio intelletto, che ha virtù finita,
10   tal leggiadria e bel miracol novo
    e 'l foco, in ch'io mi trovo,
    mostrar non può, fanne tu degna scusa
    e di' che mal s'ausa
    lingua mortale a parlar del divino
15   che ha in sé la bella donna dentro ascosa.
    Per che umil mi dichino

R Morale dicino di mes(ser) francescho FR¹   **1** chiparli FR¹   **2** chalmondo FR¹   **3** no ha VL   **4** ma come VL (*sporge nel margine sn.*) io *biffato in* VL sanza VL   sança FR¹   **5** signore (-e *espunta*) FL²   largheça FR¹   **7** orfa FR¹   **8** belta Pit¹ FN⁴ FR¹   beltade VL   cha FR¹   **10** tale (-e *espunta*) FL²   **13** male FL²   **14** mortal FN⁴   **15** chanse FR¹   ascosa (u *in interlinea*) FL²   **16** *om.* che FR¹

a domandar perdono, a voi dicendo:
«Io non posso ridir quel ch'io comprendo».

    I capei d'oro, la spaziosa fronte
20 dove ridon le rose;
nere ciglia amorose,
con una via di latte, che divide
dall'altro l'uno, infin che al naso smonte,
dove drittura pose
25 Natura, e dove ascose
degli occhi il lume di mie stelle fide,
    disparir fanno il sol, dove Amor ride,
con guance che di perla orïentale
hanno color, né tale
30 più visto fu; la piccioletta bocca
co' sottil' labbri fiocca
soave odor da' suoi nivei denti;
e 'l mento è sì pulito, che si scocca
Policreto e sue genti.
35 Quando riguardo tal' bellezze fiso
non so s'io sono in Terra o in Paradiso.

    La svelta gola è colonna polita
che sostien la cervice
d'esta bella fenice,
40 con color cristallin, che sempre splende;
e l'ampie spalle, ove è biltà compita;
e ' bracci a cui n'elice

17 addimandar FR¹   **18** ridire (-e *espunta*) FL²   et non posso FR¹   cio chio FR¹
19 doro (-o *biffata da altra m.*) VL   **23** infino (-o *espunta*) FL² chalnaso FR¹
24 posse FN⁴   **29** colore (-e *espunta*) FL² Pit¹ colore (-e *biffata da altra m.*) VL
31 cosottili (-i *espunta*) FL² Pit¹ co(n)sottili FN⁴ VL   **32** suave VL   odore
FR¹   dasuoibianchi FR¹   **33** polito Pit¹ FN⁴ VL   **34** et suo gente FR¹
35 quandio Pit¹ FN⁴ VL   quando io FR¹ tali (-i *espunta*) FL²   **37** pulita
FR¹   **40** colore (-e *espunta*) FL² cristallino (-o *espunta*) FL² Pit¹ cristallino (-o
biffata da altra m.) VL   **41** ove belta FN⁴ belta FR¹   **42** braccia acchui FR¹
abbracj VL

ciò che 'l pensier ne dice:
«se tra lor fossi, oh beata tua vita!».

45   Le bianche man', le sottilette dita,
e 'l suo latteo petto e le mammelle,
che chi da llor si svelle
non può dolce sentire in alcun loco.
Per onestà vò' poco
50   trattar dell'altre parti ascoste, Amore.
Il suo soave andar saetta foco
a chi 'l guarda, nel core,
ond'io consento ciò che è maraviglia
e spesso dico: «il suo Fattor somiglia».

55   Fra divine bellezze Amore ha ascoso
un cor tanto gentile,
con vago aspetto, umìle,
da fare innamorar te, sommo Giove.
Nel suo bel viso siede ogni riposo
60   e ciascun atto vile
vi pèr, sì che simìle
si vien d'ogni virtù che da lei piove.
    Negli occhi suoi, se avvien ch'ella gli move,
si veggon cose ch'uom non sa ridire,
65   ma convienvi perire
sì come occhio mortal nel divin sole.
Con qual' degne parole
potrei io mai ritrar la sua virtute?
Far no'l so io, ma chi in un punto vòle
70   veder tutta salute

---

44 fusse FR¹   **45** mani (-i *espunta*) Pit¹   mani FL² FN⁴ VL   **46** lattato
FR¹   **47** de chi Pit¹   **48** non po VL   **50** aschose FR¹   **52** a chi il FR¹
54 facto FN⁴   fatto FR¹   simiglia FR¹   **55** fra diue VL   amor Pit¹ FN⁴
56 core (-e *espunta*) FL² chuor FR¹   **58** innamorare VL   **60** ciascuno (-o *espunta*)
Pit¹   ciascuno FL²   **61** vi pare FN⁴   pere in che FR¹ *lacuna del v. 61 in* VL
63 savien FR¹   **64** che uom (-e *espunta*) FL² Pit¹   che uom FN⁴ VL   **65** convienmi
FR¹   **66** como VL mortale (-e *espunta*) FL²   **67** con quai FR¹   **68** mai na(rr)ar
FR¹   **69** no(n) so io FN⁴

guardi il miracol che dal terzo cielo
produsse Dio qua giù nel mortal velo.

Per lei son io, signor, venuto a tale
che or d'un sasso duro
75   tutto mi trasfiguro
e divengo uomo, e poi pallido amante.
O contraria a Medusa, a me non vale
fuggir, sì che sicuro
da te più non mi furo,
80   perché mi sgrida Amore, ond'io tremante
  a llui m'assegno, ed a te vengo avante,
che siedi, com'ei vuol, nella mia mente,
ad esso obbedïente:
comanda tu, che mi sentenzi a morte.
85   O trista, o dura sorte!
Allor guard'io se alcun atto pietoso
rimaso è in te, c'hai il cor di diamante
e veggio sì cruccioso
il tuo aspetto, che altro non mi giova
90   che chiamar «Morte, Morte, Morte», a prova.

Descritto hai, Canzon mia, piccola parte
di quel che ho dentro, ch'io non so mostrare:
ma basti questo a ffare
mover gli amanti, che truovi, a pietade:
95   di' loro, in veritade,
che, per la fe' cch'ad una donna porto,
io son venuto al punto ov'io son morto.

---

72 pero dissio io qua giu nel metal uelo FR[1]   **73** sono io FR[1]   **74** chuor dun gran sasso duro FR[1]   **77** et contro a rea Medusa FR[1]   **78** securo VL   **79** misuro FR[1]   **80** me sgrida VL   **81** vegno FR[1]   **83** ubbidiente FR[1]   **84** comandi *con* a *soprascitta alla* i FL[2]   comand FN[4]   comantu FR[1]   me Pit[1]   **86** guardo io Pit[1] FR[1]   piatoso FR[1]   **87** rimaso ente FR[1]   ilchuor FR[1]   **89** chaltro FR[1]   **90** apruoua FR[1]   **91** picciola FR[1]   **92** cho drento FR[1]   chio ho dentro VL   **93** basti quello FR[1]   **94** a piatade FR[1]pietate Pit[1]   **95** ueritate Pit[1]   **96** chauna FR[1]

E poi, con umiltade,
nelle man' della bella donna mia
100   raccomanda lo spirto che va via.

98 humiltate Pit[1]   humilitade VL umilitade FR[1]   **99** mani FL[2] FL[2] Pit[1]
FN[4]   mani (-i *biffata*) VL 100 racchomando FR[1]

Edd.: Bongi 1858, p. 3; Carducci 1907, col. 164; Sapegno 1967, p. 145; Corsi 1969, p. 567.

Canzone (sullo stesso schema di *Tre donne intorno al cor*) di endecasillabi e settenari con 5 stanze di 18 versi: la fronte è costituita da due piedi tetrastici AbbC AbbC; concatenazione C, sirima Dd Ee FEf e *combinatio* GG (ma la terza stanza è irregolare nella fronte, AbbC AbbA, e concatenazione A, e la quinta stanza ha un'irregolarità nella sirima, Dd Ee FCf GG, cfr. Balbi 1993, p. 14 e Pelosi 1992, pp. 126 sgg). La confusione del rimatore tra la rima C e la rima E potrebbe essere stata provocata dal fatto che nella quinta stanza, la rima C è *-ante*, la E è *-orte* (con terminazione simile in *-te*, rime imperfette); si noti tra l'altro che, nella stessa stanza, C e D sono in rima francese (*-ante*: *-ente*), e che ci sono tre rime ricche in C (*amante*:*tremante*:*diamante*). Il gioco delle terminazioni in *-te* è dunque dominante nella sirma e può giustificare l'equivoco. Il congedo, di 10 versi, ha schema ABbC cDDc EE. Rima siciliana al v. 15 e rima derivativa ai vv. 8-9 (cfr. *Introduzione*, p. 29). Pelosi 1990, n. 98, con un piccolo errore nello schema della terza sirima.

Non poteva mancare, nell'ambito di un continuo e programmatico esercizio poetico, una prova di *descriptio personae*. Si tratta di un caso di uso del «canone lungo», che «permette il dettagliamento di tutto il corpo», insistendo sulla proporzione delle sue parti (Pozzi 1985, p. 400). Ricorrono gli stereotipi concettuali e formali della descrizione muliebre, con richiami ai *clichés* più diffusi nella tradizione classica e medievale e con riscontri ad almeno due canzoni di rimatori contemporanei: la canzone di Brizio Visconti *Mal d'Amor parla chi d'Amor non sente* (Corsi 1969, p. 180) descrive il viso e il corpo (la gola, le braccia, le mani, le dita, il petto); come Rinuccini, Brizio evita di parlare delle parti nascoste, lasciandole all'immaginazione. Richiami più puntuali, anche di carattere formale, si osservano nella canzone di Fazio degli Uberti *Io guardo i crespi e i biondi capelli*; vi si trovano gli stessi capelli, la bocca, la *spaziosa fronte* (v. 19), i *bianchi denti, il dritto naso e 'l ciglio* (v. 20), il mento, le braccia, la *bianca mano* (v. 53), le *sottilette dita* (v. 54). Anche Fazio, inoltre, si limita a parlare delle *parti di fuor* (v. 44). All'interno del *tópos*, però, i tre rimatori ricercano la marca del loro stile personale, Brizio con i paragoni con figure mitologiche e bibliche, Fazio con la pausa meditativa che segue ogni particolare descritto, Rinuccini con l'impegno a narrare le bellezze dell'amata in seguito al comando di Amore, con l'insistenza topica sulla propria insufficienza a svolgere tale compito e con la corrispondenza dichiarata tra bellezza esteriore e qualità morali. È presente in tutti e tre i rimatori il paragone con l'opera d'arte: in Fazio «il ciglio è pulito e brun, tal che dipinto pare» (vv. 20-21); Brizio dice della donna che «ell'è partita in palese e in segreto | qual fu la statua di quel Pulicreto» (vv. 142-143). La materia, ormai divenuta topica, era usata anche per la descrizione di oggetti inanimati: nel *Paradiso degli Alberti* (Wesselofsky 1867, p. 32), per la descrizione di una fonte si usano stilemi simili a quelli impiegati da Rinuccini per quella della donna: la fonte è di alabastro (come la donna è «più lucente e polita che alabastro» in un altro componimento dello stesso Rinuccini, il sonetto XXVI); c'è un basamento di *oriental zaffiro* — chiaro richiamo dantesco — (e si è visto come le pietre preziose siano care a Rinuccini); infine si legge: «mai di certo apparecchiò Natura o arte più lieta cosa né vaga: Fidia, il mirabile scultore, o il dotto Policreto e gli altri che più valore ebbon dell'arte ne sarien rimasti iscornati». Si veda anche *Purgatorio* X 31-3 «marmo candido e addorno | d'intagli sì, che non pur Policleto, | ma la natura lì avrebbe scorno».

3. *non ha secondo*: cfr. RVF CCCXLII 5-6 «Ma chi né prima simil né seconda | ebbe al suo tempo [...]»; CCCLXVI 55 «cui né prima fu simil né seconda».

4. *aïta* (gallicismo): cfr. RVF CCCLXVI 5 (dove l'aiuto è chiesto non ad Amore, ma alla Vergine e a Dio) «ma non so 'ncominciar sanza tu' aita».

5. Cfr. RVF CCCXXV 5-7 «Come poss'io, se non m'insegni, Amore, | con parole mortali aguagliar l'opre | divine [...]».

8-9. *biltà*: cfr. II 7.

10. *miracol novo*: cfr. Dante, *Vita Nuova*, XXI, *Ne li occhi porta*, 14 «sì è novo miracolo e gentile»; Boccaccio, *Rime*, VI 11 «[...] vedea come miracol novo».

13. *s'ausa*: ausare (e *adusare*) 'abituare' (cfr. *Inferno* XI 11 «sì che s'ausi un poco in prima il senso»), vale qui 'si adusa', 'si adatta' (Sapegno).

14. *lingua mortale a parlar del divino*: è il tema da tempo convenzionale dell'ineffabilità; cfr. RVF LXXII 10-1 «né già mai lingua humana | contar poria [...]»; CCXLVII 12-3 «Lingua mortale al suo stato divino | giugner non pote».

15. *ascosa*: Corsi dice che si ha qui «omissione del nome 'mente', che forma l'avverbio». Ma ciò non è necessario per spiegare il verso, il cui significato sembra piuttosto essere: 'con difficoltà si adegua una lingua mortale a parlare del divino, che la bella donna racchiude dentro di sé', intendendo, quindi «*ascosa* come femminile d'attrazione (*donna*), logicamente però riferito al precedente aggettivo sostantivato *divino*» (Marti 1971, p. 382). Si noti nella canzone la frequenza del verbo *ascondere* (v. 15 *ascosa*; v. 25 *ascose*; v. 50 *ascoste*; v. 55 *ha ascoso*).

17. *a voi*: secondo Corsi, ad Amore e alla donna. Ma può anche essere rivolto ad un generico 'pubblico', al quale infatti Amore fa *degna scusa* (v. 12) per l'insufficienza del poeta.

18. *comprendo*: sento, provo; cfr. Dante, *Vita Nuova*, XXVI 3 «[...] ella si mostrava sì gentile e sì piena di tutti i piaceri, che quelli che la miravano comprendeano in loro una dolcezza onesta e soave, tanto che ridicere non lo sapeano»; RVF CXCVIII 12 «I' nol posso ridir, ché nol comprendo».

19. *la spaziosa fronte*: cfr. Fazio degli Uberti, 2, 19 «la spaziosa fronte e 'l vago piglio».

20. *dove ridon le rose*: che adornano il capo dell'amata: cfr. I 7-8.

21. *nere ciglia amorose*: nonostante i capelli biondi, le ciglia nere sono uno dei caratteri topici della bellezza femminile, presenti anche in Fazio degli Uberti 2, 20-1 «[...] e 'l ciglio | pulito e brun [...]» e in Brizio Visconti II 54 (Corsi 1969, p. 182) «sottili e nere ciglia»; Boccaccio, *Rime*, IX 4 «[...] due neri cigli».

24-5. *dove drittura pose* | *Natura*: cfr. Fazio degli Uberti, II 20 «i bianchi denti, il dritto naso e 'l ciglio».

25-6. *dove ascose* | *degli occhi il lume*: 'dove racchiuse la luminosità degli occhi' (nei quali risiede Amore: cfr. Dante, *Vita Nuova*, XXI, *Negli occhi porta la mia donna Amore*; RVF LXXI 7 «occhi leggiadri dove Amor fa nido»).

26. Cfr. RVF CLX 5-6 «Dal bel seren de le tranquille ciglia | sfavillan sì le mie due stelle fide».

27. *dove Amor ride*: 'quando la mia donna ride' (cfr. Corsi 1969, p. 569). Le bellezze della donna annullano la luce del sole. Cfr. Fazio degli Uberti, 2, 29-30 «vedi, quand'ella ride, | che passa per diletto ogni altra cosa».

28. *perla orïentale*: cfr. I 7; Boccaccio, *Filostrato*, II 108 6 «qual pare in vista perla orientale».

30. *piccioletta*: cari a Rinuccini i diminutivi; cfr., in questa stessa canzone, *sottilette dita* (v. 45), inoltre IX 2; XIX 10; XXXIII 8; XLVII 4; XLVII 11.

31. *fiocca*: 'fa cadere'.

32. *nivei*: cfr. *latteo* al v. 46. — «bianchi denti» è in Fazio 2, 20 «e i bianchi denti, il dritto naso e 'l ciglio».

33. *pulito* (e *polita* v. 37): 'perfetto' — *si scocca*: per Sapegno 1967, p. 146 'ne rimane vinto, scornato'; Corsi 1969, p. 567 lo interpreta come 'si tiene lontano', mentre Ageno 1977, p. 100 sostiene che significhi 'si adduce, si cita' indicando come riscontro Dante, *Inferno* XXV 96 e *Purgatorio* X 32. — Lo scultore di Argo del V secolo ebbe grande fama nel Medioevo. La forma *Policreto* (con rotacismo, cfr. Petrocchi 1966, p. 441 e Rohlfs § 243), è in Brizio Visconti, II 142-3 «ell'è partita in palese e 'n segreto | qual fu la statua di quel Pulicreto»; cfr. inoltre Ricciardo da Battifolle, II 1-2 «Filippina, se Zeusi che dipinse | la figura di Elèna or fussi vivo [...]»; RVF LXXVII 1 «Per mirar Policleto a prova fiso».

36. *Paradiso*: cfr. Fazio degli Uberti 2, 48 «dentro da lor se crede il paradiso».

37. *svelta* «di grandezza proporzionata, e sottile» (TB, s.v.). — cfr. Fazio 2, 35 «Poi guardo la sua isvelta e bianca gola». — *colonna*: 'sostegno', come, del resto, in Petrarca, *Chiare, fresche et dolci acque*, v. 6.

39. *fenice*: per l'immagine della fenice come simbolo della donna, cfr. RVF CLXXXV *Questa fenice de l'aurata piuma al suo bel collo [...]*; CCCXXI 1 «la mia fenice»; Ricciardo da Battifolle, I 2 «la mia dolce leggiadra alma fenice»; Fazio, 3, 56-7 «deh, perché non fai me come te, bove, | ch'i' potessi rubar questa fenice».

42. Cfr. Fazio degli Uberti 2, 56-8 «e 'l mio pensier mi dice: 'Se tu fossi | dentro a que' bracci, fra quella partita, | tanto piacere avrebbe la tua vita [...]'».

42-3. La lettura *difficilior n'elice* (diversa da Corsi 1969 che, con Bongi 1858, reca *ne lice*) è suggerita da Pasquini 1971, p. 247, con il significato di 'ci seduce, ci attrae'. Ageno 1977, p. 98 ripropone la stessa lettura, ma assegna a *elicere* il significato di 'trarre fuori', 'costringere a pronunciare': «Il modello è certamente Petrarca CCCXXI 4 "e parole e sospiri ancho ne elice", e cfr. Dante, *Rime* XCV 4 ["... fronde fuor n'elice"] e [in Corsi 1969, p. 422] Ricciardo da Battifolle I 6 ["quel che tanti sospir del seno elice"] [...]. Resta tuttavia qualcosa di non sistemato, specialmente cui del v. 42». (Ageno legge *e braccia cui* invece di *'bracci a cui*, lettura di Corsi: mi pare preferibile la forma maschile perché conserva l'articolo, presente nel resto dell'elenco).

45. *le bianche man', le sottilette dita*: cfr. Fazio 2, 53-4 «la bianca mano morbida e

pulita, | guardo le lunghe e sottilette dita».

47. *che*: la frase ha valore consecutivo (con ellissi del verbo), come il v. 33; a meno che non sia da preferire la congettura di Pit[1] (*de[h] chi*), indotta dal contesto, che può assumere valore esclamativo.

48. *dolce*: 'dolcezza'; cfr. Dante, *Rime* C 65 «la morte de' passare ogn'altro dolce»; RVF CXCIII 3-4 «oblio ne l'alma piove | d'ogn'altro dolce».

49-50. Cfr. Fazio 2, 43-4 «Apri lo 'ngegno: | se le parti di fuor son così belle, | l'altre che den parer che chiude e copre?».

51. Cfr. Dante, *Vita Nuova*, XXIII, *Donna pietosa*, v. 48.

53. *consento*: 'ammetto come vero': cfr. *Inferno* XXV 48 «ché io che 'l vidi, a pena il mi consento».

54. Cfr. RVF XXIII 123 «simile al suo factor stato ritiene».

57. *umìle*: con diastole (di influsso provenzale).

58. *sommo Giove*: *Purgatorio* VI 118 «o sommo Giove»; RVF CLXVI 13 «l'etterno Giove»; CCXLVI 7 «O vivo Giove». L'immagine risale molto probabilmente a RVF CCCXXIII 5 «con fronte humana, da far arder Giove»; cfr. inoltre, derivato certo da quest'ultimo, Niccolò Tinucci, XX 11 «farieno arder Dïana, non che Giove».

59. *riposo*: cfr. RVF CCXCIX 9-10 «viso humano | ch'òra et riposo dava a l'alma stanca».

60-2. È tema stilnovistico quello dell'influsso benefico di madonna, cfr. Dante, *Vita Nuova*, XIX, *Donne ch'avete*, 35-6 «e qual soffrisse di starla a vedere | diverria nobil cosa, o si morria»; Cino da Pistoia XXXVIII 41 «partîrsi allora ciascun penser vile».

61. *pèr*: 'perisce' (cfr. v. 65). Sapegno corregge senza fondamento l'ipermetria del v. (che trova in Bongi 1858 per via di LM[6]) «vi pere, sicché simile» in «père, sì che simile» — *simìle*: con la diastole, cfr. v. 57.

63-4. Cfr. Dante, *Rime*, LXV 1-3 «Degli occhi della mia donna si move | un lume sì gentil, che dove appare | si veggon cose ch'uom non pò ritrare»; ma, più ancora, *Vita Nuova*, *Donne ch'avete*, 51 «De li occhi suoi, come ch'ella gli muova».

65-6. Cfr. Dante, *Convivio* III, *Amor che ne la mente*, 59-62 «Elle soverchian lo nostro intelletto, | come raggio di sole un frale viso: | e perch'io non le posso mirar fiso | mi conven contentar di dirne poco».

70. *salute*: Cfr. la ballata XLV 1 *Tutta salute vede*. — Per *salute*, che ha il significato di «'perfezione', 'beatitudine'», cfr. De Robertis, nota a Cavalcanti, *Veggio ne gli occhi de la donna mia*, 12 «la salute tua è apparita».

72. *mortal velo*: per l'uso di *velo* nel significato di 'corpo', cfr. cfr. XLIV 13; LI 12; LII 14, inoltre RVF CCCXIII 12 «mortal mio velo»; LXXVII 11 «ove le membra fanno a l'alma velo».

74-5. cfr. son. I; inoltre Cino da Pistoia XLIX 85 sgg. «Già son venuto a tale, | per soverchio di male, | che ogn'uom mi mira per iscontraffatto».

75. *mi trasfiguro*: cfr. RVF XXIII 41-2 «Qual mi fec'io quando primer m'accorsi | della trasfigurata mia persona».

76. *pallido amante*: cfr. II 13.

77. *contraria a Medusa*: è, come si è già osservato (son. I), un motivo originale in Rinuccini (ma si veda in XXIV 7 l'aderenza al modello classico della donna-Medusa). Curiosa la concordanza tra Sapegno 1967 («or contr'a ria Medusa») e FR[1] (non consultato da Sapegno) («et contro a rea Medusa»), che il contesto e il riscontro del son. I inducono a

ritenere erronea; Sapegno glossa, al v. 74, «*d'un sasso duro*: da duro sasso (insensibile all'amore) che ero, mi *trasfiguro*, mi trasformo in uomo sensibile e quindi amante» e al v. 77 «*ria Medusa*: l'aspetto terribile della donna, che impietra chi la guardi»: il che pare contraddittorio. Cfr. anche Pasquini 1971, p. 247: «'o tu che hai su di me un effetto opposto a quello della Gorgone', in quanto da *sasso duro* mi trasfiguri in *uomo e poi pallido amante*».

79. *mi furo*: 'mi sottraggo, mi nascondo'.

85. *dura sorte*: sintagma petrarchesco: ricorre in RVF CCLIII 5; CCCXI 6 CCCXXIII 12. — *cor di diamante*: RVF CLXXI 10 «del bel diamante, ond'ell'à il cor sí duro».

87. Propenderei per considerare trisillabico *diamante*, con dialefe *c'hai - il*: cfr. tuttavia Menichetti 1993, p. 274: «non più che probabile [...] la dieresi in Cino Rinuccini "rimaso è in te, c'hai il cor di dïamante"» (cfr., in dieresi, XVIII 10).

90. *a prova*: 'ostinatamente'.

100. Cfr. Dante, *Rime*, LXVI 1-2 «Ne le man vostre, gentil donna mia, | raccomando lo spirito che more» (si ricordi la nota di Contini che per il verso dantesco rimanda al passo evangelico «In manus tuas, Domine, commendo spiritum meum», Luca 23, 46). — FR[1] legge *raccomando*, senza dare il senso di esortazione alla canzone.

VI

FL[2] (ms. base), c. 183r; Pit[1], c. 191v; FN[4], c. 245r; VL, c. 513r; FR[2], c. 188r; VCh[2], c. 82v

> Quel dolce lume che mi gira e volve
> pure in se stesso, e l'aer del bel viso
> gentile, onesto e l'angelico riso
> che ogni dolcezza e leggiadria involve
>
> 5   è quel ch'e' vil' pensieri in me risolve
> come cereo corpo in foco miso;
> e dove lo 'ntelletto ho sempre fiso
> finché sotterra sarò trita polve.
>
> Or ben vorrei con questa debil penna
> 10   consecrare il suo nome e farlo eterno:

1 huomo *cancellato e corr. in* lume *da altra m.* FR[2]   me gira VL   **2** pur Pit[1] FN[4] VL FR[2] VCh[2]   **4** chogni FN[4] Pit[1] VL   **5** vili FL[2] Pit[1] FN[4] VL   **7** dolce *cancell. e corr. in* doue FR[2]   **10** consecrar FR[2] VCh[2] (β) ma mancami scïenza, ingegno ed arte;

e 'l mio signor sorridendo m'accenna,
dicendo: «Io veggio bene e chiaro scerno
che annoverresti pria le stelle sparte».

12 il mio FR²   signore FR² VCh² (β)   sorridendo accenna FR² VCh² (β)
13 ben FR² VCh² (β)   **14** sparse Pit¹

Ed.: Bongi 1858, p. 7.

Sonetto: ABBA ABBA CDE CDE. Rima derivativa al v. 4.

Al motivo risaputo dell'ineffabilità si aggiunge il desiderio di eternare la donna per mezzo della poesia. Notevole l'*adynaton* di ascendenza petrarchesca, che assume qui valore ironico.

1. *lume*: indica altrove la bellezza della donna, la luminosità che emanano i suoi occhi (in Dante, *Rime*, LXV 1-2 «De gli occhi de la mia donna si move | un lume sì gentil» o in RVF XII 4 «de' be' vostr'occhi il lume»); pare qui più probabile che indichi la donna stessa, per l'immediato riscontro in RVF CLXIII 9-10 «Ben veggio di lontano il dolce lume | ove per aspre vie mi sproni et giri». — *mi gira e volve*: dittologia sinonimica. Cfr. Bernart de Ventadorn, 27, 30-1 «ai tan de joi [...] | c'aissi ·m torn e ·m volv'e ·m vire».

2. *pure*: 'continuamente'. — *l'aer*: 'l'aspetto'.

3. *onesto*: 'conforme alle leggi della virtù e dell'onore', sinonimo di *gentile*; nel *De Amore* di Andrea Capellano, una delle qualità che procurano l'amore, accanto alla *formae venustas*, è la *morum probitas* (p. 18).

4. *involve*: 'avvolge'.

5. *risolve*: 'consuma', come in RVF CXXXV 12 «et così si risolve».

8. *trita polve*: cfr. RVF XXII 27 «lassando il corpo che fia trita terra».

9-10. Cfr. RVF CCXCVII 13-14 «forse avverrà che 'l bel nome gentile | consecrerò con questa stanca penna».

11. Cfr. RVF CCCVIII 14 «ivi manca l'ardir, l'ingegno et l'arte».

13. Cfr. Francesco di Vannozzo, *Liuto mio*, 5 «or dico ben ch'io sento e chiaro vegio».

14. Si noti l'allitterazione. Notevole nel verso l'eco di RVF CXXVII 85-87 «Ad una ad una annoverar le stelle, | e 'n picciol vetro chiuder tutte l'acque, | forse credea, quando in sì poca carta [...]».

VII

FL^2 (ms. base), c. 183r; Pit^1, c. 192r; FN^4, c. 245v; VL, c. 513r; FR^2, c. 118v; VCh^2, c. 82v

> Altro non contempl'io se nnon quel sole
> ch'è fra le donne un sì altero mostro
> e cui non fregian perle, o oro, o ostro,
> ma virtù ornan sue sante parole;
>
> 5   e di me stesso assai forte mi dole,
> da poi che 'l debil mio povero inchiostro
> non può descriver quel che 'l mondo nostro
> non pure onora, ma adora e cole.
>
> Divin' poeti, Virgilio, Lucano,
> 10   Ovidio, Stazio e tu, fiorentin Dante,
> insieme col Petrarca e Claudïano:
>
> perché non sète voi all'opre sante
> sì cche cantassi il viso più che umano
> che face il mondo e 'l cielo sì ammirante?

1 contemplo (-o *espunta*) FL^2 contemplo FN^4 **2** monstro FL^2 Pit^1 FN^4 VL (α) **3** odoro odostro FR^2 e doro od ostro VCh^2 **4** uirtute FR^2 uirtuti VCh^2 **5** mi duole FN^4 **6** da puoi FN^4 mio debil mio (*canc. il primo* mio) FR^2 **8** non pur FR^2 VCh^2 (β)   **9** uergilio VCh^2 et Lucano FR^2 VCh^2 (β)   **10** Virgilio Statio FR^2 VCh^2 (Virgilio *cancell. e corr. in* Ouidio *da altra m.* FR^2) fiorentino VL   **11** insieme con FR^2 VCh^2 (β) patriarca (*corr. in* petrarca) VL   **13** cantasse FN^4 cantasti FR^2 cantaste VCh^2 **14** mondo il ciel FR^2 VCh^2 (β)   mo(n)do et il cielo FN^4

Ed.: Bongi 1858, p. 7.

Sonetto: ABBA ABBA CDC DCD.

Il sonetto riprende le parole in rima in -*ostro* di RVF *Donna che lieta col Principio nostro* e ne ripete in particolare i vv. 4 e 5; ma il rimatore si serve anche di altre fonti, ad esempio per l'immagine della donna-sole. È un caso, tra tanti, di utilizzo deliberato, e in un certo modo articolato, del modello.

Con uno schema simile a quello del son. IV, il richiamo ai grandi poeti è nel primo terzetto.

1. *sole*: il motivo della donna-sole è in Dante: cfr. *Paradiso* III 1 «Quel sol che pria d'amor mi scaldò il petto» ed è caro a Petrarca (cfr. ad es. RVF IX 10 «così costei, ch'è tra le donne un sole»; *Tr. Am.*, III 133 «e veramente è fra le stelle un sole»).

2. *mostro*: è la *vox media* lat. *monstrum*, nel significato di 'ciò che è mirabile'. La *-n-*, inaccettabile in rima, sarà stata inserita come latinismo grafico. — Cfr. RVF CCCXLVII 4-5 «et d'altro ornata che di perle o d'ostro | o de le donne altero et raro mostro».

3. *fregian*: 'ornano'. — *ostro*: porpora.

8. *Ma adora*: con dialefe. L'accostamento *onoro et còlo* è anche in RVF CCCXXI 11.

9-11. L'evocazione dei grandi poeti per cantare la donna è ricorrente: cfr. III 9-14; IV 9. — In RVF non compaiono né Lucano, né Ovidio, né Stazio, né Claudiano: forse l'autore ha allora in mente *Inferno* IV 88-90 «Quelli è Omero poeta sovrano; | l'altro è Orazio satiro che vene; | Ovidio è 'l terzo, e l'ultimo Lucano» ?

11. Di Claudiano (che compare più volte tra gli *auctores* studiati nelle scuole medievali, cfr. Curtius 1948, pp. 59 sgg.) nella *Responsiva alla Invettiva di messer Antonio Lusco* si dice che fosse fiorentino «... Claudiano poeta antico, il quale, avvegnadioch'egli abitasse l'Egitto, fu fiorentino» (Moreni 1826, p. 229).

12. *opre sante*: «sante» sono dette le opere di poeti che cantano la donna, come «sante» sono le attività e le qualità della donna stessa in XIII 9 e in XL 4.

13. *cantassi*: il soggetto pare essere il poeta (prima pers. sing., ma si veda la discordanza di lezione tra i codici) che, se i *divin' poeti* fossero all'*opre sante*, riceverebbe forza ispiratrice per cantare la sua donna.

14. Cfr. VIII 3-4. — *ammirante*: cfr. XL 5.

VIII

FL² (ms. base), c. 183v; Pit¹, c. 192r; FN⁴, c. 245v; VL, c. 513v; FR², c. 119r; VCh², c. 83r

>   Io non posso ritrar tanta bellezza
>   quanta è in costei: né già di ciò m'ammiro
>   ché mai rotò in più cortese giro
>   il cielo allor, quando tutta adornezza
>
> 5   e leggiadria, costumi e gentilezza
>   posaro in questo orïental zaffiro;

2 mi admiro FR² VCh² (β)   me admiro VL   **4** allora (-a *espunta*) FL²   quando ha tutta FR² VCh² (β)   **5** gentilezze FR²   **6** posero FL² Pit¹ FN⁴ VL (β) FR² VCh² (β)

e perch'io son mortal, meco m'adiro
s'io presumo discriver tanta altezza;

con ciò sia cosa che i celesti ingegni
10   degna materia avrebbono a llor penne,
cantando sua biltate e sua virtute.

Or non volendo far miei versi indegni
di questa bella dea che dal ciel venne,
deh, state, rime mie, deh, state mute.

7 perche son FR² VCh² (β)   mortale (-e *espunta*) FL²   me addiro VCh²
9 con cio sia che (g)li celesti FR² VCh² (β)   11 beltate FN⁴ FR²   peltate VCh²
14 miei FN⁴

Ed.: Bongi 1858, p. 8.

Sonetto: ABBA ABBA CDE CDE. Interessante la partizione del sonetto in cui i quartetti
sono legati da *enjambement*, il primo terzetto è unito ai quartetti dal senso e l'ultimo
terzetto funge, solo, da conclusione (cfr. son. X e, per l'*enjambement* tra i quartetti,
XXXV, XXXVII).

Dalla constatazione topica dell'insufficienza di una lingua umana a descrivere la
bellezza divina dell'amata, al proposito del silenzio, attraverso l'affermazione che la virtù
della donna può essere cantata solo da esseri celesti.
I quartetti sono conclusi in una struttura circolare, con il v. 8 che ripete il v. 1,
intensificato con il rimprovero alla presunzione di trattare una materia troppo alta.
Torna il motivo della pietra preziosa: lo *zaffiro* richiede qui l'attributo (peraltro di
ascendenza dantesca) *orïentale*, non necessario invece al *balascio* (cfr. son. II), termine per sé
maggiormente evocativo di preziosità esotica.
2. *m'ammiro*: 'mi stupisco' (cfr. Dante, *Purgatorio* XV 47; *Paradiso* VI 91).
3-4. Cfr. VII 14; Dante, *Inferno* I 38-40.
5. *leggiadria, costumi e gentilezza*: come VI 3, ricorda l'unione di *formae venustas* e di
morum probitas del *De Amore*. Sembra inoltre rifarsi a RVF CCXLVIII 9-10 «ogni vertute, |
ogni bellezza, ogni real costume». *Costume* è il portamento nobile e cortese (come annota
Branca in Boccaccio, *Decameron*, V, 1, 4).
6. *posaro*: 'si posarono', correzione su *posero* dei mss. — *orïental zaffiro*: cfr. *Purgatorio* I
13 «Dolce color d'orïental zaffiro» (anche qui, come di consueto, in dieresi); Giovanni da
Prato, *Marmo dïaspro orïental zaffiro* (per il quale si veda l'introduzione al son. II). Per la
metafora della pietra preziosa per indicare la donna, cfr. il son. XXV.
8. *presumo discriver* (anche se non va esclusa la divisione *di scriver*) costruzione normale in it. ant., cfr. almeno *Convivio* IV V 9 «[...] che presummete contra nostra fede
parlare [...]».

11. *sua biltate e sua virtute*: lo schema rispecchia in sintesi la divisione delle qualità fisiche da quelle morali della canzone V e ripete il concetto del v. 5.

13. Cfr. I 9.

14. Richiama forse RVF CCXLVIII (già utilizzato al v. 5), 12 «allor dirà che mie rime son mute».

IX

FL² (ms. base), c. 183v; Pit¹, c. 192v; FN⁴, c. 246r; VL, c. 513v; FR², c. 119r; VCh², c. 83r

Amore, spira i tuoi possenti rai
in questa vaga e semplice angiolella,
che non si accorge ancor quant'ella è bella
e come piace più che ogn'altra assai:

5   ché forse porrei fine a tanti guai
se questa, che arde me con sua facella
e che ha negli occhi bei mille quadrella,
sentisse come il cor non posa mai.

Ella è adorna, vezzosa e gentile;
10   né giammai scese dall'empireo cielo
cosa sì bella, che passa ogni stile.

Sua semplice durezza fammi un gelo,
che ancide dentro il core e fammi vile,
se non soccorri col dorato telo.

1 toi VL FR² VCh² **2** simplice FR² VCh² (β)   **3** quantella bella (*om.* e) VL **4** chognaltra FR² ognialtra VCh² **5** forese *canc. e corr.* in forse VL   **8** non possa (h)omai FR² VCh² (β)   **9** ed ella FL² **10** empreo cielo VCh² **12** simplice FR²   **13** al cor FR² VCh² (β)

Edd.: Bongi 1858, p. 8; Carducci 1907, col. 394; Sapegno 1967, p. 150; Corsi 1969, p. 572.

Sonetto: ABBA ABBA CDC DCD.

Il contrasto fra la bellezza gentile della donna e la sua durezza che uccide ricomparirà in altri sonetti. Da notare le opposizioni (anche se di maniera) tra l'arsura (v. 6) e il gelo (v. 12) e tra due differenti usi di *semplice*: *semplice angiolella* (v. 2) accentua l'aspetto umile della figura femminile; *semplice durezza* (v. 12) esprime il suo immutabile rifiuto di essere corteggiata; infine, i dardi della donna (v. 7), che uccidono, si oppongono al dardo di Amore (v. 14), che dovrebbe colpire la donna e, quindi, soccorrere il poeta. Il motivo del dardo dorato di Amore (peraltro piuttosto banale) ricorre varie volte nelle rime di Rinuccini (si vedano i riscontri nella nota al v. 14).

2. *angiolella*: cfr. VI 3. Si noti il diminutivo affettuoso: cfr. V 30 e, inoltre, RVF CVI 1 *nova angeletta*.

3-4. Chiara ripresa di Dante, *Rime*, XC 58 «ché non si accorge ancor com'ella piace»; cfr. anche Sennuccio del Bene, *Non si potria* (in Corsi 1969, p. 124), 1-3 «Non si potria compiutamente dire | quant'è la tua bellezza, né tu 'l sai, | però che non ti vedi, quando vai».

5. *guai*: cfr. almeno *Inferno* V 48 «traendo guai» e RVF XXIII 65 «risonar seppi gli amorosi guai».

6. *arde* è contrapposto al v. 12 (*fammi un gelo*), cfr. RVF CXXXIV 2 «e temo, et spero; et ardo, et son un ghiaccio».

7. *quadrella*: cfr. III 7.

9. *vezzoso*: cfr. I 11.

10. Cfr. Cino da Pistoia, *Li vostr'occhi gentili*, 12-4 «Dico, guardando la vostra beltate: | 'Questa non è terrena creatura; | Dio la mandò dal ciel, tant'è novella'». Il tema è già nel sonetto I.

11. *stile*: 'narrazione': cfr. Dante, *Vita Nuova*, XXVI 4 «volendo ripigliare lo stilo della sua loda» (cfr. Corsi 1969, p. 572).

14. *dorato telo*: qui, a differenza che in III 7, il dardo è lo strumento con cui Amore soccorre il poeta, muovendo la donna a pietà.

X

FL² (ms. base), c. 184r; Pit¹, c. 192v; FN⁴, c. 246v; VL, c. 514r; FR², c. 119v; VCh², c. 83v

Io veggio ben là dove Amor mi scorge
lusingando mia sensi a poco a poco
e come la ragione è morta e 'l foco
va sormontando; e se altri non mi porge

1 amore scorge FR² VCh² (β)   **2** miei FN⁴ VL Pit¹   mei FR² VCh² (β)   **3** la ragion FR² VCh² (β)   il foco FR² VCh² (β)

5   miglior medela, il fero mal risorge
        multiplicando nell'usato loco:
        il perché chiamo Morte e son già fioco,
        né questa mia nemica se ne accorge,

        ché del mio lamentar venuta è sorda
10   e 'l sensibile cor fatto ha di smalto:
        onde altro mai che pianti o sospir' merco.

        Né val che la ragion pur mi rimorda,
        tanto fu il colpo suo profondo ed alto,
        che, cieco, il danno mio contra me cerco.

10 pianto FR² VCh² (β)

Edd.: Bongi 1858, p. 9; Sapegno 1952, p. 264; 1967, p. 158; Corsi 1969, p. 572.

Sonetto: ABBA ABBA CDE CDE. Quartetti uniti da *enjambement*, primo terzetto unito ai quartetti dal senso e secondo terzetto che funge da conclusione (cfr. son. VIII).

La consapevolezza di essere sopraffatto dall'esperienza amorosa non consente di risolvere il dissidio tra la razionalità e il cuore: cosicché l'amante si dirige volontariamente verso la propria distruzione. L'immagine della donna nemica è per Rinuccini di immediata derivazione petrarchesca, così come quello della donna dal cuore inattaccabile (*di smalto*). Compare il motivo, che verrà frequentemente sviluppato, della morte desiderata e amica, contrapposta alla crudeltà dell'amata ostile.
    Le coincidenze con Petrarca non sono solo tematiche, ma anche lessicali e stilistiche, per la presenza (in RVF CCXII) delle parole in rima *cerco:merco* nei terzetti.
    Si noti l'allitterazione e la paronomasia *cieco-cerco*, posti agli estremi del verso, e uniti a *danno* e *contra*, che parrebbero produrre, con la vocale unita alla nasale, un effetto di allungamento del verso. Si notino, inoltre, le frequenti e notevoli allitterazioni.
    1. *là dove*: sintagma. — *mi scorge*: 'mi guida'.
    2. *mia*: forma del possessivo plurale ambigenere e ambinumero (cfr. Rohlfs § 427), dovuta al copista di FL². — *a poco a poco*: cfr. XI 3 e XX 9.
    3-4. *e come la ragion è morta, e 'l foco va sormontando*: la lettura è di Corsi, che interpreta *el* come *e 'l* (senza avvertire, però, che VCh² e FR² hanno *il*): in questo modo si restituisce al verso la sua dipendenza dal v. 1: Bongi legge *e come la ragione è morta, il foco | va sormontando*: con la sua lettura *come* vi avrebbe il significato (causale) di 'siccome'. — Cfr. RVF CLXXXIX 13 «morta fra l'onde è la ragion et l'arte».
    5. *medela*: 'medicina, rimedio, cura' (è il lat. *medella*). Cfr. Pannuccio dal Bagno, XIIIb 1-2 «Magna medela a grave e periglioza | del tutto infermità so che convene». Si noti l'allitterazione.

7. *il perché*: sintagma con valore causale 'per la qual cosa', 'per cui', cfr. II 3; XXXVI 12. — *chiamo Morte*: il motivo della morte come fine delle sofferenze è ad esempio in Dante, *Così nel mio parlar*, 55-6 «[...] non mi sarebb'atra | la morte, ov'io per sua bellezza corro»; cfr. anche Dino Frescobaldi *Poscia che dir conviemmi*, 14-5 «se non vi fosse grave | la fine, ov'io attendo d'aver pace» e 74-5 «la morte aspettando | vede la fine de' martiri suoi». La morte amica («dolce morte» in XX 14) torna insistentemente in Rinuccini e l'invocazione *Chiamar Morte* è pure in V 90 e XIX 8 (ma si veda anche la concezione negativa della morte in XXII 5-8 e XXXI 9-11).

8. *mia nemica*: cfr. RVF XXIII 69 «de la dolce et acerba mia nemica»; LXXVI 3 «et die' le chiavi a quella mia nemica» (è da notare che anche l'*incipit* di questo sonetto, *Amor con sue promesse lusingando*, può aver costituito uno spunto per l'apertura di questo); LXXXVIII 13 «era ben forte la nemica mia»; CLXXIX 2 «la mia dolce nemica, ch'è sí altera»; CCCXV 6 «la mia cara nemica». — Si noti la doppia allitterazione (in *n-m*).

10. Cfr. RVF LXX 23 «vedete che madonna à 'l cor di smalto».

11. *merco*: 'guadagno', come in RVF CCXII 13 «pur lagrime et sospiri et dolor merco».

12. Allitterazione notevole in liquida e nasale.

13. *profondo ed alto*: coppia sinonimica (*alto* è *vox media*).

14. *Cieco...cerco*: cfr. RVF CCXII 8-9 «cieco et stanco ad ogni altro ch'al mio danno | [...] cerco». Allitterazione notevole in *c, n, m, r*.

XI

FL² (ms. base), c. 184r; Pit¹, c. 192v; FN⁴, 246v; VL, c. 514r; FR², c. 120r

> Amor, tu m'hai condotto sì allo stremo
> ch'io non posso durar più nel tuo foco,
> ma sento mancar l'alma a poco a poco
> e 'l debil corpo al tutto venir meno.
>
> 5   Ed ogni spirito ho sì munto e leno,
> ch'io abbandono già lo tristo loco,
> dove, per lamentar, son fatto roco.
> Né più di te, o crudel Morte, temo:

1 nello tuo foco VL FR²   **5** si muto FR²   **8** crudel di te crudele (*biff.* crudel; *om.* o)

      ma ben ti priego, signor mio, che allora
10   che uscirò fuor di questa mortal vita
      ch'esta fenice e delle donne donna

      non senta come Amor per lei m'accora,
      perché pietà sua bellezza infinita
      turberebbe, e di lacrime la gonna.

9 ma tien FR²   **10** fuori FR² for VL   **14** lagrime FN⁴   et *biffato da altra m.* FR²
lagrime *corr. in* lagrimar *da altra m.* FR²

Edd.: Bongi 1858, p. 9; Corsi 1969, p. 573.

Sonetto: ABBA ABBA CDE CDE, con rima imperfetta (assonanza) in A (le rime B sono
le stesse, e con identica collocazione, del sonetto precedente).

   Di fronte alla sofferenza amorosa, che investe anche il corpo, non si teme più la
morte (sarà il tema ricorrente della canzone XIV). La donna è infatti *fenice*, come già in V
39: qui l'immagine è più pregnante, perché contrappone l'amante che muore alla fenice
che deve rimanere insensibile al dolore di lui, affinché non sia turbata la sua bellezza.
   3. Cfr. Cino da Pistoia CX 10-11 «che vedesser lo foco | che m'arde poco a poco»);
Onesto da Bologna iii 3 «onde lo cor si strugge a poco a poco». Cfr. anche X 2.
   4. *al tutto*: 'completamente'.
   5. *spirito*: cfr. XXXIV 1. — *munto*: non c'è bisogno, come fa Corsi, di emendare in
smunto (non presente nella tradizione), poiché *munto* vale 'smunto', 'esausto', e, anche più
intensamente, 'spremuto', 'esaurito dallo sforzo', come per es. in Dante, *Inferno* XXIV 43
«La lena m'era del polmon sì munta». — *leno*: «istraccato, senza valore» (cfr. Schiaffini
1926, Glossario, p. 318).
   6. *tristo loco*: quasi un luogo infernale (come in *Inferno* VII 107 «tristo ruscel»; XXIX
69 «tristo calle»; XXXII 2 «tristo buco»).
   7. Cfr. RVF CXXXIII 3-4 «et son già roco, | donna mercé chiamando, et voi non
cale».
   11. *fenice*: cfr. V 39. — *delle donne donna*: cfr. II 2.
   13. cfr. RVF LXXXV 4 «spesse fïate, quando Amor m'accora».
   14. *gonna*: la membrana dell'occhio (cfr. Pasquini 1971, p. 247 e Ageno 1977, p. 107
che rinviano a *Paradiso* XXVI 72).

XII

FL^2 (ms. base), c. 184v; Pit^1, c. 193r; FN^4, c. 247r; VL, c. 514v; FR^2, c. 120v; VCh^2, c. 83v

Oïmè lasso, ove è fuggito il viso
che solea quietare ogni mia guerra?
Oïmè lasso, chi fuor mi diserra
del mio dolce, ineffabil paradiso?

5   Oïmè lasso, perché son diviso
da questa vaga dea che è sola in terra?
Oïmè lasso, ché già mi si serra
l'ultimo respirar nel petto anciso.

Oïmè lasso, quanto aspettar deggio?
10   Ché un momento mi par più di mille anni,
s'io non riveggio il mio tranquillo porto.

Oïmè lasso, Amor, che negli affanni
assai m'hai tormentato: io ti richeggio
di riveder quel sol che è mio conforto.

---

2 quietar FR^2 **3** che fuor FR^2 **4** FN^4 *riporta i vv. 6-7, li espunge e riporta i vv. 4-5*
in margine   **10** me par VL FR^2 **14** riuedere VL sole (-e *espunta*) FL^2 sole Pit^1 FN^4
VL

Ed.: Bongi 1858, p. 10.

Sonetto: ABBA ABBA CDE DCE. Rima derivativa al v. 3.

È il sonetto in morte di madonna, un esercizio di scuola, con una imitazione della canzone del maggiore Cino attraverso l'esperienza petrarchesca (*Oimè lasso quelle trezze bionde* è «una delle grandi canzoni ciniane più saccheggiate da Petrarca», cfr. Suitner 1977, p. 140). Che fosse diventata un'abitudine di scuola, si vede dal sonetto di Antonio degli Alberti, *Omè il bel viso e omè il dolce sguardo* (Corsi 1969, VI). I due trecentisti seguono Petrarca nella scelta del metro; Antonio degli Alberti, poi, ripete quasi alla lettera l'*incipit* del sonetto di Petrarca (*Oimè il bel viso, oimè il soave sguardo*). Rinuccini può aver preso dal pistoiese la ripetizione della parola *viso* in rima e l'immagine della donna-dea, ma è impossibile dire in modo non generico quanto l'esperienza poetica di Rinuccini si rifaccia direttamente a Cino da Pistoia e quanto, invece, gli giunga attraverso la mediazione petrarchesca: in ogni caso, gli si deve riconoscere una maggiore libertà da entrambi i modelli rispetto a quella mostrata da Antonio degli Alberti.

1. Cfr. Cino da Pistoia CXXIII 1; RVF CCLXVII 1.

2. *guerra*: cfr. RVF CCC 3-4 «[...] bel volto | dove pace trovai d'ogni mia guerra!», a sua volta sulla suggestione di Cino da Pistoia, CII 3 «or m'hai tu posto d'ogni guerra in pace».

3. *mi diserra*: può apparire lezione erronea, poiché vale 'aprire', mentre il verso sembrerebbe significare: 'chi mi chiude fuori dal mio paradiso?'. Ma il testo può essere lasciato intatto, nell'ipotesi che il senso sia: 'chi apre la porta del mio paradiso, cacciandomi fuori e impedendomi di rientrare?'. Questo significato è coerente con il resto del componimento, che esprime il passaggio da una condizione positiva (il *paradiso* e la compagnia della *dea*) ad una negativa (l'assenza della visione della donna, la sua morte, e, appunto, la perdita del *paradiso*).

4. *paradiso*: indica qui non la sede dei beati (come in XLIV 5), ma la condizione di perfetta dolcezza che deriva dalla compagnia di madonna, sulla terra (cfr. v. 6).

5. *perché son diviso*: RVF XVII 4 «per cui sola dal mondo i' son diviso».

6. Cfr. I 9; XVI 10; XXV 9; XLV 2.

11. *s'io non riveggio*: cfr. Matteo Frescobaldi, *Deh, confortate gli occhi miei dolenti*, 7 «s'i' no rrivego a ccui donato ho 'l core» (per l'esito palatale toscano di *video* cfr. Rohlfs § 276). — *tranquillo porto*: è anche in RVF CCCXVII (*Tranquillo porto avea mostrato Amore*).

13. *io ti richeggio*: Dante, *Inferno* I 130 «Poeta, io ti richeggio».

14. *sol*: cfr. VII 1.

XIII

FL² (ms. base), c. 184v; Pit¹, c. 193r; FN⁴, c. 247r; VL, c. 515r

  Né per colpi sentir di ria fortuna
  e in mezzo i boschi solitario stare,
  né per ozio fuggire ed occupare
  l'alma ferita sotto sì ria luna,

5 né per allontanarmi da ciascuna
  passion che abbi, Amore, a suscitare,
  né d'altre vaghe donne il rimirare
  mitiga il foco ove m'arde quest'una.

  Peroché quando le sante opre aguaglio
10 d'esta lucida stella alle mortali,
  tanto più incendo, disfavillo ed ardo

quanto è quel divin sole, ov'io abbaglio,
più perfetto e più chiaro: ed anche in tali
stelle prendesti, Amor, l'aurato dardo.

Edd.: Bongi 1858, p. 10; Carducci 1907, col. 394; Sapegno 1967, p. 150.

Sonetto: ABBA ABBA CDE CDE.

Questo sonetto, eco, forse, del petrarchesco *Solo e pensoso* (ma quanto lontano dall'altissima liricità di quello), è simile per tema al son. XVI. Il modo di procedere è quello di RVF CCCXII (*Né per sereno ciel ir vaghe stelle*), che elenca varie situazioni positive (proprie del *plazer*, per cui cfr. XXV), che, paragonate alla compagnia della donna, si rivelano noiose ed inutili a trovare conforto dagli assalti d'amore. I quartetti contengono l'elenco delle situazioni che dovrebbero alleviare le pene d'amore (con l'anafora della negazione *né*), i terzetti svolgono il confronto.
   1. *per* è strumentale.
   6. *abbi*: seconda pers. sing. del cong. pres. (cfr. Rohlfs § 556).
   7. *vaghe donne*: cfr. XXV 8.
   9. *sante opre*: le attività e le qualità della donna. Cfr. VII 12 — *aguaglio*: 'paragono'.
   10. *lucida*: 'luminosa'. — *stella*: la donna, come anche *divin sole* del v. 12. È «arcinot[o] archetip[o] guinizzellian[o]» (nota di Brugnolo all'*incipit* di Dino Frescobaldi *Un'alta stella di nova bellezza*), cfr. *Vedut'ho la lucente stella diana*, ed è anche almeno in Giacomo da Lentini, *Dolce coninzamento*, 6-7 «O stella rilucente | che levi la maitina».
   11. Cfr. Dante, *Paradiso* XXVII 54 «ond'io sovente arrosso e disfavillo».
   13-4. La luce del *sole* si riverbera anche sulle altre stelle (e le accende), che quindi splendono di luce riflessa.

XIV

FL[2] (ms. base), c. 185r; Pit[1], c. 193v; FN[4], c. 247v; VL, c. 515r

Io sento sì mancare omai la vita
per la gran crudeltà, ch'io non so, Amore,
s'io potrò prolungar tanto la vita,
che me sfoghi parlando in cotal vita
5   qual or mi fa provar chi ha il cor di marmo.

4 mi sfoghi FN[4]   non posso FN[4] VL

Né fe' ch'a lei portassi in la mia vita
   nïente valmi, onde ho in odio la vita,
poi ch'è venuta sì selvaggia e fera
che già mai in selva tal fu vista fera
10   quale è costei, per cui non poso in vita;
onde umil priego te, o dolce Morte,
che tu mi facci far solo una morte.

   Ché molto è mè' finire in una morte
che morir mille volte alla sua vita.
15   Adunque fin de' mali, ottima Morte,
finisci queste membra, che ho già morte,
che ferir non le possa più Amore
che mi fa peggio che non fai tu, Morte;
   e però ' miei sospiri e pianti, o Morte,
20   annulla tutti, e sotto un picciol marmo
chiudi le stanche membra, ed in tal marmo
teco sempre le posa, o fida Morte,
sì ch'io non veggia questa bella fera
che per mia pena nacque tanto fera.

25   O paese d'Ircania, cotal fera
già non vedesti mai, che porta morte
come costei, benché tigre sia fera
crudele assai più che null'altra fera:
ché almen nel dolce tempo della vita
30   ei dipon giù la crudeltà di fera,
   accompagnando sé con simil fera,
e va gioiendo in naturale amore,
rendendo le sue forze tutte a Amore.
Ma questa sta crudel più che altra fera
35   ed in cambio di cor si veste un marmo,
che fa venire altrui tutto di marmo.

15 di mali FN⁴   **16** finisce FN⁴ Pit¹   **21** chiude FN⁴   **22** le possa FN⁴   **27** ben
chel tigre FN⁴ Pit¹ VL   **28** nulla altra FL²

Or, bench'io abbia il cor già duro marmo,
pur v'è rimaso un spirto, ch'esta fera
per più mia pena non ha fatto marmo,
40 che sente i colpi di lei, freddo marmo,
che mi vanno sfidando sempre a morte.
Or pur fuss'ei ch'io divenissi marmo,
   e non sentissi, se non come un marmo,
il travagliar di questa acerba vita,
45 dove morte sarebbe mè' che vita!
Tanta è la gran durezza d'esto marmo,
che mai mio pianto l'addolcisce, Amore,
e ' tuoi dorati strali spunta, Amore.

Di te trïunfa questa cruda, Amore,
50 che suogli umilïar ciascuna fera,
perché in niun tempo la riscaldi, Amore.
Dov'è dunque la tua possanza, Amore,
con che mi fa questa Medusa marmo?
Perduta l'hai, poi ch'al tuo servo, Amore,
55   non val la fe' cch'a llui imponesti, Amore,
che osservassi a chi di morte in morte
lo va lungando nell'ultima morte.
Ma subita la cheggio a te, Amore,
per non morir mille volte in la vita,
60 dove, stentando, e me odio, e la vita.

Canzon, e' non fu mai sì aspra vita
quanto è la mia, onde umil priega Morte
che mi tragga di branche a questa fera
che è più dura e più fredda che marmo
65 ed hassi sotto a' pié sommesso Amore.

38 che esta (-e *espunta*) Pit[1] ch(e) esta FN[4] VL   **49** chel, *con a soprascritta alla e* FL[2]
52 doue *e* FL[2] Pit[1] VL   possansa VL   **54** poi chel FL[2] (-a- *in interl. sopra la -e-*)
65 ipie Pit[1] FN[4] VL

Ed.: Bongi 1858, p. 11.

Canzone ciclica, con lieve irregolarità nell'ultima stanza (il v. 50 è in D [rimante *fera*] invece che in C [*marmo*]), che il senso induce a far supporre come originaria (cfr. anche la lieve irregolarità nella canzone V, oltre quella, più grave, della sestina). Congedo AEDCB. Pelosi 1990, n. 12 (ma la parola-rima E è *morte*, non *monte*).

È la prima delle due *canzoni cicliche* di Rinuccini con 5 stanze a schema ABAA CAADDAEE, EAEEBEECCEDD, ecc., con irregolarità nell'ultima stanza BD BBCBBEEBAA (cfr. *Introduzione*, pp. 29-32) e congedo AEDCB; gli argomenti, rigorosamente divisi secondo le singole stanze, seguono il tema della parola-rima-chiave. I temi sono infatti cinque: la donna è crudele (ed è paragonata a una fiera) e la *vita* è sofferenza; la *morte* è migliore della vita; la donna è una *fera* ed è come Medusa; essa ha reso l'uomo di *marmo*, come è lei, ma gli ha lasciato uno spirito vitale, che accresce la sua sofferenza; *Amore* soccombe di fronte alla potenza crudele della donna. Il congedo riprende e ripete i motivi delle stanze.

Si noti la ricorrenza di suoni aspri (nessi *st, sc, sp*) e le frequenti allitterazioni (v. 12; v. 14; v. 31; v. 34; v. 38; v. 48; v. 53).

3-4. 'non so se potrò prolungare la vita tanto da potermi sfogare parlando (cioè poetando) della mia donna' (il *che* del v. 4 ha valore consecutivo).

9-10. Cfr. Cino da Pistoia LIII 14 «come d'una crudel fera selvaggia»; XLVIII 6 «donna fera»; LII 14 «una selvaggia fera esser pietosa»; RVF CXXVI 29 «torni la fera bella et mansüeta»; CCCIV 3 «di vaga fera le vestigia sparse»; chiaro riferimento dantesco nella vicinanza tra *selvaggia* e *selva*.

10. *Quale è costei*: cfr. III 6.

11. Dialefe (e forte pausa) fra *te* ed *o*.

12. *facci*: seconda pers. sing. (Rohlfs 555). — Cfr. Cino da Pistoia CX 29-32 «Chi mi facesse far pur una morte | mercé faria e bene, | però che mi convene | mille volte morir ad ogn'or forte».

13-4. *una morte* è contrapposta, come rifugio e riposo, ai vari episodi di morte che si susseguono nell'amante per i colpi di Amore.

14. *morir mille volte*: cfr. v. 59; Guittone, *Ai Deo!, chi vidde mai*, 12 «mor' sovente»; RVF CLXIV 13 «mille volte il dí moro et mille, nasco»; Boccaccio, *Rime*, XVI 3-4 «[...] nelle man che m'hanno ucciso | già mille volte [...]»; Buonaccorso da Montemagno il Giovane 3, 3 «e mille volte el dì moro e rinasco». Doppia allitterazione (*m* e *v*).

15. *Adunque fin de' mali, ottima morte*: cfr. RVF CCCXXXII 69-70 «Morte | porto de le miserie et fin del pianto».

17. *che*: con valore consecutivo.

20. *picciol marmo*: cfr. RVF CCCIV 9 «Quel foco è morto, e'l copre un picciol marmo».

23. *sì ch'io non veda questa bella fera*: altrove (son. XXXI, vv. 9-10), Rinuccini considera negativamente la morte in quanto sottrae la vista dell'amata: «né in vita altro mi tien, se non, s'io moro, | più non vedrò chi mi conduce a morte».

25. *Ircania*: regione dell'antica Persia, a sud del Mar Caspio: può essere un ricordo di Dante, *Inferno* XXIV 85-90 «Più non si vanti Libia con sua rena», per l'evocazione di un luogo che si immagina impervio e abitato da belve.

27. *tigre*: di genere maschile (cfr. v. 30 *ei*), cfr. *Detto del gatto lupesco* (in Contini 1960, II, pp. 288-93), v. 127, anche oltre il Trecento: ad esempio, in Pulci, *Morgante*, 74 *non fur*

tanto crudel mai tigri ircani, con lo stesso richiamo alla terra d'origine del felino.

29. *nel dolce tempo della vita*: cfr. RVF XXIII (*Nel dolce tempo de la prima etade*).

30-3. La donna è peggiore della bestia feroce, perché non obbedisce alle leggi della Natura, rifiutando il *naturale Amore*. Cfr. Matteo Frescobaldi, *Giovinetta, tu ssai*, 34-5 «[...] e nnon sia fera | come se', ppiù che ffera».

34. Cfr. Dante, *Rime*, CI 8 «si sta gelata [...]».

35. Cfr. Dante, *Rime*, CIII 5 «e veste sua persona d'un dïaspro». Per la forma *vestirsi* + accusativo, cfr. *Purgatorio* VII 35 «quivi sto io con quei che le tre sante | virtù non si vestiro».

35-6. L'immagine della donna come Medusa, frequente nella lirica delle origini, è qui accolta da Rinuccini, a differenza che in altre sue rime (I 1; V 77), dove la donna ha un effetto contrario al mostro, trasformando, invece, l'amante in uomo da pietra, quale egli era.

37-40. Il cuore è diventato di marmo per colpa della donna, ma sopravvive uno spirito sensibile alla sua durezza. — *freddo marmo*: cfr. XXXV 1.

49. Si noti la costruzione latineggiante.

50. Amore si rivela impotente di fronte alla donna di marmo. Il tema è anche nel son. XIX *Deh, perché m'hai tu fatto, Amor, suggetto*. È il rovesciamento del virgiliano *Omnia vincit Amor* (*Bucolica* X, 69). Cfr. anche Dante, *Vita Nuova*, IX, *Cavalcando*, 5-6 «Ne la sembianza mi parea meschino | come avesse perduto segnoria».

56. *osservassi*: terza pers. sing.: l'incertezza riguardo alla terza persona del congiuntivo imperfetto è dovuta alla coesistenza delle desinenze *-asse* e *-assi* per la prima persona: cfr. Dante, *Inferno* IV 64 «perch'ei dicessi» (cfr. Rohlfs § 560).

56-7. Attraverso varie morti (*di morte in morte*), il servo d'Amore è condotto lontano (*lungando* 'allontanando') nell'*ultima morte* per opera della donna (*chi*). Cfr. Franco Sacchetti, LXXIX 7 «di morte in morte vo, non val pentermi».

59. Cfr. v. 14.

63. *branche*: 'artigli', cfr. *Inferno* XVII 13 «due branche avea pilose infin l'ascelle».

65. *sommesso*: 'sottomesso'.

XV

FL² (ms. base), c. 186r; Pit¹, c. 194v; FN⁴, c. 248v; VL, c. 516v; FR², c. 120v; VCh², c. 84r

Se quel pietoso, vago e dolce sguardo
con che Amor mi lusinga e mi mantiene
fosse dal cor, le mie innumere pene
finirei tosto e 'l fuoco ove tutto ardo.

4 tuttardo FR² VCh² (β)

5   Ma perch'io temo che l'aurato dardo
       con che Amor fiere l'amorose vene
       lei non pungesse, con maggior catene
       rilego me, ed assai più riardo

       ch'io non fé' pria, quando lieto perdei
10   la bella libertà, che or vo piangendo;
       e dopo il dolce conosco l'amaro.

       Ella, che vede chiaro — i pensier' miei,
       di ciò lieta si sta e, sorridendo,
       vuol ch'io languisca: onde a mie spese imparo.

6 le amorose FR² VCh² (β)   **14** e alle mie spese FR² VCh² (β)   ad miei spese FN⁴

Edd.: Bongi 1858, p. 13; Carducci 1907, col. 394; Sapegno 1967, p. 151; Corsi 1969, p. 574.

Sonetto: ABBA ABBA CDE (e)CDE; rima derivativa al v. 8; rima interna al v. 12. Concatenazione retorica tra i quartetti e i terzetti, con *enjambement*.

L'amante è destinato a sopportare il suo dolore in una solitudine che vede la donna indifferente, anzi contenta del suo patire. Il rimedio sarebbe la benevolenza di lei, ma ciò resta una speranza insoddisfatta; Amore svolge una inefficace funzione di mediatore fra i due. È uno dei tanti esempi di «memoria involontaria», con la ripetizione di stilemi e di espressioni petrarchesche (ma si noti anche una ripresa cavalcantiana).

1. Cfr. RVF CCCXXX *Quel vago, dolce, caro, honesto sguardo*, a sua volta sulla probabile suggestione (cfr. Balduino 1984b, p. 204) di Cino da Pistoia, XXXV 1-2 «Bene è forte cosa il dolce sguardo | che fa criar di bel piacere amore». Al di là della più immediata influenza petrarchesca su Rinuccini, andrà notato che *dolce sguardo* è «fra le locuzioni più tipiche e suggestive di Cino [da Pistoia]» (Marti 1969, nota a Cino XXXV 1).

2. *lusinga*: RVF LXXVI 1-2 «Amor con sue promesse lusingando | mi ricondusse alla prigione antica». — *mi mantiene*: 'mi conserva in vita'.

3. *fosse dal cor*: «venisse dall'intimo della donna, rispondesse a un genuino sentimento d'amore» (Pasquini 1971, p. 247). Lo stesso tema (e la stessa espressione) è in Cavalcanti XV 1-2 «Se Mercé fosse amica a' miei disiri | e 'l movimento suo fosse dal core».

4. Bongi (con l'autorità del cod. Möucke) legge *finirien*, contro la restante tradizione che riporta *finirei*.

5. *l'aurato dardo*: per la ricorrenza del motivo, cfr. IX 14.

7. *lei non pungesse*: Corsi propende per considerare questo un caso di costruzione alla

latina dei *verba timendi*: se così fosse, però, non si capirebbe il senso, che pare piuttosto essere: 'poiché io temo che l'aurato dardo non l'abbia punta'. Ma Ageno 1955, p. 341 ricorda che, accanto alla norma della costruzione latineggiante, «vi sono casi in cui la negazione della dipendente da *temere* o *dubitare* 'temere' non è affatto pleonastica: questo avviene quando si esprime il timore di *non* verificarsi di un fatto» (cfr. anche Pasquini 1971, p. 247).

8. Erronea la lettura di Sapegno *ritengo* (peraltro glossata «mi lego»). — *rilego*: cfr. (in senso proprio) XXVII 8; XXVII*bis* 11.

10. *la bella libertà, che or vo piangendo*: RVF XCVII 1-2 «Ahi bella libertà, come tu m'ài | partendoti da me, mostrato quale [...]»; Riccardo degli Albizzi, *Quando da gli occhi de la crudel donna* (in Corsi 1969, p. 161), 5-7 «e quella libertà, ch'era colonna | istata a tormi d'angosciosa pena | sen fuggì [...]».

11. Cfr. RVF CCCXXXI 19-20 «il dolce acerbo [...] mi si fa»; CLXIV 10 «[...] 'l dolce et l'amaro ond'io mi pasco».

XVI

FL[2] (ms. base), c. 186r; Pit[1], c. 194v; FN[4], c. 249r; VL, c. 516v; FR[2], c. 121r; VCh[2], c. 84r.

> Ben mi credea, deh, per allontanarmi
> dall'ignobile vulgo, che sempre erra,
> por fine alquanto alla mia lunga guerra
> ed in tranquilla pace riposarmi.
>
> 5 Ma il mio crudel signore ha prese l'armi,
> con le qual' sempre i suoi suggetti afferra:
> ond'io, che sono un fral corpo di terra,
> non veggio dove omai possa scamparmi.
>
> Peroché, quant'io sto più solitario,
> 10 più pinge nel vòto animo la dea
> questo crudele, infin dal terzo cielo,

---

1 che per FL[2] Pit[1] FN[4] VL (α) FR[2] VCh[2] (β)   **5** signor FN[4] preso larmi FR[2]   p(re)sa larmi VCh[2]   **7** son FR[2] VCh[2] (β)   **8** dode *espunto*; doue *nel marg. destro* FR[2]   **9** quanto sto FN[4] FR[2]   **10** piagne *espunto*; pigne *nel marg. destro* FR[2] uolto animo VCh[2]   **11** queste FR[2]

con crudo aspetto e ver' di me sì rea,
ch'io temo di mio stato frale e vario.
Né più speme ho nel suo dorato telo.

12 aspetto enuer FR² VCh² (β)

Ed.: Bongi 1858, p. 14.

Sonetto: ABBA ABBA CDE DCE

L'aristocratico amante, che fugge il *vulgo* (tema che percorre la letteratura dal *profanum vulgus* di Orazio [*Carmina* III, I, 1] fino almeno alla *gente zotica, vil* delle *Ricordanze* leopardiane) non trova conforto nella solitudine ricercata. Amore si volge contro di lui ed usa la donna come sua stessa arma; il *dorato telo*, conforto nel son. IX, non offre qui alcun sollievo. Per il tema dell'impossibilità di evitare i colpi di Amore, cfr. son. XIII. Si noti la presenza del termine *crudele* nel secondo quartetto e nei terzetti (*crudo* nella seconda), annunciato fonicamente da *credea* del v. 1. Notevole anche l'effetto prodotto dalla tasformazione, tramite la posizione dei due termini in rima, della *dea* in *rea*.

1. *Ben mi credea*: l'esordio è analogo a RVF XXIII 101 «Ben mi credea dinanzi agli occhi suoi» e l'*incipit* di CCVII *Ben mi credea passar mio tempo omai.* — Pare ipotizzabile un fraintendimento grafico *che* per *de* (*deh*, cfr. anche XIX 1); diversamente, *che* (attestato da tutta la tradizione) non è giustificabile sintatticamente. — *Per* ha valore strumentale (cfr. XIII 1).

1-4. La concezione negativa del 'vulgo' è in RVF LI 11 «vulgo avaro et scioccho»; LIII 57 «vulgo inerme»; CCXXXIV 12 «vulgo a me nemico et odïoso».

3. *guerra*: il termine, che rappresenta nel sonetto XII 2 il turbamento placato dalla vista della donna, è invece qui metafora del tormento d'amore, causato dalla donna stessa. Entrambi i significati sono presenti in Petrarca: cfr. la nota al v. 2 del son. XII di Rinuccini e RVF CCCII 7 «i' so' colei che ti die' tanta guerra».

7. *fral corpo*: cfr. *stato frale* (v. 13). Cfr. RVF XXII 23 «[...] bench'i' sia mortal corpo di terra».

8. Cfr. RVF CVII 1 «Non veggio ove scampar mi possa omai».

10. *la dea* (complemento oggetto): cfr. I 9.

11. *questo crudele*: sogg. — *terzo cielo*: quello di Venere, cfr. RVF CXLII 3 «che 'nfin qua giú m'ardea dal terzo cielo».

XVII

FL² (ms. base), c. 186v; Pit¹, c. 195r; FN⁴, c. 249r; VL, c. 517r; FR², c. 121v; VCh², c. 84v

> Amore, i' trovo in te solo uno scampo
> quando egli avvien che gli occhi pien di sdegni
> volge in me quella con turbati segni
> che mi mantien nel foco ov'io avvampo
>
> 5 (questo è speranza che mi tiene in campo)
> e per mia pena assottiglia suo' ingegni:
> onde, dolente, aspetto che tu vegni
> a raddolcir degli occhi il chiaro lampo.
>
> Ella mi dice: «Il tempestoso mare
> 10 tranquillar vedi e farsi il turbo chiaro
> e le fresche campagne rinverdire».
>
> E così mi conforta ad aspettare
> dicendo: «Il lume, che t'è or sì avaro,
> ancora arà pietà del tuo martire».

1 amor Pit¹ FN⁴ VL FR² VCh²   io (-o *espunta*) FL² Pit¹   io FN⁴ VL FR² VCh²   sol FR² VCh² (β)   **4** chi mi VCh² doue auampo FR²   douio auampo VCh²   **5** questa e FR² VCh² (β)   **6** suoi (-o *espunta*) FL² Pit¹   suoi FN⁴   soi VL   so FR² VCh² (β) (*in* FR² *è soprascritto a* gli *biffato*)   **10** turbo *anche nel marg. destro* FR² turbo *anche nel marg. sinistro* VCh²   **11** riuedire Pit¹ FR² VCh²   **14** anc(h)or VL VCh² FR².

Ed.: Bongi 1858, p. 14.

Sonetto: ABBA ABBA CDE CDE: terzetti in consonanza.

Con una prospettiva diversa da quella del sonetto precedente, Amore conforta il poeta contro la durezza dello sguardo della donna. La compagnia di Amore è l'unica speranza che il poeta ha di resistere ai suoi assalti.

2. Per il diffuso tema del disdegno della donna, cfr., almeno, Guinizzelli I 18-9 «ella non mette cura di neente, | ma vassen disdegnosa»; Dante, *Rime*, LXXX 3 «donna disdegnosa» e Dino Frescobaldi, *Poscia che dir conviemmi*, 60 «che l'umiltà vi fa crescer disdegno».

3. *turbati segni*: 'atti sdegnosi': il sintagma si trova nell'*incipit* di RVF LXIV *Se voi poteste per turbati segni* (del sonetto Rinuccini ripete le parole in rima *segni:ingegni:sdegni*).

4. *che*: la donna (*quella*). — Cfr. Fazio degli Uberti 6, 35 «[...] il fuoco, in ch'io avampo».

5. La parentesi (assente nell'ediz. Bongi) pare necessaria per riconoscere il collegamento del v. 6 con il suo soggetto (la donna).

6. La donna opera, si ingegna (*assottiglia suo' ingegni*) per accrescere la pena dell'amante. — Per il possessivo senza articolo, cfr. Rohlfs § 432.

8. *chiaro lampo*: anche qui, come al v. 3, vi è la ripetizione di un sintagma petrarchesco (RVF CCXXI 6); il riscontro consente di individuare altre corrispondenze: RVF CCXXI ha al v. 2: «mi riconduce disarmato al *campo*»; ai vv. 5-6: «sì *dolci* stanno | nel mio cor le faville e 'l *chiaro lampo*»; al v. 7: «che l'abbaglia et lo strugge, e '*n ch'io avampo*».

10. *e farsi il turbo chiaro*: *turbo* (cfr. il *turbo* di Dante, *Inferno* XXVI 137) unisce il significato di 'turbine', che si collega al verso precedente, a quello di 'oscurità'; *turbo* sembra inoltre richiamare fonicamente *turbati segni* del v. 3, e così spiega la metafora: il *turbo* che si fa *chiaro* è l'atteggiamento della donna, che si farà più docile.

XVIII

FL² (ms. base), c. 186v; Pit¹, c. 195r; FN⁴, c. 249v; VL, c. 517r; VCh¹, c. 111v

> Talor piangh' io, Amor, sì coralmente,
> che tu, che 'l vedi, ti muovi a pietate:
> e, se non fussi tua benignitate,
> abbandonato avrei il secol presente.

5 > Ma tu conforti la mia afflitta mente,
> dicendo: «Va' con tua umilitate
> pur via seguendo, ché le più fïate
> vince pietà così altera gente».

> Ed io seguo tuo dir, ma questa petra
10 > è duro dïamante e fredda neve,
> né s'addolcisce già, né sente il caldo

1 piangho (-o *espunta*) FL² Pit¹   piang(h)o FN⁴ VL   **9** dire VCh¹   **10** et duro FL² Pit¹ FN⁴ VL VCh¹

di te, signor, che hai vòta la faretra
de' tuoi dorati strali, e fatta lieve,
sì che conteco omai mia morte saldo.

Edd.: Bongi 1858, p. 15; Corsi 1969, p. 574.

Sonetto: ABBA ABBA CDE CDE. Per le rime A, le parole in rima sono riprese dal son. cavalcantiano *I' vegno 'l giorno a te 'nfinite volte* (*mente:gente:coralmente*).

Pur senza ripetere il significato negativo che nella *Vita Nuova* Dante dà all'azione di Pietà, in quanto nemica di Amore (cfr. XIII 10 «[...] convene che io chiami la mia inimica, madonna la Pietade; e dico 'madonna' quasi per disdegnoso modo di parlare»), al sonetto della *Vita Nuova Se' tu colui* senza dubbio il Rinuccini si ispira, fin dall'*incipit*.

1. *sì coralmente*: 'con tanta adesione di tutto il mio cuore', come il prov. *coraus*: cfr. Rinaldo d'Aquino VIII 6-7 «Vostr'amor, che m'à priso | a lo core tanto coralmente»; Dante, *Vita Nuova*, XXII, *Se' tu colui* 5-6 «E perché piangi tu sì coralmente | che fai di te pietà venire altrui?»

3. *fussi*: 'fosse' (cfr. Rohlfs § 560 e XIV 56).

7. *le più fiate*: 'il più delle volte'.

9. *questa petra*: *petra* rima con *faretra* in Dante, *Rime*, CIII 2. — Cfr. Fazio 6, 31-2 «Di me, lasso!, non veggio alcuno scampo, | però che questa pietra sta pur salda».

10. *dïamante*: cfr. V 87.

11. Corsi legge *raddolcisce* a differenza di *s'addolcisce* di tutta la tradizione manoscritta, senza motivare la congettura, che, del resto, non pare necessaria.

12. *vòta*: 'vuotata'. Per il *tópos* dei dardi di Amore, cfr. III 7.

13. *lieve*: 'alleggerita' (perché vuota).

14. *saldo*: «saldo il mio conto con te morendo» (cfr. la nota di Corsi 1969 a questo sonetto).

XIX

FL² (ms. base), c. 187r; Pit¹, c. 195v; FN⁴, c. 249v; VL, c. 517v

Deh, perché m'hai tu fatto, Amor, suggetto
di questa tua e mia crudel nimica
sì che battaglia tal nel core intrica
che di pianti e sospir' mi fregia il petto,

4 sospiri (-i *espunta*) FL²

5   il qual s'è fatto d'ogni duol ricetto?
     Signor mio, benché con vergogna il dica,
     tu non puoi di pietà già farla amica,
     il perch'io chiamo morte con diletto.

     Or mio fia il danno, e tuo fia il disonore,
10   poi ch'esta pargoletta disarmata
     disarma te, che coi dorati strali

     vincesti Febo, che avea avuto onore
     del gran Pitone; omè, ora è abbassata
     tua signoria, e contra lei non vali.

8 il per che io FN⁴   **13** Phiton Pit¹   phyton FN⁴ VL   hor Pit¹ FN⁴ VL

Ed.: Bongi 1858, p. 15.

Sonetto: ABBA ABBA CDE CDE

Il tema di Amore la cui potenza è sopraffatta dalla donna è qui arricchito di un richiamo mitologico. Si noti la comparsa della *pargoletta* (anche se non pare più che un riscontro lessicale, diversamente che in XLVII 4).

1. *suggetto*: 'sottomesso': cfr. XLIX 6.

2. *nimica*: cfr. X 8

3. *intrica*: 'rende così difficile' (lat. *intricare* 'imbarazzare', denom. da *tricae* 'imbrogli, fastidi'; cfr. GDLI, s.v.). — La *battaglia* è «da intendere nell'accezione (ossia nel suo effetto) di assalto e sgominamento» (De Robertis 1986, nota a Cavalcanti, *L'anima mia vilment'è sbigottita*, 2) cfr. Guinizzelli II 72 «la battaglia u' vince Amore»; Cino da Pistoia CII 15; CXLIX 1. Si veda, inoltre, XXXIV 6.

4. *fregia*: 'sfregia'.

8. *il perch'io*: 'per la qual cosa, per cui' (come in II 3 e in X 7).

9. Cfr. RVF CCVII 78 *La colpa è vostra, et mio 'l danno et la pena*; CCXXIV 14 *vostro, donna, 'l peccato, e mio fia 'l danno*. Si veda inoltre Rigaut de Berzebilh, *Tot atressi*, 21 «mieus er lo danz et vostr'er lo pechatz».

10. *Pargoletta*: cfr. Dante, *Rime*, LXXXVII 1; LXXXIX 2; C 72.

11. Tornano i consueti *dorati strali* (si veda III 7 e i relativi rimandi).

12. *Febo*: Amore lo vinse perché lo punse d'amore per Dafne. Il tema si trova anche in XLVI.

13. *Pitone*: è il serpente nato dopo il diluvio di Deucalione dal fango, ucciso da Apollo. Lo stesso paragone tra la potenza di Febo verso Pitone e la sua debolezza nei confronti di Amore è in Petrarca, *Rime disperse*, V 7-8 «ch'al suon del nome suo par che pavente | e fu contra Piton già sì gagliardo». — *abbassata*: 'invilita'.

XX

FL² (ms. base), c. 187r; Pit¹, c. 195v; FN⁴, c. 250r; VL, c. 517v

> Se mortal fosse stato il grave colpo
> col qual da prima, Amor, tu mi feristi,
> e' dì sì rei e lacrimosi e tristi
> finiti avrei, per cui mi snervo e spolpo.
>
> 5   Né del mio male altri che te incolpo,
> che i leggiadri occhi sì pietosi apristi
> poi fatti gli hai crudel': ciò consentisti
> per più mie pene, sì che mai mi scolpo
>
> da' grievi colpi tuoi, che a poco a poco
> 10   per continua usanza m'han sì avvezzo
> ch'io sopporto ogni pondo e fommi forte,
>
> per più incender nello ardente foco;
> e nulla altro ho, se non il mio mal prezzo.
> Aggine tu pietà, o dolce Morte.

5 nel del (-l *di* nel *erasa*) Pit¹   **7** crudeli FL² Pit¹ FN⁴ VL   **12** nel ardente Pit¹
VL   nellardente FN⁴

Ed.: Bongi 1858, p. 16.

Sonetto: ABBA ABBA CDE CDE

Il sonetto, nel quale compaiono le parole in rima di un sonetto dubbio di Cino da Pistoia (*Ben dico certo che non è riparo* d.CLXXIX) (*colpo:incolpo:rimpolpo:scolpo*), e si vedano anche *In disnor e 'n vergogna solamente* e *Oimè lasso, quelle trezze bionde* (che hanno *colpa:scolpa*), oltre che un verso petrarchesco (RVF CXCV 10), è costruito con una certa perizia: si noti la concatenazione retorica tra i quartetti e i terzetti, costituita dall'*enjambement* sommato alla replicazione di *scolpo* e *colpi*. Notevole è anche *mortal* nell'esordio (v. 1) e *Morte* nell'ultimo verso, così che il componimento è chiuso in una sorta di aura funebre.

    4. *snervo e spolpo* è dittologia sinonimica che compare anche in RVF CXCV 9-10 «non spero del mio affanno aver mai posa, | infin ch'i' mi disosso et snervo et spolpo».

    6. Cfr. III 2.

    7. *consentisti*: 'concedesti'.

8. *mi scolpo*: 'mi difendo' (forma di *adnominatio* con *colpi*, 'liberarsi dai colpi').
9. *a poco a poco*: cfr. X 2 e XI 3.
10. Dialefe tra *continua* e *usanza*, con rallentamento ritmico.
11. Allitterazione in *f*, *p*, *r*.
12. Dialefe tra *più* e *incender*, con un effetto analogo a quello del v. 10.
13. *il mio mal prezzo*: 'ricompensa negativa' del servizio amoroso. Cfr. *remunerarsi* (L 5).

XXI

FL² (ms. base), c. 187v; Pit¹, c. 196r; FN⁴, c. 150r; VL, c. 518r; FR², c. 121v; VCh², c. 84v

Questa è colei, Amor, che n'addolcisce
il core, e lusingando a morte il mena;
questa è colei che or turba, or rasserena
l'alma, che spesso triema e 'mpallidisce.

5   Questa è colei che dolce e amaro misce
sì ben ch'io non ho polpa, osso né vena
ch'io non senta mancar, né credo a pena
giugnere al porto, sì l'alma invilisce.

Dunque, signor, che fra dubbiosi scogli,
10   or d'uno oscuro ed or d'un chiaro lume,
vedi trascorsa la mia debil barca,

se da sì fallaci onde non mi togli,
o se da volar via non mi dai piume,
sento rompere il fil l'ultima Parca.

5 chel dolce FR²   **6** non ho spirto in polso on uena β (poso FR²)   **7** mancar *inserito con segno di richiamo* FR²   **8** giugner FR² VCh² (β)   **9** donque FR²   **10** dun Pit¹ FN⁴ VL FR² VCh²   **14** romper FR² VCh² (β)   filo (-o *espunta*) Pit¹   filo FL² FN⁴ VL

Edd.: Bongi 1858, p. 16; Carducci 1907, col. 395; Sapegno 1952, p. 256; 1967, p. 152; Corsi 1969, p. 575.

Sonetto: ABBA ABBA CDE CDE

Varie immagini si rifanno a quelle dei RVF, oltre all'«antitesi tipicamente petrarchesca» segnalata da Sapegno 1967, p. 256 per il v. 5 (rimanda a RVF CXXIX 21; CLXIV 10; CCV 6): la metafora della vita come una barca in tempesta, inoltre il desiderio di librarsi a volo per superare la limitatezza e il dolore umani. Per la considerazione negativa dell'amore terreno e la necessità di volgersi ad una vita non fallace, questo sonetto può essere messo in relazione ai XXXVII, XXXVIII, XLI, XLII, XLIII. Le *onde* dell'esperienza amorosa sono *fallaci* e, distogliendo l'amante da pensieri più alti, gli impediscono di *volar via*, conducendolo verso la morte. Si noti la distanza dalla concezione stilnovistica della donna e dell'amore come esperienza conoscitiva. Si noti l'anafora nei vv. 1, 3, 5, unita alle congiunzioni *or...or*, al v. 3 e replicate al v. 10.

1-2. *lusingando a morte il mena*: cfr. RVF LXXVI 1-2 «Amor con sue promesse lusingando | mi ricondusse a la prigione antica».

3. Cfr. RVF CXXIX 9-10 «e 'l volto [...] si turba et rasserena».

4. Cfr. RVF CCCXLII 3 «et spesso tremo et spesso impallidisco».

5. *dolce e amaro*: cfr. almeno, i rinvii di Sapegno a RVF CXXIX 21 «viver dolce amaro»; CLXIV 10 «'l dolce e l'amaro ond'io mi pasco»; CCV 6 «[...] il dolce amaro, che n'à offeso».

6. Cfr. Dante, *Rime*, CIV 85-6 «Ma questo foco m'àve | già consumato sì l'ossa e la polpa»; RVF CXCV 9-10 «Non spero del mio affanno aver mai posa | infin ch'i' mi disosso et snervo et spolpo»; CXCVIII 5-6 «non ò medolla in osso, o sangue in fibra | ch'io non senta tremar». Quest'ultimo riscontro sembra più diretto, sia per l'analogia con il verso seguente di Rinuccini *ch'io non senta mancar* (legato al precedente con *enjambement*, come quello petrarchesco), sia perché la coincidenza non è solo di carattere linguistico. Nel sonetto XXIX ricompare un accostamento di *polpa, osso, vena*, al v. 11.

8. *invilisce*: cfr. Dante, *Vita Nuova*, XXXI, *Li occhi dolenti*, 66 «la quale è sì 'nvilita».

9. *dubbiosi scogli*: cfr. RVF LXXX 31 «s'io esca vivo de' dubbiosi scogli».

11. *barca*: cfr. III 5 e XLVII 10-1.

12. *fallaci onde*: cfr. RVF LXXX 2 «su per l'onde fallaci et per li scogli».

13. *piume*: cfr. RVF LXXXI 12-4 «Qual gratia, qual amore, o qual destino | mi darà penne in guisa di colomba, | ch'i' mi riposi, et levimi da terra?».

14. *l'ultima Parca*: Atropo, che tronca il filo della vita. Costruzione dell'oggettiva alla latina.

XXII

FL² (ms. base), c. 187v; Pit¹, c. 196r; FN⁴, c. 250v; VL, c. 518r; FR², c. 122r; VCh²,
c. 85r; FL³, c. 157v; Pit², c. 99r; FN⁵, c. 50r

Con gli occhi assai ne miro
ma sol una nel core
ne tieni, Amore, — per cui sempre sospiro.

Questo fo per iscudo
5   e per mè' ricoprire
i mortal' colpi che sentir mi fai.
E tu, sempre più crudo,
tien' freddo il suo disire
e fammi traditor: — né ciò fu' mai.
10   Dunque, signor, — che 'l sai,
scuoprile il mio dolore,
e dille: «E' muore — sanza colpa in martiro».

R Magister Franciscus Cecus FL³   Di F. de fior. FN⁵   **1** c(h)o(l)gli FL³ Pit²
FN⁵   **2** solo FL² Pit¹ FN⁴   sola VL   **3** tiene FL³ FN⁵   amor FL²   **4** per
scudo FN⁴   **5** ricoprir VCh²   **6** mortali (-i *espunta*) FL² Pit¹   mortali FN⁴
VL   mi fa FN⁵   **8** tiene fredol FL³   il tuo FR²   **10** adunq(ue) FN⁴   che sai
FR²   chessai Pit²   **11** scoprile FR² VCh² (β)   el mio FL³   dolor VCh²   iscuopri
el Pit²   **12** ei muor FR² (ei *inserito con segno di richiamo*)   martyre FR²

Edd.: Bongi 1858, p. 17; Ellinwood 1945, p. 56; Corsi 1969, p. 576; Tavani 1992,
p. 240.

Ballata mezzana mista di endecasillabi e settenari con ripresa xyX e una stanza con fronte
di due mutazioni abC abC e volta simile alla ripresa cyX. Rimalmezzo ai vv. 3 (y) e 12 (y).
Consonanza in X-y-b; la possibile rimalmezzo ai vv. 9-10 non è evidenziata graficamente
dai codici (cfr. *Criteri per la restituzione del verso*, pp. 81-82). Tavani 1992 propone lo
schema xyyx abC abC cyX: la partizione dei versi della ripresa è (seguo la lettura
interpretativa alle pp. 240-41) "Con gli occhi assai ne miro, | ma sol una nel core | ne tiene
amore, | per chu' sempre sospiro". Pagnotta 1994, 217:1.

Ritorna l'immagine della donna fredda e marmorea, così come il risentimento verso
Amore, responsabile dei tormenti. L'*iscudo* (v. 4) rappresenta uno schermo, non per
difendere la reputazione dell'amante (come nel tradizionale motivo della donna-scher-
mo), bensì per proteggersi dalla sua protervia. Si noti che il trecentista viene meno
alla regola di mantenere celato l'amore.

La ballata ha una tradizione più ricca di altre rime rinucciniane; musicata da Francesco Landini, compare infatti (anonima) anche in tre codici musicali.

La ripresa propone il tema, sviluppato e spiegato nella fronte; la volta rappresenta la soluzione: il rifiuto dello *scudo* e la rivelazione alla donna della propria devozione fedele.

1. *assai ne miro*: è il motivo della stima dell'amante per le altre donne oltre che per la propria, per l'influenza di questa: cfr. Cavalcanti II 9-10 «le donne che vi fanno compagnia | assai mi piaccion per lo vostro amore»; cfr. anche IV 3.

12. *martiro*: cfr. XVII 14.

XXIII

FL² (ms. base), c. 188r; Pit¹, c. 196v; FN⁴, c. 250v; VL, c. 518v

Contento assai sarei, dolce signore,
se io potessi con morte finire
la mia gravosa pena e 'l gran martire
che dentro chiude il tormentato core.

5   Ma perch'io veggio che sarebbe errore
se io facessi sì col mio morire
che veder non potessi più aprire
la luce, con che vinci ogni splendore,

vivo morendo, ed ognora ripenso
10   quanto soavi e dolci in me porgesti
da prima gli occhi, che or m'han fatto un sasso.

Né d'altro si lamenta il core offenso
se non che, come ferito il vedesti,
con lei ti gongiurasti: oïmè lasso!

9 ogni ora Pit¹ FN⁴ VL   **12** il cor FN⁴   **13** si no FN⁴   **14** ti congiurasti FN⁴ VL
lei congiurasti (ti *inserito*) Pit¹

Ed.: Bongi 1858, p. 17.

Sonetto: ABBA ABBA CDE CDE. Si aggiungono alla rima l'assonanza atona in A-B e quella interna al v. 14.

1. *signore*: è appellativo per indicare la donna, che, normale nella lirica delle origini (sul ricordo trobadorico), ancora «si disse comunissimamente nella lirica del Quattrocento rivolgendosi alla propria donna» (Spongano 1970, p. 11): cfr. Buonaccorso da Montemagno il giovane 4 3; 9 1; 14 1.

1-2. Cfr. RVF XXXVI 1-2 «S'io credesse per morte essere scarco | del pensiero amoroso che m'atterra». — *se io*: con dialefe.

5-8. La morte non è più vista come rifugio, perché essa sottrae la vista dell'amata. Così in XXXI 9-11. — Cfr., di nuovo, RVF XXXVI 5-6 «ma perch'io temo che sarebbe un varco | di pianto in pianto [...]».

8. Per *luce* come metafora per 'occhi', 'sguardo' valgano Dante, *Rime*, CII 35 «che m'esce poi per mezzo della luce»; Dino Frescobaldi, *Quest'è la giovanetta*, 12 «sol dov'è nobiltà gira sua luce».

9-11. Ossimoro *vivo morendo*: cfr. RVF CCLXX 43 «[...] e 'l mio vivere è morte».

11. Per l'effetto pietrificante della donna, cfr. XIV 35-6 e XXIV 5 (e il rovesciamento del *tópos* in I e V). Cfr. anche RVF CCCLXVI 111 «Medusa et l'error mio m'àn fatto un sasso».

13-4. Amore e la donna cospirano contro il poeta (una situazione diversa da quelle viste altrove, dove, anche se Amore è responsabile della sofferenza amorosa, costituisce un rifugio per l'amante, diventandone, talora, il confidente).

14. La sonorizzazione (*gongiurasti*), carattere della Toscana occidentale piuttosto che del fiorentino (cfr. Castellani 1952, p. 48), è mantenuta per rispetto del ms. base.

XXIV

FL² (ms. base), c. 188r; Pit¹, c. 196v; FN⁴, c. 251r; VL, c. 518v; FR², c. 122v; VCh², c. 85r

> Io non ardisco di riguardar fiso
> te, mirabil fenice,
> perché 'l cor dice: — «Rimarrai conquiso».
>
> De gli occhi tuoi escono i chiari rai
> 5   che altrui fan duro sasso,
> cambiandosi le membra tutte quante.
> Dell'antica Medusa le forze hai,
> oïmè tristo lasso,

1 de riguardare FN⁴   **4** escano FL²   **6** cangiandosi FR² VCh² (β)   **7** della (-a *espunta*) FL²   della VL   **8** tristo et lasso β (tosto VCh²)

ché già sento mancare il cor tremante.
10   Ah, che essemplo sarò nel mondo errante
di non mirar l'altezza
di tua bellezza — fatta in Paradiso!

9 manc(h)ar VL FR²   VCh²   core FN⁴   **10** *lacuna del v. 10 in* FR² *e* VCh² (β)

Edd.: Bongi 1858, p. 18; Corsi 1969, p. 577.

Ballata mezzana mista di endecasillabi e settenari con ripresa XyX, una stanza con fronte di due mutazioni AbC AbC e volta simile alla ripresa CdX, con rimalmezzo ai vv. 3 (y) e 12 (d). Pagnotta 1994, 205:1.

Dante, *Rime*, LXXXIX («Chi guarderà giammai senza paura | ne li occhi d'esta bella pargoletta | che m'hanno concio sì [...]»), di cui sono ripresi anche i vv. 7-8, offre un probabile spunto. La partizione della materia è simile a quella della ballata XXII, con l'espressione sintetica del tema nella ripresa, lo sviluppo di esso nella fronte, e nella volta la conclusione, che propone il poeta come *exemplum* degli effetti negativi della donna.
    1. Cfr. Boccaccio, *Rime*, LXXV 1 «Io non ardisco di levar più gli occhi».
    2. *fenice*: come in V 39, il rimatore usa l'immagine della fenice per evocare una generica figura (*mirabile*). Il senso richiederebbe piuttosto la presenza di Medusa, che compare, giustamente, al v. 7.
    5. Per il tema della trasfigurazione, cfr. V 74-5.
    7. *antica*: nel senso di ciò che esiste *ab antiquo*, come in Dante, *Inferno* II 102 «antica Rachele»; *Purgatorio* XIX 58 «antica strega»; XIV 146 «antico avversaro».
    10. *mondo errante*: cfr. Dante, *Paradiso* XX 67; RVF CCCL 11.
    10-2. Il poeta deve diventare esempio nel mondo, deve insegnare a non guardare la donna, perché la contemplazione di lei pietrifica. L'idea proviene da Dante, *Rime*, LXXXIX 7-8 «per dare essempio altrui ch'uom non si metta | in rischio di mirar la sua figura».

XXV

FL² (ms. base), c. 188v; Pit¹, c. 197r; FN⁴, c. 251r; VL, c. 519r; FL¹, c. 51v; FL⁶, c. 358r; FN¹, c. 90v; FR⁴, c. 1v; PrN, c. 24v

> In coppa d'or, zaffin', balasci e perle,
> cantar donna amorosa in verde prato,
> e con vittoria cavaliere armato,
> e fiammeggiare in ciel lucide stelle,
>
> 5   e fiera in selva con gaetta pelle;
> leggiadro drudo da sua donna amato,
> cantare in versi il suo benigno fato;
> amanti donnear vaghe donzelle.
>
> Tutto è nïente a veder questa dea,
> 10   che fa invidia al cielo onde è discesa
> e di bellezze avanza Citerea.
>
> Perché dunque sostien' cotale offesa,
> Amor, che fuor della tua corte stea
> chi s'arma contra te e fa difesa?

R del decto ser Nicolo [Tinucci] FL¹   sonetto di s(er) nicholo tinuccj FN¹   sonetto del p(re)detto [Nicccolò Tinucci] FR⁴   **1** coppia *corr. in* coppa FN⁴   doro (-o *espunta*) FL² Pit¹   doro VL FL⁶ FN¹ FR⁴ PrN   zaphini (-i *espunta e con una* r *sovrascritta alla* n) FL²   zaphini Pit¹ VL   zapfini FN⁴   **2** cantare FL⁶   donne amorose FL¹ FL⁶ FN¹ FR⁴ PrN (µ)   **3** cavalieri VL   **4** fiammeggiar VL FL⁶ FR⁴   il ciel FL¹ FL⁶ FN¹ FR⁴ PrN (µ)   lucid(e)istelle FL⁶ FN¹ FR⁴   **5** fiera (*om.* et) FL⁶ FN¹ FR⁴ PrN   enselua FN¹   g(h)aietta FL¹ FL⁶ FN¹ PrN   **6** suo donna FL¹ FL⁶ FN¹ PrN   **7** cantar PrN   el suo FN¹   stato FL¹ FL⁶ FN¹ FR⁴ PrN (µ)   **8** nominar FL¹   do(m)minar(e) FN¹ FL⁶ FR⁴ PrN   **9** tucte FL¹ FR⁴   tutte FN¹ PrN   amirar questa iddea FL¹ FL⁶ FN¹ FR⁴ PrN (µ)   **10** inuidie FR⁴   ciel VL FL¹ FR⁴   onde discese FL¹   **11** Citharea FL¹·   **12** perchadunq(ue) FL¹   adunq(ue) FL⁶ FN¹ FR⁴ PrN   sostieni FL² Pit¹ VL   sostiene PrN   cotante FL¹ FL⁶ FR⁴ PrN   chotanto FN¹   offese FL¹ FL⁶ FN¹ FR⁴ PrN (µ)   **13** tuo corte FL¹ FL⁶ FN¹ PrN   istea FL⁶ FN¹ PrN   **14** che(s)sarma FL¹ FL⁶ FN¹ FR⁴ PrN (µ)   contro atte FL¹

Edd.: Casotti 1718, p. 322; Bongi 1858, p. 18; Carducci 1907, col. 395; Sapegno 1952, p. 257; 1967, p. 153; Muscetta-Rivalta 1956, p. 561; Corsi 1969, p. 577.

Sonetto: ABBA ABBA CDC DCD: il primo verso è in assonanza con i vv. 4, 5, 8.

Le immagini scelte per il *plazer* sono quelle già topiche nella poesia trobadorica: i vv. 2-3 ricordano i vv. 8-10 di Bertran de Born, *Be ·m platz lo gais temps de pascor* (ma sulla cui attribuzione cfr. M. Loporcaro, «Studi Mediolatini e Volgari» 1988) «Et ai gran alegratge, I quan vei per campanha renjatz I chavaliers et chavals armatz». Flamini 1891, p. 468 notava che si riprendono in questo sonetto le rime (ma l'imitazione va oltre) di RVF CCCXII (*Né per sereno ciel ir vaghe stelle*). Non mancarono inoltre al rimatore altri esempi del genere: Lapo Gianni, *Amor, eo chero mia donna in domino*; Cavalcanti, *Biltà di donna e di saccente core*; Dante, *Guido, i' vorrei che tu e Lapo ed io* e *Sonar bracchetti e cacciatori aizzare*; Matteo Correggiaio, *Falcon volar sopra rivere a guazo* (in Corsi 1969, p. 151); inoltre, come notava Biadene 1888, p. 12, Giacomo da Lentini, *Diamante, né smiraldo, né zafino*. Un altro riscontro è indicato da Nannucci 1874, p. 269 in un sonetto di Francesco Ismera, *Galee armate vedere in conservo*. Si vedano inoltre alcune analogie, tra cui quella delle pietre preziose già riscontrata (cfr. son. II), nel *plazer* di Giovanni da Prato, *Gigli, rose, viole in vasel d'oro* (Lanza 1973, V).

Le situazioni piacevoli sono assunte a termine di paragone, risultando insignificanti di fronte alla contemplazione della donna. La proposizione dei temi tiene i quartetti; i terzetti hanno quasi il compito di ribaltarne il significato, traendo le conclusioni del confronto.

1. Il verso parrebbe una metafora del volto della donna, dove la *coppa d'oro* indica i capelli biondi; gli *zaffiri*, gli occhi (nel *tópos* della *descriptio personae* la pietra preziosa rimanda alla lucentezza piuttosto che al colore, cfr. Pozzi 1984, p. 402); i *balasci* e le *perle*, il rosso e il bianco dell'incarnato (cfr. II 11). Indubitabile l'influsso di RVF CCCXXV 16-7 «Muri eran d'alabastro, e 'l tetto d'oro, I d'avorio uscio, et fenestre di zaffiro»; si veda anche Boccaccio, *Rime*, IX 1-2 «Candide perle, orientali e nuove, sotto vivi rubin chiari e vermigli» e XCVII 5 «e qual candida perla in anel d'oro». — *zaffin'*: *zaffino* è forma alternativa a *zaffiro*. — *balasci*: cfr II 11. — Per il motivo delle pietre preziose, cfr. Giovanni da Prato V 8 «perle, zaffir, balasci e più tesoro».

2. Cfr. RVF CCCXII 7-8 «né tra chiare fontane e verdi prati I dolce cantare honeste donne et belle».

3. Cfr. RVF CCCXII 3 «né per campagne cavalieri armati».

4. Cfr. RVF CCXII 1 «né per sereno ciel ir vaghe stelle». — *lucide*: 'lucenti'.

5. *gaetta*: (cfr. prov. *gaiet*) 'screziata', cfr. Dante, *Inferno* I 42 «di quella fiera a la gaetta pelle».

6. *leggiadro*: 'lieto', cfr. III 2. — *drudo*: l''amante' trobadorico: cfr. anche Dante, *Paradiso* XII 55.

8. *donnear* (è il prov. *domneiar* 'corteggiare', cfr. Dante, *Rime*, LXXXIII 52; Cino da Pistoia XLVII 2) ed è «provenzalismo comunissimo nei nostri lirici antichi» (cfr. Sapegno 1952, p. 257): si noti l'*adnominatio donnear-donzelle*. *Donzella* (prov. *donsela*) è la donna di giovane età, non maritata; per l'accostàmento con *donna*, cfr. Dante, *Vita Nuova*, XIX, *Donne ch'avete*, 13 «donne e donzelle amorose»; Cino da Pistoia, *Gentili donne e donzelle amorose*. — Cfr. Giovanni da Prato V 7 «amanti con donzelle sospirare».

9. *a*: 'in paragone a' (per la solita donna-dea, cfr. I 9 ecc.).

10. Dialefe *fa-invidia*. — *invidia*: cfr. RVF CLVI 5-6 «et vidi lagrimar que' duo bei lumi I ch'àn fatto mille volte invidia al sole»; Matteo Frescobaldi, *Una fera gentil*, 5 «faceva

invidia al sol». — *al cielo onde è discesa*: cfr. I 10.

    13. *corte*: l'immagine, ereditata dalla letteratura cortese e accolta dallo Stil nuovo (cfr. Lapo Gianni, *Donna, se 'l prego*, 85-7 «Qui riconosca Amor vostra valenza [...] e non vi lasci entrar nella sua corte») è a ragione posta in chiusura del sonetto forse più 'cortese' di Rinuccini. — *stea*: 'stia' (Rohlfs § 556).

    14. Dialefe fra *te* ed *e*, con pausa di senso.

XXVI

FL² (ms. base), c. 188v; Pit¹, c. 197r; FN⁴, c. 251v; VL, c. 519r

> O vezzoso, leggiadro e bianco nastro
> che avvolgi i capei d'or sanza alcun'arte;
> o gigli, o rose in quella fronte sparte
> più lucente e polita che alabastro;
>
> 5   o occhi splendïenti più che astro
> ove 'l bianco dal ner sì ben si parte;
> o viso, cui Natura sì comparte
> che aggiugner non vi può arte né mastro.
>
> Certo che Parìs mai la bella Elèna
> 10   e Troiolo Criseida in vesta bruna,
> né Achille la nobil Pulisena
>
> né Giove Damne amata avrebbe, o alcuna:
> perché veduto avrien leggiadria piena,
> gentilezza e biltà tutte in quest'una.

2 doro FL² Pit¹ FN⁴ VL   alcuna arte (-a *espunta*) Pit¹   alcuna arte FL² FN⁴ VL   **5** splendenti VL   **6** dal nero (-o *espunta*) FL² Pit¹   dal nero FN⁴ VL   **10** Troylo FN⁴ VL   amato Pit¹ FN⁴ VL   hurebbe VL   **14** belta FN⁴   questa una FL²

Edd.: Bongi 1858, p. 19; Carducci 1907, col. 395; Sapegno 1952, p. 258; 1967, p. 154; Corsi 1969, p. 578.

Sonetto: ABBA ABBA CDC DCD

1-3. Cfr. I 7-8.

4. *alabastro*: termine caro a Petrarca come metafora del candore del corpo di Laura: RVF CCCXXV 16-7 «muri eran d'alabastro, e 'l tetto d'oro, | d'avorio uscio, et fenestre di zaffiro». — *polita*: cfr. V 37.

5. Per rendere la misura del verso, sono necessarie due dialefi (*o-occhi* e *che-astro*), e una dieresi (*splendïenti*).

7. 'che la natura distribuisce così equamente'.

8. «*arte né mastro* formano un'endiadi; mastro, o maestro, era chiamato chiunque esercitasse con perizia un'arte» (Corsi 1969, p. 578); rimanda all'immagine dell'opera d'arte già in V 33-4.

9. *Elèna*: con diastole, cfr. V 57 e XXIX 14.

10. Troiolo, innamorato di Criseida (*in vesta bruna* perché vedova), che lo abbandonò per Diomede. Cfr. Boccaccio, *Filostrato*, I 19, 2 «Criseida, quale era in bruna vesta»; I 26, 6-7 «colà dov'era Criseida piacente | sotto candido velo in bruna vesta» (la ripetizione di quest'ultimo verso in Lorenzo Moschi, *Che poss'i' far s'Amor m'enduce e vole* (Corsi 1969, p. 445) 11 «sotto candido velo en bruna vesta» e la ripresa anche in Giovanni da Prato *È più bella di Diana giuso in terra* (Lanza 1973, XXI), 3 «con bruna vesta e con candido velo», mostra la diffusione (e la stereotipizzazione) dell'immagine.

12. *Damne*: nell'ediz. Bongi 1858, *Dafne*: nel mito di Dafne, però, Giove non compare nella veste di amante, ma di aiutante (trasformando in alloro la ninfa amata da Apollo). Più corretta la lettura di Sapegno 1952 e 1967 (seguìto da Corsi 1969) che riconosce in *Damne* (attestato dalla totalità dei testimoni) *Danae*, «figlia di Acrisio, amata da Giove, che per lei si trasformò in una pioggia d'oro»: il mito si trova anche in Fazio degli Uberti, *Dittamondo*, V v 22-4.

XXVII-XXVII*bis*

Di Cino Rinuccini ci è giunta una sestina interessante per due ragioni: l'irregolarità metrica e la sua presenza nella tradizione in una doppia redazione. L'irregolarità riguarda la *retrogradatio cruciata*: relativamente alla loro disposizione nel primo verso della stanza, le singole parole-rima sono nella loro giusta collocazione, eccetto C, che non si trova mai all'inizio della stanza: di conseguenza, A, che compare, oltre che nel v. 1, nel 25, primo della quinta, non è in questo caso nella giusta posizione. Il congedo [(b) C (e) (d) F A in Ar e (b) C (d) (e) F A in FN²] riprende le sei parole-rima, ma non al modo di Arnaut, Dante e Petrarca: esse non vi compaiono infatti distribuite due per verso, ma due nel primo, tre nel secondo, una nel terzo. L'irregolarità dello schema non pare spiegabile con una corruzione avvenuta nella tradizione, poiché la successione dei termini in rima sembra garantita dallo svolgimento narrativo della canzone; si noti, tra l'altro, il rispetto delle *coblas capcaudadas*, che sembra mascherare l'altra asimmetria. L'incostanza tecnica del rimatore (cfr. V e XIV), unita alla presenza di un altro caso di di irregolarità in un rimatore molto vicino a Rinuccini, Antonio degli Alberti, induce a considerare il fatto come originario.

La sestina è tramandata in due redazioni: dalla Raccolta Aragonese, e da FN². Flamini 1890a afferma che questo codice conserva la redazione originale della sestina, mentre la versione di Ar sarebbe il frutto di un rimaneggiamento da parte di Lorenzo il Magnifico (cfr. *supra*, pp. 66-67). Nel v. 21 (in FN² *che storie aveva assai trapunte in oro*, in Ar *dove una ruota avea trapunta in oro*) è evidente, per Flamini, la mano di Lorenzo: «che mai simboleggia questa donna? [...] La fortuna, probabilmente» (p. 458). Il fatto, però, che tutta la sestina sia incentrata sul motivo del valore effimero dei beni mondani contrapposto all'eternità di Dio, tanto in una redazione quanto nell'altra, porta a non pensare necessariamente al Magnifico per un intervento di questo tipo; il tema della caducità dei beni terreni non nasce, del resto, con lui: per fare un solo esempio, basta guardare a RVF CCCL (*Questo nostro caduco et fragil bene, | ch'è vento e fronda, et à nome beltate* [...]). Se Lorenzo il Magnifico (o il Poliziano, o chi altri mise mano alla raccolta), fosse intervenuto in modo decisivo su questo testo, avrebbe dovuto agire forse su altre rime che nulla hanno della grazia che questa sestina ha, anche nella versione di FN² (e, semmai, ci si può chiedere perché non abbia tentato di regolarizzare la *retrogradatio*). L'ipotesi di una doppia redazione avanzata da Barbi 1915, p. 322 pare meno improbabile in un rimatore in continuo esercizio quale risulta essere Rinuccini.

La sestina dichiara la vanità dei beni terreni, la fallacia dell'amore umano, che è ridotto a semplice sogno, secondo «un'etica cristiana il cui riaffiorare contrappositivo denuncia lo svuotamento dell'ideologia stilnovista» (Frasca 1992, p. 320).

XXVII

FL² (ms. base), c. 189r; Pit¹, c. 197r; FN⁴, c. 252r; VL, c. 519v; FR², c. 122v; VCh², c. 85r

> Quando nel primo grado il chiaro sole
> entra dell'Arïete, sì che i fiori
> vestono i colli e gli arbuscei le fronde,
> in verde prato gir vestita a bianco
> 5   vidi una donna con cerchio di perle
> composto con grande arte in lucente oro.

4 gire (-e *espunta*) FL²   **6** grand arte FR²

I suoi biondi capelli un nodo d'oro
rilegava sì ben, che invidia al sole
facea, mischiando i bianchi e ' rossi fiori,
10   annodandogli tutti in verdi fronde,
per avvolgerli insieme con le perle
ed adornarsi sotto il manto bianco.

Fiso guardando tra 'l bel nero e bianco
negli occhi, che parien ciascuno un sole,
15   abbagliai sì ch'io caddi, come i fiori
con lor succisi gambi, o come fronde
quando è spezzato il ramo: né più l'oro
riconosceva, né color di perle.

Allor trasse la man bianca di perle
20   di sotto al prezïoso vestir bianco,
dove una ruota avea trapunta in oro,
e chinò la man bianca giù tra' fiori,
ricoprendomi tutto con le fronde.
Così dormi' infino all'altro sole.

25   Ma poi ch'io mi svegliai, non vidi il sole,
ch'era sparito, e la fronte di perle,
col suo serico adorno vestir bianco,
di vari nodi tutto ornato ad oro;
e secche s'eran già le verdi fronde
30   e spenti tutti e ' bianchi e ' rossi fiori.

Allor gridai: «O ben' mondani, o fiori
caduchi e lievi, o fuggitive perle;
ed o fragil e debil vestir bianco;

7 in nodo FR²   **8** religaua VL   **10** uerde FR²   annodandoli VL   **13** nero el bianco Pit¹ FN⁴ VL   nero bianco FR² VCh² (β)   **15** abbaglian FR² VCh² (β)   **18** riconoscea FR² VCh² (β)   **19** la mano (-o *espunta*) FL²   **24** insino FN⁴ FR² VCh²   **27** con suo FR²   **29** secchi FR²   frondi FR²   .**30** i bianchi et rossi FN⁴ VL   et rossi et bianchi FR²   e rossi e bianchi VCh²   **31** beni (-i *espunta*) FL²   **33** fragile (-e *espunta*) Pit¹   fragile FN⁴ VL FR² VCh²

ed o vani pensier' nel fallace oro:
35   voi non durate a pena un brieve sole,
rivolgendovi come al vento fronde.

Sì che la fe' ch'a voi, o fiori, o fronde,
avea, abbandono, e perle e bianco ed oro:
e a te mi raccomando, eterno sole».

34 et fa vani VCh²   pensieri (-i *espunta*) FL²   pensieri Pit¹ FN⁴ VL FR²   **37** laj *biff. prima di* la FR²   nota *nel marg. destro* FR²   **38** nota *nel marg. destro* VCh² **39** maccomando Pit¹ FN⁴ VL   mi accomando FR² VCh² (β)

Edd.: Bongi 1858, p. 19; Corsi 1969, p. 579.

Sestina con *retrogradatio cruciata* irregolare: ABCDEF, FABCED, DABCFE, EDFBCA, AEDFCB, BEDFAC. «Ben tre sono le parole-rima che il Rinuccini adotta da [sestine di] Petrarca (*sole* dalla XXII, *fiori* dalla CCXXXIX e *fronde* dalla CXLII)» (Frasca 1992, p. 319).

XXVII*bis*

FN², c. 32v

Quando nel primo grado il chiaro sole
entra dell'Arïete, sì che i fiori
vestono i colli e gli albuscei le fronde,
in verde prato gir vestita a bianco
5   vidi una donna con cerchio di perle
composto con grande arte in lucente oro.

Ben rilucea tal donna più che l'oro
e sua bellezza facea invidia al sole
rimischiando i vermigli e ' bianchi fiori
10   annodandogli tutti a verdi fronde
per rilegargli insieme con le perle
ed adornarsi sotto il manto bianco.

2 enta *con* -r- *in interl.*

Fiso guardando allor tra 'l nero e 'l bianco
negli occhi, che paria ciascuno un sole,
15   abbagliai e caddi, come fanno i fiori
scossi da' rami, e sì come le fronde
tolte dal vento allora, sì che l'oro
non conosceva, né color di perle.

Allor trasse la man bianca di perle
20   di sotto il prezïoso vestir bianco,
che storie aveva assai trapunte in oro,
e chinò la mia fronte giù tra' fiori,
ricoprendomi poi con verdi fronde.
Così dormi' infino all'altro sole.

25   Ma poi ch'i' mi svegliai, non vidi il sole,
ch'era sparito, e la fronte di perle
col suo serico adorno vestir bianco
di vari casi tutto ornato a oro;
e secche s'eran già le verdi fronde
30   e marci fatti i bianchi e ' rossi fiori.

Allor gridai: «O ben' mondani, o fiori,
caduchi e lievi, o fuggitive perle;
ed o fragile e debil vestir bianco;
ed o vani pensier' nel fallace oro:
35   voi non durate appena un brieve sole,
rivolgendovi al vento come fronde.

Il perché, fior de' fiori, etterna fronde,
poiché trapassa bianco, perle ed oro,
riposami in eterno, eterno sole».

---

19 mano   **20** uestire   **29** serano   **31** beni   **34** pensieri   **37** fiore
de fiori

Edd.: Flamini 1890a, pp. 457-458 (riporta le varianti rispetto ad Ar); Carducci 1907, col. 166; Volpi 1907, p. 185; Sapegno 1952, p. 252; 1967, p. 144 (Corsi 1969 riporta in apparato le varianti rispetto ad Ar).

1-2. 'Quando il sole entra nella costellazione dell'Ariete, in primavera'. È la topica descrizione stagionale dell'esordio. Cfr. l'apertura di una canzone di Fazio degli Uberti 1, 1-3 «Nel tempo che s'infiora e cuopre d'erba | la terra, sì che mostra tutta verde | vidi una donna andar per una landa».

2. L'Ariete è la costellazione dello Zodiaco (fra il Toro e i Pesci), in cui entra il sole nell'equinozio di primavera. Cfr. Dante, *Convivio*, III V 8-9.

2-3. *i fiori | vestono i colli e gli arbuscei le fronde*: chiasmo.

4. *a bianco*: (*a* modale) 'di bianco'. Cfr. Dante, *Rime*, CI (la sestina *Al poco giorno*), 25 «Io l'ho veduta già vestita a verde».

5. *con cerchio di perle*: per il motivo ricorrente delle pietre preziose, cfr. I 7; VIII 6; XXV 1.

6. *lucente oro*: metafora dei capelli, che sembrano un monile d'oro, incastonato di perle.

8. *invidia al sole*: cfr. RVF CLVI 5-6 «e vidi lagrimar que' duo bei lumi | ch'àn fatto mille volte invidia al sole»; Cino da Pistoia XLVI 31-3 «Tant'è la sua vertute e la valenza, | ched ella fa meravigliar lo sole»; ripete, inoltre, XXV 10 «che fa invidia al cielo ond'è discesa». Cfr. anche XL 8.

13. Cfr. RVF XXIX 23 «nel bel nero et nel biancho» (negli occhi di Laura).

19. *la man bianca di perle*: RVF CXCIX 5 «di cinque perle orïental' colore».

24. Corsi legge *dormii* (ma tutti i codici recano *dormi*), il che costringe Menichetti 1993, p. 255 a riflettere sull'incontro vocalico -*ii* — *in*, dove solo «per vezzo iperfilologico» si potrebbe stabilire se si abbia *dormii* dieretico o dialefe.

25. *il sole*: la donna, secondo un modello diffuso (cfr. Cino da Pistoia d. CLXXII 1 «Non veggio 'l chiaro sole»; RVF CXCIV 8 «cerco il mio sole et spero vederlo oggi»; CCXLVIII 2-3 «venga a mirar costei, | ch'è sola un sol [...]». La donna-sole è anche in III 4; VII 1.

27. *serico*: cfr. RVF CCI 2 «aurato et serico trapunto».

30. *e spenti* (Ar) / *e marci* (FN²): Flamini 1890a, p. 458 dice che Ar «non dubita di sacrificare al decoro e alla nobiltà della forma la proprietà stessa delle parole». Sarebbe piuttosto da segnalare la sinestesia *spenti...fiori*.

34. *ed o vani pensier' nel fallace oro*: secondo Sapegno 1952 e 1967, «figurazioni, fantasie trapunte in oro dall'ingannevole fulgore»; ma il senso, più pianamente, pare essere: 'vani pensieri che si sviluppano nel guardare questo oro che è fallace', perché è la giovinezza, la bellezza della donna, che dura appena un giorno.

37. *il perché* (FN²): cfr. II 3.

37-9. «Il senso ultimo dell'intera sestina [...] riposa nel congedo in cui s'aggiunge come un'ulteriore parola-rima (*eterna/o*) [...]. Il raddoppio di *eterno* all'ultimo verso determina l'esclusione di una parola-rima, recuperata nel verso precedente» (Frasca 1992, p. 320, che segue la redazione di FN² traendola presumibilmente da Sapegno 1952). FN² sfrutta inoltre tre volte l'ambivalenza dei termini *sole, fiore*, e *fronda*, usati nella chiusa per indicare Dio. Diversa la soluzione di Ar, che rinuncia all'iterazione di *eterno* e che, utilizzando tale ambiguità di senso solo per la parola *sole*, ottiene uno scarto semantico e dà maggiore evidenza all'*eterno sole*, isolato alla fine, in quanto ultimo (e unico) conforto.

XXVIIa

FN², c. 33r

RISPOSTA A CINO

Io veggio ben sì come il gran disio
del gustar d'Elicona, che tu aspetti,
ti tira dietro agli amorosi detti
assai con chiaro suon, leggiadro e pio.

5   *Ma perché non risurge mai del mio*
amaro fonte dolce ruscelletti,
mi sono i vaghi versi al cuor disdetti,
veggendomi d'Amor messo in oblio.

Morte m'ha disvïato dal piacere
10   *del vago dir dove a' morti conduce*
perché gli occhi il mio sol non pòn vedere.

Dunque quando in te nascer senti fiore,
che dall'amate Muse si produce,
spandi in più degni orecchi il suo licore.

1 bene   **4** suono   **7** distetti   **11** sole

Ed.: Flamini 1890a, p. 456.

Sonetto: ABBA ABBA CDC EDE

In FN², la sestina XXVII è seguita da un sonetto, con la didascalia *risposta a Cino*, «scritta della medesima mano, del sec. XIV*ex*., che ha vergato tutto il frammento» (cfr. Flamini 1890a, p. 456, nota 4). È difficile riconoscere un legame diretto tra i due componimenti, se si guarda al contenuto. Si può ipotizzare che il rimatore abbia inviato la sua sestina a qualche personaggio di fama letteraria, per averne un giudizio (che si tratti di un poeta si può pensare per il secondo quartetto e per il v. 13 *amate Muse*; si veda, inoltre, il sonetto XXXIX, dove pare che esplicitamente Rinuccini si rivolga ad un letterato). Ne riceve un apprezzamento positivo, come si vede dal v. 4. Ma il destinatario lamenta anche l'affievolirsi della propria ispirazione e consiglia al discepolo di rivolgersi a *più degni orecchi* (v. 14).

    2. *Elicona*: il tema compare anche in Rinuccini: cfr. XXXIX 7.

3. *tira*: 'trae'.

5. Flamini legge *mai risurgierà del mio*, ma non fornisce alcuna spiegazione per la congettura.

6. *fonte*: è metafora dell'ispirazione poetica dalla quale discendono i versi (*dolce ruscelletti*).

7. *disdetti*: 'negati, proibiti'.

14. *licore*: altra metafora dell'ispirazione poetica (il *licor castalio* è l'acqua che esce dalla fonte in cui fu trasmutata Castalia, amata da Apollo).

XXVIII

FL² (ms. base), c. 189v; Pit¹, c. 198r; FN⁴, c. 252v; VL, c. 520v

> Se già mai penso alla mia vita affisso,
> quant'ella è frale e come Morte strugge
> ciò che è nel mondo, e come il tempo fugge,
> spesso contra di me m'adiro e risso.
>
> 5   E dico: «Fa' che 'l tuo cor sia discisso
> da' ben' mondan', coi qua' l'anima adugge».
> Né irato leon per febbre rugge
> quant'io, me riprendendo in questo abisso.
>
> Ed ogni dì muto nuovo consiglio
> 10   pensando ed ordinando la mia vita:
> così deliberando a morte corro.
>
> E sempre avvien che pure il piggior piglio
> onde l'anima trista, sbigottita
> «Merzé, Gesù», ti grida in questo borro.

6 beni (-i *espunta*) FL² Pit¹   beni FN⁴ VL   mondani (-i *espunta*) FL² Pit¹   mondani FN⁴ VL   **8** quanto Pit¹ FN⁴   **12** il peggior FN⁴

Edd.: Bongi 1858, p. 21; Sapegno 1952, p. 259; 1967, p. 154; Corsi 1969, p. 581.

Sonetto: ABBA ABBA CDE CDE

Un caso di 'esercitazione' sulle rime petrose: della canzone dantesca *Così nel mio parlar voglio esser aspro*, Rinuccini ripete qui la rima in *-orro* con le medesime parole (*corro:borro*). Nonostante l'asprezza delle rime, si deve riconoscere, almeno nel primo terzetto, una certa melodiosità, ottenuta con i tre gerundi. Si noti inoltre un altro preziosismo retorico: *abisso* chiude i quartetti, concludendo il rimprovero del poeta a se stesso; *borro* chiude i terzetti, con la preghiera che eleva il pensiero precedente dal piano etico a quello religioso.

1. Il verso è indicato da Balduino 1984b, pp. 203-4n. come "un caso di fonte ambigua (o incrociata) [...] da confrontare con *Vita Nuova* XXIII *Donna pietosa*, 29 («mentr'io *pensava la mia* frale *vita*») e con Cino XC 49 («Quando io *penso a mia* leggera *vita*»)".

2. Cfr. XLIII 1.

3. Cfr. RVF LVI 3 «ora mentre ch'io parlo il tempo fugge»;

5. *discisso*: 'separato, distaccato'.

6. *adugge*: cfr. RVF LVI (cfr. anche v. 3) 5 «Qual ombra è sì crudel che 'l seme adugge» (Contini: «fa seccare») e CCLXIV 74 «quanti press'a lui nascon par ch'adugge» (Contini: «soffochi») Cfr. Castellani 1955: «Mi sembra probabile che questo verbo *aduggere*, d'uso esclusivamente poetico e non anteriore al Cinquecento, sia dovuto ad un'interpretazione errata del primo dei due passi del Petrarca. In quel contesto, effettivamente è facile prendere *adugge* per una 3ª pers. dell'indicativo (prova ne sia che gli Accademici della Crusca citan l'esempio sotto *aduggere* e non sotto *aduggiare*)». In tal caso, quello di Rinuccini rappresentrebbe un interessante caso di retrodatazione. Ma potrebbe trattarsi anche di una seconda persona singolare (quindi da *aduggiare*), cfr. Rohlfs § 528, inoltre il son. XLII 8 e la ballata XLIX 8.

7. Cfr. RVF CCII 6-7 «come irato ciel tona o leon rugge | va perseguendo mia vita che fugge» (che quindi richiama ancora il v. 3).

8. *riprendendo*: 'biasimando'.

9-14. Rielaborazione autonoma e personale di RVF CCLXIV 134-6 «ché co la morte a lato | cerco del viver mio novo consiglio, | et veggio il meglio, et al peggior m'appiglio» e LXXIII 44 «a morte disiando corro». — *muto nuovo consiglio*: cfr. Dante, *Purgatorio* I 47.

12. *il piggior*: comparativo maschile con valore di superlativo neutro (cfr. Rohlfs § 400), come in RVF CCLXIV 136.

13. «Il lemma [*sbigottito*] è particolarmente caro al Cavalcanti [...] rivela infatti una sua costante psicologica, tra stupefazione, meraviglia e smarrimento». (Cfr. Marti 1969, p. 139).

14. *merzé...*: cfr. Onesto da Bologna, i, 39 «dovria ciascun gridar 'merzé, merzede'»; per l'insistita iterazione di *mercé*, si veda, inoltre, Matteo Frescobaldi, *Giovinetta, tu ssai*, 29-36. — *borro* 'baratro' (cfr. v. 8): Dante, *Rime*, CIII 59-60 «Omè, perché non latra | per me, com'io per lei, nel caldo borro?».

XXIX

FL² (ms. base), c. 190r; Pit¹, c. 198r; FN⁴, c. 253r; VL, c. 520v

Non fur già vinte mai arme latine
né la greca scïenzia fu avanzata
né nulla fu sì di bellezze ornata
che vincesse le donne fiorentine.

5　　Ben fu formata da virtù divine
questa, che per idea dell'altre è data
ed ha in sé virtù, che, chi le guata,
fanno gentil', leggiadre e pellegrine.

O gioghi parnasei, o sante Muse,
10　　o Minerva, o Apollo, o gran' poeti,
perché non sète in polpa, in ossa e 'n vena?

Voi non aresti mai rime diffuse,
né mai dettati versi tristi o lieti:
sol canteresti la latina Elèna.

1 non fugir (*biffatura su* gi) VL　　**3** di belleza FN⁴　　**8** gentili (-i *espunta*) Pit¹　　gentili FL² FN⁴ VL　　**11** in polpe Pit¹ FN⁴ VL

Ed.: Bongi 1858, p. 21.

Sonetto: ABBA ABBA CDE CDE

L'ultimo verso del sonetto suscitò l'attenzione di vari commentatori: Bongi 1858, p. VIII, disse che la donna amata da Rinuccini «ebbe [...] nome Elena, ma a qual famiglia appartenesse non ci è neppur dato congetturare»; Wesselofsky 1867, I, II, pp. 50-51, ipotizzò che si trattasse della «nobilissima Elena [...], la quale Alberto degli Albizzi innamoratissimo cantò nelle sue poesie, iscrivendone una ad Antonio degli Alberti, una a Giovanni da Prato, sempre lamentandosi della sua infelice passione; e due infine a Coluccio Salutati, che, a richiesta dell'amante, a madonna Elena aveva indirizzato un sonetto, pregandola di essere più mite [...]» (Tali sonetti si trovano nel medesimo vol., alle pp. 317-320). Ma forse si può pensare, seguendo Flamini 1890a, p. 455, alla *latina Elèna* come donna in quanto «archetipo di bellezza» come fu la greca Elena.

　　2. *avanzata*: 'superata' (cfr. XXV 11).
　　4. È la topica bellezza delle donne fiorentine. Cfr. Dante, *Vita Nuova*, VI.

6. *idea*: cfr. XLIV 2.

7-8. *fanno gentil'* è riferito a *chi le guata*; *leggiadre e pellegrine* alle *virtù*. Il motivo è quello, topico, dell'azione nobilitante della donna: Guinizzelli X 9-14 «Passa per via adorna, e sì gentile I [...] I null'om pò mal pensar fin che la vede»; Dante, *Vita Nuova*, XXI, *Ne li occhi porta*, 2 «per che si fa gentil ciò ch'ella mira»; XXVI, *Vede perfettamente*, 9 «La vista sua fa onne cosa umìle». — *pellegrine*: 'di rara perfezione', cfr. RVF CCXX 6 «dolci parole, honeste et pellegrine».

9. *gioghi parnasei*: cfr. Dante, *Paradiso* I 16-7 «Infino a qui l'un giogo di Parnaso assai mi fu, I ma or con amendue [...]». — *sante Muse*: come in Dante, *Purgatorio* I 8.

11. *perché non sète in polpa, in ossa e 'n vena* cfr. VII 12 (con un analogo 'rimprovero', là ai *divin' poeti*, qui alle divinità che presiedono all'arte poetica); XXI 6 (per l'accostamento di *polpa, osso, vena*). Per 'essere in polpa, di polpa', che vale 'essere vivo', cfr. *Inferno* XXVII 73 «mentre ch'io forma fui d'ossa e di polpe»).

14. *latina*: 'italiana'. — *Elèna* con diastole, come in XXVI 9.

XXX

FL² (ms. base), c. 190r; Pit¹, c. 198v; FN⁴, c. 253r; VL, c. 521r; FR², c. 123v; VCh², c. 86r

      Un falcon pellegrin dal ciel discese
      con largo petto e con sì bianca piuma,
      che chi ˙l guarda innamora, e me consuma.

      Mirando io gli occhi neri e sfavillanti,
5   la vaga penna e 'l suo alto volare,
      mi disposi lui sempre seguitare.

      Sì dolcemente, straccando, mi mena,
      che altro non cheggio, se nnon forza e lena.

1 pellegrino (-o *espunta*) FL² Pit¹   pellegrino FN⁴ VL   cielo (-o *espunta*) FL² Pit¹   cielo FN⁴ VL   **4** mirando a gli FN⁴

Edd.: Bongi 1858, p. 22; Levi 1905, p. 281; Sapegno 1952, p. 254 e 1967, p. 160; Muscetta-Rivalta 1956, p. 559; Corsi 1969, p. 582.

Madrigale: ABB CDD EE

Il motivo dell'animale come simbolo della donna è diffuso nella letteratura antico-francese, nella letteratura spagnola delle origini, nel Dolce stil nuovo; Flamini 1891, p.

438 ricorda un sonetto di Mariotto Davanzati, *Dal ciel discese un falcon pellegrino*, «dove il poeta potrebbe aver avuto in mente un madrigaletto di Cino Rinuccini». Il motivo è diffuso presso i rimatori del tempo di Rinuccini, il cui madrigale non rappresenta che uno dei tanti esempi del genere: Matteo Frescobaldi, *Una fera gentil più ch'altra fera*; Francesco di Vannozzo, *Leone isnello con le crine sparte,* | aquila magna, falcon pelegrino; Simone Serdini, *Se mai con alto e prezioso stile*, 19-20 «e gli occhi che falcon mai pellegrino | non mostrò tal [...]»; Niccolò Soldanieri, *Come da lupo pecorella presa* (Corsi 1969, p. 741); *Un bel girfalco scese a le mie grida* (Corsi 1969, p. 745). Il tema in Petrarca (RVF CXC 1-7) rivela compiutamente, come altrove, il possibile modello: «Una candida cerva sopra l'erba | verde m'apparve, con duo corna d'oro, | fra due riviere, all'ombra d'un alloro | [...] | Era sua vista sì dolce superba | ch'i' lasciai per seguirla ogni lavoro».

1. *pellegrin*: ancora secondo Sapegno 1952, p. 254, «viaggiatore. Nell'allegoria amorosa sta a significare, forse, l'origine forestiera della donna adombrata nell'immagine del falco»; ma è noto che il «falcone pellegrino» è, nei trattati medievali di arte venatoria e di ornitologia, menzionato come una della specie più pregiate di falconi. Cfr. Chimenz 1956, pp. 180-185; si veda anche Lazzerini 1993 per il tema dell'amante-uccello.

3. *consuma*: cfr. RVF CLXXXV 4 «ch'ogni cor addolcisce, e 'l mio consuma»; Niccolò Soldanieri, *Amor, di questa candida colomba* (Corsi 1969, p. 747) 3 «mi sprona sì 'l disio, che mi consuma».

6. *seguitare*: 'seguire'; cfr. Matteo Frescobaldi, *Una fera gentil*, 9-10 «Poi per vago sentier seguii la traccia; | misi i bracchetti e gittai rete al varco».

7. *straccando*: 'stancandomi'.

8. *forza e lena*: dittologia sinonimica, come già rileva Corsi.

XXXI

FL² (ms. base), c. 190r; Pit¹, c. 198v; FN⁴, c. 253v; VL, c. 521r; FR², c. 124r; VCh², c. 86r

> Li dolci versi ch'io soleva, Amore,
> teco dettar, per isfogar me stesso,
> lasciar convienmi, poiché sì da presso
> sento l'ire e gli sdegni: o gran dolore!
>
> 5   Ché non ancidi il tormentato core,
> sì ch'io mora in un punto, e non sì spesso?
> Già so io ben ch'io non ho error commesso,
> e pur veggio turbato il suo splendore.

3 p(er)che VCh²   **5** che non auedi FR² VCh² (β)

> Né in vita altro mi tien, se non, s'io moro,
> 10   più non vedrò chi mi conduce a morte,
> la quale è mio scampo: o dura vita!,
>
> perché consumi me, che sempre ploro,
> ch'ebbi il ciel sì maligno e sì ria sorte?
> Ché mia pena non fai, Morte, finita?

9 si moro FR² VCh² (β)   **12** ploro *anche nel marg. destro* FR² VCh² (β)
13 che ebbi FR²   chi ebbi VCh²

Edd.: Bongi 1858, p. 22; Corsi 1969, p. 582.

Sonetto: ABBA ABBA CDE CDE. Si sommano alla rima le assonanze in A-C e in A-D. La rima D è ottenuta con epentesi di *-t-* rispetto alla rima A, con il conseguente accostamento (peraltro topico) di *Amore* e *morte*.

Lo spunto è, fin dall'*incipit*, la canzone terza del *Convivio*, *Le dolci rime d'amor ch'io solia*: l'originalità è ricercata nella scelta del metro (il sonetto invece della canzone) e nell'elaborazione della materia poetica, anche se la centonizzazione è evidente (lo spunto è Dante, ma nel sonetto si nota la ripresa di un motivo di Cino da Pistoia e anche la riproposizione di temi propri).
    2. *dettar*: 'comporre', cfr. LII 1. — *Per isfogar*: cfr. Dante, *Vita Nuova*, *Donne ch'avete*, v. 4 (in medesima posizione nel verso).
    3. *lasciar convienmi*: cfr. Dante, *Convivio*, III 3 «convien ch'io lasci».
    4. *sento l'ire e gli sdegni*: cfr. *Convivio*, III 5 «ma perché li atti disdegnosi e feri [...]»; RVF CCV *Dolci ire, dolci sdegni et dolci paci*.
    5-6. È il tema della canzone XIV.
    6. *in un punto*: cfr. XXXVII 8.
    9. *se non*: con ellissi di che: il tema si ritrova in Cino da Pistoia CV 8 «ma or, s'i' moro, perderò 'l bel viso»; Boccaccio, *Rime*, LXXVI 5-6 «e morir non vorre'; ché, trapassato, | più non vedre' il bel viso amoroso».

XXXII

FL² (ms. base), c. 190v; Pit¹, c. 198v; FN⁴, c. 253v; VL, c. 521v

> Quando il rosato carro ascende al cielo
> vidi una donna andar per verde prato
> che veramente scesa era dal cielo,

né tal fu vista mai più sotto il cielo.
5 E nel prato veniva ad un chiar fonte,
quando era appunto il sole a mezzo il cielo,
 cantando sì soave, che mai cielo
armonizzò sì dolce quanto i canti
che allor biscantava: né tai canti
10 cantò mai Filomena, quando il cielo
riveste i colli e ' rami d'un bel verde,
che fanno ogni animal gioire al verde.

 Trapunto avea in oro un vestir verde,
che certamente era tessuto in cielo,
15 tanto era ricco a veder cotal verde.
Poi si posava sopra l'erba verde
cogliendo i vaghi fior' del fresco prato
per contesser viole e rose in verde;
 e ghirlandava sé con oro e verde;
20 e, per lo estivo sol, nel chiaro fonte
volea bagnar le man', quando nel fonte
vide un miracol sì adorno in verde
che abbandonò se stessa e ' dolci canti,
guardando fiso onde venìan tai canti.

25 Poi scorgendo sua ombra e ' dolci canti
che uscìan di lei, in sul fiorito verde
si riposava e cominciava i canti,
risonando sì dolce, che a tal' canti
si stava Amor, ch'era sceso dal cielo,
30 maraviglioso ad ascoltar tai canti:
 e ne' suoi occhi stava a' dolci canti
come in luogo più degno; quando al prato
m'abbattei passeggiando; e per lo prato
senti' gridare Amor: «Vien', vieni a' canti

5 chiaro (-o *espunta*) Pit[1] chiaro FL[2] FN[4] VL **6** era puncto FN[4] **12** animale
(-e *espunta*) FL[2] **17** fiori (-i *espunta*) Pit[1] fiori FL[2] FN[4] VL **20** sole (-e *espunta*)
FL[2] Pit[1] sole FN[4] VL **21** bagnare FN[4] mani (-i *espunta*) FL[2] Pit[1] mani FN[4]
VL **31** o dolci FN[4]

35   ed accostati qui al chiaro fonte
         sì che oda e vegga chi è a questo fonte!».

         Quando fui presso al sacrosanto fonte,
         udi' sì dolce melodia di canti,
         che sì maraviglioso non fu al fonte
40   Narciso, quando sé vide nel fonte
         che 'l fé divenir fior nell'erba verde,
         quanto or fu' io sì presso al chiaro fonte.
         Allor, come Amor volse, giù nel fonte
         mi dichinò chi dallo empireo cielo
45   quaggiù discese sotto il nostro cielo,
         e femmi ber dell'acqua di tal fonte:
         sì che gioioso non fu mai in prato
         alcun fior, quant'io fu' nel verde prato.

         E poi che un poco mi tenne nel prato,
50   a man destra si volse al chiaro fonte,
         che un solo alber bagnava in cotal prato;
         ed un ramo ne svelse, ed in sul prato
         coronar volle me con dolci canti,
         che reverente stava in su quel prato
55   e vergognoso tenea gli occhi al prato
         dicendo: «Amor, la sua ghirlanda verde
         non merito io ancor, benché a tal verde
         arò io l'alma sempre, ed a tal prato».
         Amor con lei sorrise, e verso il cielo
60   si volse, e ritornârsi insieme al cielo.

         Canzone, e' non fu mai poi sotto il cielo
         più lieto alcun di me, quando tal verde
         colse sì bella donna in dolci canti
         appresso al chiaro e dilettevol fonte
65   che risiede sì ben nel fresco prato.

---

35 ad chiaro FN⁴   **38** dolci FN⁴   **41** fiore Pit¹ FN⁴ VL   **46** bere (-e *espunta*)
FL²   **51** un sol Pit¹ VL   **52** uno ramo VL   **54** in sun FN⁴   **55** locchio
(-o *biffata*) VL   **65** si bene (-e *espunta*) FL²

Ed.: Bongi 1858, p. 22.

Canzone ciclica con cinque stanze a schema ABAACAADDAEE, EAEEBEECCEDD, ecc. e congedo AEDCB (cfr. l'altro esemplare, XIV). Pelosi 1990, n. 13.

Si riscontrano, come nella sestina XXVII di cui è ripreso qui l'*incipit*, gli elementi topici del *locus amoenus*: il prato, i fiori, la fonte. Nella sestina il sogno si interrompe al risveglio, rivelando la caducità delle immaginazioni umane. Qui esso continua: la fonte non scompare, risiede nel prato (v. 65) e costituisce il collegamento tra realtà e incantesimo.

1. *quando il rosato carro ascende al cielo*: quando sorge il sole: invece di una ambientazione stagionale, come nella sestina XXVII (*Quando nel primo grado il chiaro sole* | entra dell'Arïete), qui la scena è collocata all'alba; l'immagine del carro del sole è presente in *Purgatorio* IV 58 «carro della luce».

1-7. Probabile suggestione di *Purgatorio* XXVII 94-9: «Ne l'ora, credo, che l'orïente [...] giovane e bella in sogno mi parea | donna vedere andar per una landa | cogliendo fiori; e cantando dicea: [...]».

2. *vidi una donna andar per verde prato*: cfr. Fazio degli Uberti 1,3 «vidi una donna andar per una landa». Cfr. RVF XXX *Giovene donna sotto un verde lauro*.

3. *che veramente scesa era dal cielo*: ripete il motivo ormai risaputo di I 10; IV 12-4; IX 10-1.

7 sgg. Cfr. Boccaccio, *Rime*, IV 6-8 «quando mi parve udire un canto lieto | tanto, che simil non fu consueto | d'udir già mai nelle mortali scuole».

9. *biscantava*: 'canterellava, canticchiava'. Propriamente *biscantare* è 'fare il discanto', cioè consonanza di diversi canti, contrappunto (GDLI, s.v.).

10. *Filomena*: il mito si trova anche in Dante (*Purgatorio* IX 13-5; XVII 19-20) e in Petrarca (RVF CCCX 3).

13. Anche nella sestina XXVII si menziona la veste (candida) della donna (vv. 4-5 «in verde prato gir vestita a bianco | vidi una donna [...]»). La veste verde è anche nella sestina di Dante (*Rime*, CI 25 «Io l'ho veduta già vestita a verde»).

18. *contessere*: 'tessere insieme', 'intrecciare'.

19. *ghirlandava*: 'si copriva il capo con ghirlande'.

21-4. La donna fa l'esperienza di Narciso, menzionato al v. 40.

30. *maraviglioso*: 'meravigliato' (come al v. 39).

33. *m'abbattei*: 'm'imbattei'.

37. *sacrosanto*: la stessa sacralizzazione dei luoghi frequentati dalla donna è in RVF CCXLIII 14 «o sacro, aventuroso et dolce loco».

44. *mi dichinò*: 'mi fece scendere con dolcezza'.

50. *a man destra*: di memoria dantesca.

61. L'attacco del congedo è analogo, si noti, a quello dell'altra canzone ciclica (XIV).

XXXIII

FL² (ms. base), c. 191v; Pit¹, c. 200r; FN⁴, c. 255r; VL, c. 522v

Gli angosciosi sospiri, i qual' nasconde
nel tristo petto il mio antico signore
nulla ragionano altro che dolore,
che lagrime infinite agli occhi infonde.

5   Perir non curerei nelle salse onde
sol per por fine al tormentato core,
ma per più pena mia provvede Amore
con qualche speranzetta, e non so donde.

Onde agghiaccio, ardo, triemo in ciascun tempo,
10 impallidisco, arrosso e disfavillo,
quando cognosco la mia dura sorte.

E perché in tanto mal troppo m'attempo
col tristo lagrimar che ognora stillo,
merzé, merzé ti chero, o dolce Morte.

1 quali (-i *espunta*) FL² Pit¹   quali FN⁴ VL

Ed.: Bongi 1858, p. 25.

Sonetto: ABBA ABBA CDE CDE. Arricchisce la rima l'assonanza in A-B.

1. Sinalefe *sospiri-i*.
2. *il mio antico signore*: RVF CCCLX 1 «Quel' antiquo mio dolce empio signore».
4. *salse onde*: RVF XXVIII 32 «e 'ntra 'l Rodano e 'l Reno et l'onde salse».
7-8. Amore non è qui, come invece altrove, compagno e portatore di conforto, ma sottile suscitatore di illusioni, che accrescono il tormento.
9-10. Per il cumulo verbale, cfr. RVF CLII 11 «che 'n un punto arde, agghiaccia, arrossa e 'nbianca», e Dante, *Paradiso* XXVII 54 «ond'io sovente arrosso e disfavillo».
12. *m'attempo*: 'indugio'; cfr. RVF XXXVII 16 «questa speranza mi sostenne un tempo: | or vien mancando, et troppo in lei m'attempo»; cfr. anche Buonaccorso da Montemagno il giovane 19, 11 «el disir mio, nel qual troppo m'attempo».
13. Cfr. RVF XXIV 14 «[...] quel che lagrimando stillo».

XXXIV

FL² (ms. base), c. 192r; Pit¹, c. 200r; FN⁴, c. 255r; VL, c. 522v

Dolenti spirti, ornate il vostro dire
e gitene a madonna reverenti
e le mostrate e ' gravosi tormenti
che sente dentro il core, e 'l gran martire.

5   E conchiudete poi che sofferire
cotal battaglia non sète possenti
e che vedete i vostri sentimenti
disperarsi ed elegger di morire.

Forse vedrete il viso scolorare
10   che fa quel che mai più fu visto in cielo:
col lume di due stelle oscura il sole.

Allor potrete alquanto confortare
il cor, che triema d'amoroso gelo,
e di sua morte già più non gli dole.

7 vedreti FN⁴   vedete vostri VL

Edd.: Bongi 1858, p. 25; Volpi 1907, p. 184; Sapegno 1952, p. 255; 1967, p. 152; Muscetta-Rivalta 1956, p. 560; Corsi 1969, p. 583.

Sonetto: ABBA ABBA CDE CDE. Arricchiscono le rime la consonanza atona in A-C e l'assonanza consonantica in D-E.

È uno dei sonetti sui quali Flamini 1890b, p. 9 (che parla di questo come «non indegno in verità del Cavalcanti o del pistoiese messer Cino») fonda la sua argomentazione sulle fonti rinucciniane, che egli mostra non essere limitate a Petrarca.
    1. *dolenti spirti*: ricordo (ma in contesto ben diverso) della fraseologia dantesca (*spiriti dolenti* di *Inferno* I 116); sono in realtà gli *spiriti* degli stilnovisti, così diffusi da motivare in Cavalcanti l'«elegante autoparodia [...] del proprio linguaggio figurativo» in *Pegli occhi fere un spirito sottile* (De Robertis 1986, p. 108). Cavalcanti si rivolge agli spiriti in seconda persona, come qui Rinuccini, in *Deh, spiriti miei, quando mi vedete*.
    3. Proclisi in posizione iniziale di frase dopo la congiunzione *e*, cfr. Schiaffini 1926 (si veda, invece, il rispetto della legge Tobler-Mussafia in XXXV 12).
    4. *dentro* è avverbio.

6. Cfr. XIX 3.

10-1. L'immagine risale e RVF CCXIX 12-4 «I' gli ò veduti alcun giorno ambedui |
levarsi insieme, e 'n un punto e 'n un'ora | quel far le stelle, et questo sparir lui» e a
CLXXXI 9 «e 'l chiaro lume che sparir fa 'l sole». — Cfr. l'osservazione di Pasquini
1970, p. 247 alla nota di Corsi 1969: «non direi "nel cielo, dove il sole è oscurato da una
sola stella"; l'iperbole consiste invece nel fatto che mentre il sole in cielo non è mai
offuscato dagli infiniti astri, gli occhi stellanti della donna ne vincono in terra lo splendore».

XXXV

FL² (ms. base), c. 192r; Pit¹, c.200v; FN⁴, c. 255v; VL, c. 523r

> D'un freddo marmo esce l'ardente fiamma
> che mi distrugg'e agghiaccia; e tal contraro
> mi mena a morte sanza alcun riparo.
> Né chiaro fonte mai assetata damma
>
> 5 cercò, com'io il mio mal, che sì m'infiamma,
> che me · conosco né il dì scuro o il chiaro:
> in tal pianeta i chiari razzi entraro
> nel cor, che a consumar non ha più dramma.
>
> Adunque, Amor, dalla tua gran potenza
> 10 procede ciò che al mondo è da lodare:
> guarda lo stremo mio stato dubbioso
>
> e poi le mostra sua perfetta essenza,
> che chi la guarda fa sempre ammirare;
> e come volge il ciel sanza riposo.

5 come io FN⁴   **6** nelildi VL (*con la prima* -l- *biffata*)   et il chiaro (il *in interl.* VL
7 in tal FL² Pit¹ FN⁴ VL   intraro FN⁴   **8** no ha VL   **12** assenza VL

Ed.: Bongi 1858, p. 26.

Sonetto: ABBA ABBA CDE CDE. Rima derivativa al v. 5. Si somma l'assonanza tonica in
B-D. Quartetti uniti da *enjambement* (cfr. son. XXXVII).

Sonetto poco scorrevole, che potrebbe nascondere qualche errore (forse *cui* in luogo di *tua* al v. 9?): non pacifica neppure la lettura del v. 6. In ogni caso, si lascia intatto ciò cui si può dare una spiegazione. L'immagine di contrasto dell'*incipit* è tratta da RVF CCII, con *variatio* (*marmo*); di memoria petrarchesca anche il tema del daino.

1. *freddo marmo ... ardente fiamma*: cfr. RVF CCII 1-2 «D'un bel chiaro polito et vivo ghiaccio | move la fiamma che m'incende et strugge». Cfr. anche Guido delle Colonne, *Ancor che l'aigua* (Contini 1969, p. 107), 18-9 «[...] infra l'amore e meve | che fa lo foco nascere di neve»; Sennuccio del Bene *Amor, tu sai ch'io son col capo cano*, 15-6 «[...] m'avvenne | che de la neve nacque ardente foco» (Corsi 1969, p. 133).

3. Cfr. Guittone (CLPIO, L 377), v. 6 «Amor tormenta senç'alcun riparo».

4. *damma*: 'daina': cfr. RVF CCLXX 20-2 «e' non si vide mai cervo né damma | con tal desio cercar fonte né fiume, | qual io il dolce costume». — *mai assetata*: quattro sillabe.

6. Pare di poter considerare *me · conosco* come una frase con negazione asillabica (dalla forma fiorentina *un*, cfr. Rohlfs § 967) apocopata. Un fenomeno analogo è in Minetti 1979, p. 24 relativamente a Monte V 69. Il verso 6 significa dunque: 'che non mi conosco, non mi riconosco più'. Cfr., in area francese, *Jeu de la Feuillée* (ed. Dufournet, Paris, Flammarion, 1989), v. 162 «et mains me connui» (è l'inizio della follia causata da Amore).

7. *in tal pianeta*: 'sotto tale stella', cfr. RVF CCLX 1 "In tale stella duo belli occhi vidi".

8. *dramma*: misura di peso (l'ottava parte di un'oncia), vale in senso figurato 'quantità minima'; cfr. *Purgatorio* XXX 46-7 «[...] men che dramma di sangue | m'è rimaso [...]».

11. *mio stato dubbioso*: *dubio stato* è in RVF, *Vergine bella* 25, dove vale 'pericolante, incerto, sospeso tra la salvezza e la dannazione'.

12. *e poi le mostra*: cfr. XXXIV 3 *e le mostrate*.

13. *ammirare*: cfr. VII 14.

XXXVI

FL² (ms. base), c. 192v; Pit¹, c. 200v; FN⁴, c. 255v; VL, c. 523v

> Non potre' più Natura al mondo farne
> un sì angelico, vago e dolce riso
> quanto è quel di costei, che 'l Paradiso
> par che sia aperto per dolcezza darne,
>
> 5   quando i denti d'avorio mostrarne
> veggio in la bella bocca, ove ho il cor fiso,

6 il core VL

e dove ogn'altro senso è in tutto miso,
per dolce melodia inde ascoltarne;

donde odo poi uscir sì dolci note
10   e sì soavi, angeliche e divine,
che mai udite furo in nulla etate.

Il perché l'intelletto mi percuote
dicendo: «Odi sentenzie pellegrine
e dolci e gravi in quel fior di biltate».

9 dolce FN⁴   **11** fur FN⁴

Ed.: Bongi 1858, p. 26.

Sonetto: ABBA ABBA CDE CDE. Si somma l'assonanza in A-E.

Flamini 1890b, pp. 4-5 delineava una separazione tra "Natura" e "Cielo" e concludeva che Petrarca e Rinuccini sono tematicamente contrapposti (cfr. *Introduzione*, p. 26, nota 12).
    1. Cfr. IV 6; V 24-5; XLIV 3-4. — *farne*: 'farci' (la donna è creata per portare beneficio a chi la contempla: cfr. I 9-11).
    3. *Paradiso*: cfr RVF LXXVII 5; CXXVI 55; il godimento in terra della beatitudine del Paradiso è inoltre in V 35-6.
    5. *avorio*: cfr RVF CCCXXV 17 «[...] d'avorio uscio [...]».
    8. Sorge il sospetto che *per*, presente in tutti i testimoni, possa essere un fraintendimento grafico per *par* (in tal caso ciascuna quartina costituirebbe un periodo a sé); si noti inoltre l'eventuale parallelismo con l'altro *par* al v. 4.
    9-10. *dolci note*: cfr. i *dolci canti* in XXXII 23.
    11. Cfr. XXXII 7-8.
    12. *il perché*: 'per la qual cosa' (cfr. II 3 e X 7).
    13-4. *pellegrine*: 'rare', 'singolari'.
    14. *e dolci e gravi*: forma correlativa (cfr. Rohlfs § 759). — *fior di biltate*: frequente l'uso di *fior* seguito dal genitivo nel senso di 'persona che spicca fra le altre per le sue qualità', cfr. Giacomino Pugliese, *Morte, perché m'hai fatta*, 3 «fior de le bellezze»; RVF CCCXXVI 3 «or di bellezza il fiore».

XXXVII

FL² (ms. base), c. 192v; Pit¹, c. 200v; FN⁴, c.246r; VL, c. 523v

> La fe' cc'ha posto dentro il mio signore
> è tal, che, come vuol, governa e piglia
> la signoria di me; poi m'assottiglia
> le membra, sì che 'l lor vivo colore
>
> 5   non portan più: ma tanto è il fiero ardore
> che ciascun spiritel d'amor bisbiglia
> e priega Morte, cui catun somiglia,
> che in un punto finisca tal dolore.
>
> Onde, Ruberto mio, con mente pura
> 10   priega Colui che ha potenza infinita
> che d'esto vivo inferno io esca fuori;
>
> sì che l'alma che triema di paura
> non si desperi all'ultima partita,
> tal ch'io ne perda il ciel con suoi onori.

2 tale che FL²   **13** disperi FN⁴   alla ultima FL²   **14** cielo (-o *espunta*) FL² Pit¹ cielo FN⁴

Edd.: Bongi 1858, p. 27; Sapegno 1952, p. 261; 1967, p. 156.

Sonetto: ABBA ABBA CDE CDE. Arricchiscono la rima le consonanze in A-C-E. Quartetti uniti da *enjambement* (cfr. son. XXXV).
    Accanto ai motivi "stilnovistici" (la perdita del colore; la signoria di Amore; gli spiritelli), compare il tema religioso, con il richiamo a *Colui che ha potenza infinita* (v. 10) e l'accenno conclusivo alla vita eterna (v. 14). È il primo di un gruppo di sonetti (XXXVII, XXXVIII, XLI, XLII, XLIII, ma ad essi va collegato anche il XXI, oltre che la sestina XXVII) che esprimono riflessioni etiche e spiriruali (cfr. *Introduzione*, pp. 33).
    3. *signoria*: cfr. II 12; L 2; Dante, *Rime*, CIV 3-4 «[...] Amore | lo quale è in signoria della mia vita».
    4-5. *vivo colore*: per il pallore mortale provocato dagli assalti d'amore, cfr. Cavalcanti, *Veder poteste*, 7.
    7-8. Cfr. X 7.
    8. *in un punto*: cfr. XXXI 6.
    9. *Ruberto mio*: probabilmente si tratta di Roberto dei Rossi (cfr. *Introduzione*, p. 33).

11. *vivo inferno*: richiama, per opposizione, il *vivo colore* del v. 4. La concezione negativa della vita terrena è, in termini altrettanto duri, nel sonetto di Antonio degli Alberti, *No' siamo alme create in Paradiso*: v. 3 «questo carcer di terra» (cfr. ed. Ageno di Franco Sacchetti, CCXLIXb).

13. *ultima partita*: cfr. RVF LVI 13 «[...] dì de l'ultima partita».

XXXVIII

FL² (ms. base), c. 193r; Pit¹, c. 201r; FN⁴, c. 256r; VL, c. 524r; VCh¹, c. 112r (dal v. 5)

Saggio è colui che bene spende il tempo
e saggio è quel che leggiadro ad Amore
onestamente serve, sì che Amore
seguir gli fa virtù in giovinil tempo;

5   e poi, quando ne viene il vecchio tempo,
va diponendo la forza d'Amore
e veste l'alma sua d'un altro amore,
per maritarsi a Dio in cotal tempo.

Ma più saggio è colui che sua giornata
10   corregge sì, che altro non cerca il core
che bramar sempre aver l'alma beata.

Ond'io v'ho per più saggio, e tal giornata
vi secondi Gesù, ché 'l vostro core
nel fin si posi in la vita beata.

5 al uecchio FN⁴   10 chaltro FN⁴ Pit¹ VL VCh¹   14 se posi nella uita VL

Ed.: Bongi 1858, p. 27.

Sonetto: ABBA ABBA CDC CDC su cinque parole-rima (cfr. il son. II, ma qui su quattro rime). I terzetti si legano ai quartetti per la ripresa di *saggio è colui*.

Il sonetto sembra rivolto ad un personaggio che ha scelto la vita religiosa: non è da escludere che si tratti del fratello del rimatore: mancano tuttavia nei codici i nomi dei corrispondenti, e non ci si può spingere troppo oltre per «determinare in modo non generico l'ambiente in cui si muove l'autore» (Tanturli 1976, p. 632). Un tema analogo (ma risolto diversamente, con la scelta cioè di continuare a seguire Amore) è nel son. LXXX di Boccaccio: «'L'arco degli anni tuoi trapassat'hai, I cambiato il pelo e la virtù mancata, I di questa tuo piccola giornata I già verso 'l vespro camminando vai; I buono è adunque amor lasciare omai, I e a posar dell'ultima posata' I dice l'anima seco [...]».

2. *leggiadro*: 'lieto', come in Dante, *Vita Nuova*, VII, *O voi che per la via*, 11-2 «Deo, per qual dignitate I così leggiadro questi lo core have?». Cfr. anche III 2.

9. *giornata*: metafora della vita: cfr. Boccaccio, *Rime*, LXXX 3.

10. *corregge*: 'governa' (come in *Inferno* V 60 «[...] la terra che 'l Soldan corregge»); per l'uso di *correggere* riferito al tempo, cfr. la chiusa de *La Bontate enfinita* di Iacopone: «O tempo, tempo, tempo en quanto mal sommerge I a chi non ti correge passannote oziato!»; e si veda anche (in differente contesto) il sonetto di Re Enzo *Tempo vene che sale chi discende* (ed. Panvini 1962, p. 456), vv. 9-11 «[...] lo tegno saggio e canoscente I colui che fa suoi fatti con ragione I e co lo tempo si sa comportare».

10-1. Non è da escludere una suggestione del sonetto di Petrarca rivolto «probabilmente al fratello Gherardo per la morte della sua amata» (cfr. la nota a RVF XCI nell'ed. Contini), *La bella donna che cotanto amavi*: «[...] Tempo è da ricovrare ambe le chiavi I del tuo cor [...] peso terren non sia più che t'aggravi I Poi che se' sgombro de la maggior salma, I l'altre puoi giuso agevolmente porre I sallendo [...]».

12. *v'ho per*: 'vi considero'.

13. *vi secondi*: 'vi renda propizia'.

14. *nel fin*: cfr. XLII 14.

XXXIX

FL² (ms. base), c. 193r; Pit¹, c. 201r; FN⁴, c. 256v; VL, c. 524r; VCh¹, c. 112r

> S'io potessi eternar tanto il mio nome
> quanto la vostra chiara penna sòna
> e se della laürëa corona
> degne potessi far le indegne chiome;
>
> 5   e se d'Apollo le gravose some
> portar sapessi, ove sempre mi sprona,
> versar farei gran fiume d'Elicona,
> cogliendo del bell'orto il dolce pome,

1 eternare (-e *espunta*) FL²   **4** fare VCh¹   **8** bello (-o *espunta*) FL² Pit¹   bello FN⁴ VCh¹

per satisfare a voi con dir non grosso
10   della canzon sì bella e sì sottile.
Ma, perché indegno son, non mi son mosso

a traslatar canzon tanto gentile
sì pel fattor, sì pel rimar: né posso,
né tentar debbo il mai non vinto stile.

9 dire VCh[1]   **11** sono (-o *espunta*) FL[2] sono VCh[1]   **13** per rimare VCh[1]
rimare (-e *espunta*) FL[2] Pit[1]   rimare VL

Ed.: Bongi 1858, p. 28.

Sonetto: ABBA ABBA CDC DCD. Triplice protasi (vv. 1, 3, 5); l'apodosi unisce il
secondo quartetto al primo terzetto.

Anche per questo sonetto è impossibile risalire al destinatario, probabilmente un
personaggio di fama letteraria: forse Coluccio Salutati, cui Alberto degli Albizzi si rivolge
in un sonetto con l'appellativo *sommo vate* (cfr. Wesselofsky 1867, I, II, p. 317); o, forse,
idealmente, Petrarca.
3. *laürëa corona*: per la forma dieretica del dittogo *au*, che potrebbe pure contenere
errore, cfr. *supra*, p. 61). — cfr. RVF XXIII 43-4 «quella fronde | di che sperato avea già
lor corona»; XXIV 3-4 «[...] la corona | che suole ornar chi poetando scrive».
7. Cfr. Antonio degli Alberti, *Morte, po' che tu vuoi*, 17 «Versi Elicona un fiume»
(Corsi 1969, p. 533).
9. *grosso*: 'rozzo'.

XL

FL[2] (ms. base), c. 193v; Pit[1], c. 201v; FN[4], c. 256v; VL, c. 524v; VCh[1], c. 112r

Donna gentile, il lauro trïunfante
che è d'arme e di scienza il sommo onore
se vincisse mie tempie, il tuo valore
descriver non potrei, né l'opre sante

1 trionfante VCh[1]

5 che fanno meco il mondo sì ammirante.
  Ma pregar vo' Quale è de' vizi fore
  che contempli tua vita e 'l tuo splendore,
  ch'han fatte già al cielo invidie tante.

  Di poi n'andremo alle Muse, che state,
10 per l'altrui colpa e per le cose felle,
  sono in Parnaso gran tempo serrate;

  perché indegno son io, e 'nvocherelle
  ché con li lor poeti stieno armate
  a cantar sol di te, che al mondo tielle.

9 nandreno FL² Pit¹ VL VCh¹ **12** sono (-o *espunta*) FL² sono VCh¹ **13** loro FN⁴ VCh¹

Ed.: Bongi 1858, p. 28.

Sonetto: ABBA ABBA CDC DCD. Arricchisce lo schema l'assonanza in A-C.

Riprende il tema dei sonetti III, VII e XXIX, nei quali si invitano i grandi poeti e le divinità ispiratrici delle arti a cantare le lodi della donna, accanto al motivo dell'ineffabilità. Si aggiunge l'accenno alla decadenza della poesia, non assente nelle rime del tempo: basti pensare al madrigale CXLVII di Franco Sacchetti *Ben s'affatica invano chi fa or versi* o a Boccaccio, *Rime*, XCIII *Fuggit'è ogni virtù, spent'è il valore*.

 1. *lauro trïunfante*: immagine di memoria petrarchesca: cfr. RVF CCLXIII (*Arbor victorïosa trïumphale*); CCCLIX 50-1 «[...] il lauro segna | trïumpho, ond'io son degna».

 3. *se vincisse*: 'se cingesse' (lat. *vincio*). — *valore* «è il complesso delle qualità morali per cui si è degni e capaci di amore» (cfr. Marti 1969, p. 129): cfr. Guinizzelli I 28 «tutto valor in lei par che si metta»; XII 4 «[...] compiuta de tutto valore»; Dino Frescobaldi XIII (XII) 3 «tanto mi piace 'l tu' gentil valore».

 5. Cfr. VII 14.

 8. Cfr. XXV 10 e XXVII 8.

 9-11. Il tema si ritrova in una «canzone morale di ser Domenico [da Prato] per lui mandata al famoso uomo e di tutte le arti liberali dotto e in greco e in latino, Ruberto de' Rossi» (per cui cfr. anche il son. XXXVII), riportata in Manetti 1951, p. 35. La canzone, dall'*incipit Soletto con pensier spesso in selvagge*, dice ai vv. 29-33: «Cominciò l'una a dir: "Care sorore, | passato è molto tempo che noi Muse | nel bel Parnaso siam state rinchiuse | e da i vizii scacciate | così, sprezzate, né da alcun diffese"».

 12. 'Poiché io sono indegno, le invocheremo'; *'nvocherelle* è forma contratta; la *e* è paraipotattica.

XLI

FL² (ms. base), c. 193v; Pit¹, c. 201v; FN⁴, c. 257r; VL, c. 524v; VCh¹, c. 112v

Quel pauroso spirto, che procede
d'Amore, e sempre seco Morte mena,
mi par che v'abbi avvolto la catena
al collo, per fuor trarvi di merzede.

5   Né la trista alma va con altro piede,
poi che ha così perduta ogni sua lena,
che tremar favi tutto a vena a vena,
con tanta forza crudeltà vi fiede.

Ma il rimedio di sì stremo punto
10   è la speranza che altri in vita tiene,
con pazïenzia pregando il Signore

che regna tra li dèi: ché 'l già consunto
animo stanco e pien di tutte pene
conforti con un bel guardo d'amore.

---

2 damor FN⁴   **4** fuore FN⁴   **5** co(n) laltro FN⁴   **6** ha si VCh¹   **7** faui *con* m *soprascritta alla* u FL² fami FN⁴ VL Pit¹   famми VCh¹   **8** et crudelta FN⁴ **9** extremo VCh¹   **14** un bello FN⁴

Edd.: Bongi 1858, p. 29.
Sonetto: ABBA ABBA CDE CDE

La constatazione della negatività dell'esperienza amorosa (con il topico accostamento di *amore* e *morte*) che tiene i quartetti, conduce alla fiducia nel conforto di Dio.
1. *pauroso* quadrisillabo, cfr. Cavalcanti XXII 2 «quel pauroso spirito d'amore» e come in Lapo Gianni IV 10.
2. cfr. Cavalcanti XXVIIᵇ 35 «di sua potenza segue spesso morte».
1-3. RVF CXXXIV 5-6 «Tal m'à in pregion, che non m'apre né serra | né per suo mi riten, né scioglie il laccio».
3. *abbi*: terza pers. sing. (cfr. Rohlfs § 555).
6. *lena*: cfr. XXX 8.
7. *favi*: pare lecita la correzione da *fami*, perché coerente con la costruzione in seconda persona; si noti peraltro che in FL² *fami* è frutto di correzione su *faui*; *fami*, tuttavia, potrebbe indicare una partecipazione del poeta allo sbigottimento provato dal-

l'amico.

     11-2. *il Signore* | *che regna tra li dèi*: per la commistione di immagini pagane e cristiane, cfr. *sommo Giove* (V 58) e il son. XXXIX.

XLII

FL² (ms. base), c. 194r; Pit¹, c. 102r; FN⁴, c. 257v; VL, c. 525r; VCh¹, 113r

> Non argento, oro, o pietre preziose,
> o regno, o imperio, o alcun principato,
> veste o vivande han mai fatto beato
> l'animo che ha suggette queste cose.
>
> 5   E però lodo tua vita, che ascose
> sé dall'errante mondo: onde hai acquistato
> già del saper gran parte, poiché hai dato
> principio buono ove tua alma pose.
>
> Né in saper virtù, ma operando
> 10   con essa abitüato, e contemplare
> col sapere acquistato, o caro frate,
>
> è il tesoro, che qui felicitare
> fa l'alma, sì che, credendo e sperando,
> nel fin voliamo a vera claritate.

1 argento o oro VCh¹   **4** suggetto VCh¹   **8** bono VL   **9** sapere FN⁴   **11** con lo saper VL   col saper Pit¹   **12** thesor Pit¹ VL   felicitate FN⁴

Ed.: Bongi 1858, p. 29.

Sonetto: ABBA ABBA CDE DCE. Si aggiungono le assonanze in B-C e in D-E.

     L'indirizzo al *caro frate* può essere generico, ma non è da escludersi che si tratti del fratello Tommaso. L'insistenza sulla necessità di unire il sapere e la contemplazione alla vita attiva è l'antico dibattito sul rapporto tra opere, studio e preghiera, che risale alle origini del monachesimo e prosegue con le discussioni tra Cistercensi e Camaldolesi. È anche il riflesso dell'esperienza religiosa del Trecento, secolo dedito alla meditazione della coscienza etica più che allo slancio mistico (cfr. Petrocchi 1965, pp. 535 sgg.). Può essere interessante il confronto con alcuni versi latini di Francesco Landini, pubblicati in Wesselofsky 1867, I, II, p. 301 (dal cod. Riccardiano 688), che svolgono un tema analogo a quello del sonetto rinucciniano: «Quidam terrenis curis magnoque labore | labitur ambiguis lymphis et montibus auro: | quidam cum studio Musarum nomen habere | quaerit [...]. Nullus in excelsum caelum, mentemque revolvit | quo bona pro justis regnant sommaeque salutes [...]». Nello stesso codice, segue un sonetto, in volgare, anch'esso in Wesselofsky 1867, I, II, p. 302, che, traducendo il precedente, sembra offrire un riscontro più preciso: «Chi cerca possedere oro et argento, | et però s'afatica in mare e in terra; | Chi scienzia acquistare studia, erra, | ché pensa, aùta quella, esser contento [...]. Nessun volge la mente inverso el cielo [...]».

1-2. Per restituire la misura dell'endecasillabo nei primi due versi, conservando la corrispondenza ritmica, si può effettuare la dialefe nei punti di cesura dopo il quinario piano (cioè dopo *oro* e dopo *imperio*).

8. *tua*: senza articolo, come di frequente nel toscano antico (cfr. Rohlfs § 432). — *pose*: 'posi' (cfr. XXVIII 6; XLIX 8; Rohlfs § 528).

9. Due dialefi (dopo *né* e dopo *ma*), che scandiscono il verso.

14. *nel fin*: cfr. XXXVIII 14. — *claritate*: il solo VCh¹ legge *caritate*, collegandosi probabilmente a *credendo e sperando* del verso precedente e completando così la triade delle virtù teologali: *claritate* è però spiegabile con la tensione mistica espressa da *voliamo*.

XLIII

FL² (ms. base), c. 194r; Pit¹, c. 202r; FN⁴, c. 257v; VL, c. 525r; VCh¹, c. 113r

    Ben conosch'io la nostra fragil vita
    e come tosto dee il tempo fuggire;
    Ben conosch'io che altro che martire
    non è dove stai, alma sbigottita;

5   Ben conosch'io che a quanto Amor m'invita
    è piagnevole incarco e rio fallire;
    Ben conosch'io che chi sa ben morire
    lieto s'invia alla bontà infinita.

    Che fai, dunque, alma mia, non ti vergogni?

1 conosco (-o *espunta*) FL² Pit¹ conosco FN⁴ VL VCh¹ (*e così ài vv. 3, 5, 7*)   **5** FN⁴ *riscrive il v. 3 e poi corregge in margine*   **8** senuia FN⁴   sauia VCh¹   **9** adunq(ue) VCh¹

10   Ov'è lo proprio natural rimorso
     di coscïenza, che a ragion ne tira?

Lascia le ciance, omai, e ' brievi sogni
del cieco mondo, e lor fallace corso:
pensa che 'l sommo Sir sempre ti mira.

13 loro FN⁴   **14** sire FN⁴

Edd.: Bongi 1858, p. 30; Corsi 1969, p. 584.

Sonetto: ABBA ABBA CDE CDE

Ancora la fallacia delle cose umane e l'invito ad abbandonarsi a Dio. La memoria del rimatore sembra andare al sonetto CCLXXIII del *Canzoniere* petrarchesco, almeno per quanto riguarda i terzetti, per l'invito all'anima ad abbandonare i beni effimeri e a cercare il cielo. I quartetti parrebbero invece un'eco della canzone *Donna pietosa* della *Vita Nuova*, vv. 29 sgg. «Mentr'io pensava la mia frale vita, | e vedea 'l suo durar com'è leggiero [...]».

Quadruplice anafora nei quartetti, cui segue il momento interrogativo del primo terzetto; il secondo propone la soluzione al dolore.

1. *fragil vita*: cfr. XVI 13; XXVIII 2.

2. Cfr. RVF CCLXXII *La vita fugge*.

4. Dialefe (e pausa di senso) tra *stai* e *alma* (è il caso di dittongo discendente + vocale tonica, cfr. Menichetti 1984, p. 50).

4-5. Cfr. RVF CXXIX 6-7 «ivi s'acqueta l'alma sbigottita; | et come amor l'envita [...]».

6. Alla *singularis piacevole* di FL² (che dà senso positivo a *incarco*, forse sulla suggestione dell'*amoroso incarco* di RVF CXLIV 6 e darebbe valore avversativo a *e*), è da preferire *piagnevole* degli altri codici, per il senso negativo attribuito alla vita terrena, particolarmente ai vv. 3-4.

9. Cfr. RVF CL *Che fai, alma?*; CCLXXIII *Che fai? che pensi? che pur dietro guardi* | nel tempo, che tornar non pote omai?.

11. La lettura *di conoscenza* di FL² è *singularis*. — *tira*: 'trae'.

12-14. Si trovano temi analoghi in RVF I 14 *quanto piace al mondo è breve sogno*; XCIX 1-4 «Poiché voi e io più volte abbiam provato | come 'l nostro sperar torna fallace | dietro a quel sommo ben che mai non spiace | levate il core a più felice stato»; CCLXXIII 12 «cerchiamo 'l ciel».

XLIV

FL² (ms. base), c. 194v; Pit¹, 202v; FN⁴, c. 258r; VL, c. 525v; FR², c. 124r; VCh², c. 86r; VCh¹, c. 113v

> Chi guarderà mia donna attento e fiso
> vedrà ch'ella è dell'altre somma idea
> e dirà che Natura non potea
> formar sì vago lume e dolce riso.
>
> 5 Ma Chi sempre governa il Paradiso
> tal la produsse perché ogni uomo stea
> attento a rimirar quanto E' potea,
> quand'Ei formò il leggiadro suo bel viso.
>
> Né le mancò se non ch'ella è mortale:
> 10 e ciò fé per, a tempo, a Sé ritrarla
> per adornarne il ciel, dov'E' si posa.
>
> Però umìl priego Lui, che quando il frale
> velo deciderà per liberarla,
> che allor segu'io così mirabil cosa.

2 iddea VCh² **4** si uago uolto FR² VCh² (β) et si dolce riso FN⁴ **5** al paradiso VL **6** *om.* la VL VCh¹ **7** a tempo ad remirar FR² VCh² (β) quanto potea VCh¹ **8** quando formo FR² quando fermo VCh² **9** immortale (im *biffato*) FR² **11** il cielo FN⁴ el cielo VCh¹ **12** humile FN⁴ **14** seguo (-o *espunta*) FL² segua Pit¹ FN⁴ VL FR² VCh² VCh¹ con si mirabil FR² VCh² (β)

Edd.: Bongi 1858, p. 30; Volpi 1907, p. 183; Sapegno 1952, p. 260; 1967, p. 155; Corsi 1969, p. 584.

Sonetto: ABBA ABBA CDE CDE

Le considerazioni di Flamini riguardo al rapporto Natura-Cielo nelle rime di Rinuccini e di Petrarca sono svolte a partire dai vv. 3-4 di questo sonetto: l'affermazione che vi si trova (la Natura non poteva formare la donna) rivelerebbe una distanza tra Petrarca e il rimatore. In due casi questi afferma, invece, che fu la Natura a dotare la creatura amata di supreme qualità (V 24-5; XXVI 7). Anche per Petrarca, del resto, la Natura non è l'unica responsabile della creazione delle doti di Laura: essa viene dal Cielo (cfr., ad esempio, RVF LXXVII 5-6 e CXXVI 55). L'esempio più utile a mostrare l'inconsistenza della questione è RVF CXCIII 12-4 «Allor inseme, in men d'un palmo appare | visibilmente quanto in questa vita | arte, ingegno, Natura e 'l Ciel pò fare». La stessa ambivalenza è accolta nel *corpus* rinucciniano (cfr. son. XXXVI). Cfr. anche Guittone, son. 12, 12-14 e nota di Leonardi.

1. Certamente sul modello di Dante, *Rime*, LXXXIX *Chi guarderà giammai* [...].

2. *idea*: Marti 1971, p. 380, ritiene più opportuno seguire la variante *iddea*: «[...] non "*somma idea*" come risolve il Corsi con un richiamo alle dottrine platoniche, mentreché sarebbe più giusto richiamarsi all'analogo *tópos* stilnovistico e occitanico ("Fra lor le donne *dea* | vi chiaman, come siete", Cavalcanti I, 27-28; "quella ch'è *dea* d'ogni gran biltate", Cino CII, 11; ecc), il quale ritorna proprio nel successivo componimento: "chi vede questa *dea* che dal ciel viene")». Ma *idea* può accostarsi in questo caso a XXIX 6 «questa che per idea *dell'altre* è data» per lo stesso tipo di costruzione. Per l'accostamento di *idea* e *Natura*, Corsi 1969, p. 584 rimanda a RVF CLIX.

3. Cfr. Ricciardo da Battifolle (in Corsi 1969, p. 424), IV 1-2 «Amor parla con meco e dice: — Or mira | se mai fece natura un tale oggetto».

4. *vago lume*: cfr. RVF XC 3-4 «e 'l vago lume oltra misura ardea | di quei begli occhi, ch'or ne son sí scarsi».

6-7. Cfr. IV 12-4.

9. *Né le mancò se non ch'ella è mortale*: «alla perfezione della donna lodata manca soltanto l'immortalità. Questa variante [rispetto al *tópos* della bellezza suprema della donna come opera della Natura e di Dio] compare in Guido Cavalcanti, quando egli [...] dice di madonna: "ch'ell'è per certo di sì gran valenza | che già non manca i ·llei cosa da bene, | ma' che Natura la creò mortale (XLIX 9-11)"» (cfr. Marti 1972, pp. 135-6).

10. *a tempo*: 'al tempo opportuno'. — Cfr. RVF CCLXVIII 27-8 «perché cosa sì bella | devea 'l ciel adornar di sua presenza».

12. Sinalefe *però — umìl* (con diastole).

13. *velo*: il corpo; cfr. V 72. Cfr. RVF CCCII 11 «e là giuso è rimaso, il mio bel velo»; CCCXIII 12 «Così disciolto dal mortal mio velo». — *deciderà* (lat. *decido*): 'reciderà'.

XLV

FL² (ms. base), c. 194v; Pit¹, c. 202v; FN⁴, c. 258r; VL, c. 525v; FR², c. 124v; VCh², c. 86v; VCh¹, c. 113v

Tutta salute vede
chi vede questa dea, che dal ciel viene,
per cui libertà a me perder conviene.

Leggiadria, gentilezza e onestate

4 leggiadra FR² VCh² (β)

5 seggono in lei come in lor proprio sito
 con perfetta biltà; e chi la mira
 empie sì l'alma sua d'ogni bontate
 che con vil cosa non può stare unito,
 ma in dolcezza d'amor sempre sospira;
10 dunque l'alma, che tira
 da llei ciò che quaggiù si può di bene,
 ringrazia la sua fe' cch'a llei mantiene.

5 segguono (*preceduto da una nota tironiana*) FN[4] seguono VCh[1] comelor (*om.* in) VCh[1] **6** beltate a chi FR[2] VCh[2] (β) **8** star unita FR[2] VCh[2] (β)

Edd.: Bongi 1858, p. 31; Sapegno 1952, p. 267; 1967, p. 159; Corsi 1969, p. 585.

Ballata mezzana mista di endecasillabi e settenari con ripresa yXX, una stanza con fronte di due mutazioni ABC ABC e volta simile alla ripresa cXX. Assonanza in y-X e consonanza in A-B. Pagnotta 1994, 223:9.

 1. Cfr. V 70; *Vita Nuova, Vede perfettamente onne salute*; Matteo Frescobaldi, *Deh, cantate con canto di dolcezza*, 4 «è tornata per dar pace e salute».
 2. *Dea, che dal ciel viene*: cfr. I 9-10.
 3. Cfr. XV 10.
 4. β legge *leggiadra*, forse per risolvere una supposta ipermetria: ma si può effettuare sinalefe tra *gentilezza, e, onestate*; o meglio, considerare *leggiadria* trisillabo, come avviene del resto in RVF quando il termine non si trovi alla fine del verso (cfr. CCXIII 5; CCCXXXVIII 3); cfr. Menichetti 1993, p. 242-3. — Cfr. LI 3-4, dove *leggiadria* e *gentilezza* sono accostati; si veda, inoltre, III 2. *Onestà* e *leggiadria* sono «giunte» in RVF CCLXI 6.
 8. Cfr. Guinizzelli X 12 «e no 'lle pò appressare om che sia vile».
 10. *tira*: 'trae' (cfr. XLIII 11).

XLVI

FL[2] (ms. base), c. 194v; Pit[1], c. 203r; FN[4], c. 258v; VL, c. 526r; FR[2], c. 125r; VCh[2], c. 86v

 O gran signore appellato Cupido,
 che Febo signoreggi, Marte e Giove,
 ed ogni intelligenza — che 'l ciel move,

Intelletto, Virtù, — Arte e Scïenza,
5   prendon principio dal dorato telo
e da Venere tua e dal suo cielo.

Te ringrazio io, a cui poi servo fu':
sentito ho ben, che mai non senti' più.

6 et da uene tua VCh²   et da le uene tua FR² (le *è inserito*)   **8** bene FN⁴

Ed.: Bongi 1858, p. 31.

Madrigale: AB(c)B (e)CDD EE, con gioco di rime e assonanze interne: *intelligenza*: *scienza*; *virtù*:*fu'*; *Cupido*:*principio*:*io*. Si noti l'uso della rima ossitona nel distico finale.

Affermazione della superiorità di Amore nel preziosismo formale del madrigale. Tornano il motivo mitologico e quello cortese del servo.
2. Cfr. RVF CCCXXV 31-4 «A le pungenti, ardenti et lucide arme, | a la victoriosa insegna verde, | contra cui in campo perde | Giove et Apollo et Poliphemo et Marte»; Amore signoreggia su Febo, pungendolo d'amore per Dafne; su Giove, innamorato di Danae, cfr. XXVI 12. Giove rappresenta la potenza; Apollo la bellezza e la dottrina; Marte la fortezza e il valore (cfr. Carducci-Ferrari 1899, nota al luogo petrarchesco cit.).
5. Per il solito motivo del dardo, cfr. III 7.
6. *cielo*: cfr. V 71. — Errore indiretto di FR², dovuto probabilmente al fraintendimento di un compendio; il v. di VCh² risulta ipometro, ma non modifica il modello; FR², tentando di correggere l'evidente errore, sceglie *da le uene tua*.
7. Per la figura del servo d'amore cfr. Lapo Gianni III; cfr., inoltre, il son. II.

XLVII

FL² (ms. base), c. 195r; Pit¹, c. 203r; FN⁴, c. 258v; VL, c. 526r

Qual maraviglia è questa,
che tante volte in voi l'alma non guarda
che di nuove bellezze il cor non arda?

O pargoletta scesa
5   qua giù nel mondo su dal terzo cielo
per mostrar qui tua bellezza infinita,
ragguarda quanta offesa

        a sé fa chi e' capei canuti al velo
        serba, non cognoscendo la sua vita.
10   Dipoi la sbigottita
        navicella del servo, che è in tempesta,
        rimira, e la sua fe', cch'a tte è presta.

12 e si presta FN⁴

Edd.: Bongi 1858, p. 31; Sapegno 1952, p. 266; 1967, p. 159; Corsi 1969, p. 586.

Ballata mezzana di endecasillabi e settenari con ripresa xYY, una stanza con fronte di due mutazioni aBC aBC e volta che riprende la rima dell'ultimo verso della fronte e il primo (anziché, come avviene solitamente, l'ultimo) della ripresa: cXX. «[...] nel secolo XIV a questa prassi generalizzata [*scil.* quella dell'identità di rima fra l'ultimo verso della volta e l'ultimo della ripresa] talora si fa eccezione, collocando nell'ultimo verso della volta una rima della ripresa che non sia quella dell'ultimo suo verso» (cfr. Capovilla 1975, p. 124, e i casi segnalati alla nota 49, p. 145, inoltre il riscontro con «l'unica [ballata] del Saviozzo pervenutaci», *Se gli angelici cori ebber mai Iddia*, peraltro ritenuta madrigale dal suo editore (*ibid.*, p. 130). Il caso di Rinuccini è menzionato da Orlando 1993, pp. 90-1. Assonanza in X-a e altra assonanza interna (in B) ai vv. 9 e 11. Pagnotta 1994, 213:2.

    Ciascuna parte della ballata propone un tema concluso in se stesso: la ripresa quello dell'arsura d'amore, la fronte della stanza quello della pargoletta che non si concede all'amore e la volta la metafora della barca. L'immagine dantesca della pargoletta è usata qui (diversamente che in XIX) secondo il modello di *I'mi son pargoletta bella e nova*.
    2-3. 'Ogni volta che l'anima guarda in voi, il cuore arde per nuove bellezze' (si noti la ripresa di *che*). Cfr. Dante, *Rime*, XCI 71-2 «Io non la vidi tante volte ancora | ch'io non trovasse in lei nova bellezza».
    4. *pargoletta*: cfr. Dante, *Rime*, LXXXVII 1-4 «I' mi son pargoletta bella e nova, | che son venuta per mostrare altrui | de le bellezze del loco ond'io fui. | I' fui del cielo, e tornerovvi ancora». Cfr. XIX 10.
    5. *terzo cielo*: il cielo di Venere; cfr. V 71 e XLVI 6. Il tema è il solito della origine celeste della donna (cfr. I 10-1; IV 12-3), ma con la *variatio* della sua provenienza dal cielo della dea d'Amore.
    6-8. Per Corsi 1969, p. 586 si tratta di una allusione (ma la chiosa è «stonata» per Pasquini 1971, p. 248) «alla ritrosia della donna a mostrarsi vecchia»; questi versi parrebbero piuttosto un ammonimento alla donna affinché acconsenta all'amore, prima che sia troppo tardi, e si ritrovi ormai vecchia. Il tema è anche in Franco Sacchetti, XXV 27-8 «[...] ciascun va per un sentero | a mortal fin, perdendo sua bellezza» e in Bartolomeo di Castel della Pieve, *Cruda, selvaggia, fugitiva fiera* (in Corsi 1969, p. 510), 15-7 «Già l'alber della vita ha secco il verde | in molte ch'a la fin si son pentute | che lor bellezze non han conosciute» ed è pure ripreso in XLVIII 10. *Velo* pare qui usato nel senso della ballata petrarchesca XI *Lassare il velo o per sole o per ombra*, dove il rifiuto della donna di *lassare il*

velo (v. 1) indica la sua refrattarietà all'amore del poeta. Il termine è usato con diverso significato (metafora del corpo) in V 72; XLIV 13; LI 2; LII 14. Di diversa opinione Sapegno 1952 e 1967, per il quale la donna «rifiuta l'amore e si serba intatta per una vita di penitenza. È il solito motivo terreno e preumanistico, che qui affiora tra gli esili ricami di un esausto stilnovismo».

    11. *navicella*: cfr. III 5 e XXI 11. — *servo*: cfr. II 3. — *tempesta*: cfr. XXI 9-12.

XLVIII

FL² (ms. base), c. 195r; Pit¹, c. 203r; FN⁴, c. 258v; VL, c. 526v; FR², c. 125r; VCh², c. 87r

> Che giova 'nnamorar degli occhi vaghi
> di questa donna altera
> che, com' più l'amo, più diventa fera?
>
> Ella si sta, signor, fuor di tua corte
> 5 e di te beffa, e di tua signoria;
> e me per crudeltà conduce a morte.
> Oh me!, sosterrai tu che questo sia?
> Tua la vergogna e mio il danno fia:
> Deh, fa' ch'entri in tua schiera,
> 10 e sé conosca, e 'l tempo, innanzi sera.

1 gioua a inamorar FR²   gioua inamorar VCh²   **10** si conosca FR² VCh² (β)

Edd.: Trucchi 1846, p. 143; Bongi 1858, p. 32; Sapegno 1952, p. 265; 1967, p. 158; Corsi 1969, p. 586.

Ballata mezzana di endecasillabi e due settenari con ripresa YxX, una stanza con fronte di due mutazioni AB AB e volta simile alla ripresa BxX. Pagnotta 1994, 115:39.

    Il motivo cortese della schiera e della corte di Amore è arricchito e rinnovato da quello moralistico della conoscenza di sé e della vita, che renderebbero la donna più benevola. L'analogia di un *incipit* di Niccolò Tinucci con questo mostra che le rime di Cino Rinuccini non dovettero essere ignorate dai contemporanei.

    1. Cfr. Niccolò Tinucci, *Che giova innamorar di questa dea*. — *occhi vaghi*: cfr. XV 1.

    2-3. *donna altera...fera*: cfr. la canzone XIV.

    4. *corte*: il motivo si trova in XXV 13.

    5. *di te beffa*: 'si fa beffe di te'.

    8. Cfr. RVF CCVII 78 «La colpa è vostra, et mio 'l danno et la pena».

9. *schiera*: «nel corteggio dei tuoi fedeli». (Sapegno 1952, p. 265).

10. «avverta il rapido fuggire degli anni, e quindi la necessità di amare e godere, prima che sopraggiunga il tramonto della sua giovinezza» (Sapegno 1952 e 1967). Cfr. anche XLVII 7-9. — *innanzi sera*: cfr. RVF CCCII 8. — Corsi legge secondo α, dando valore tonico a *sé* (che in posizione protonica passerebbe invece a *si*, come in β, cfr. Rohlfs § 130) e restituendo il senso che Bongi non intuiva (leggendo, secondo LM⁶, *e se conosca il tempo innanzi sera*).

XLIX

FL² (ms. base), c. 195r; Pit¹, c. 203v; FN⁴, c. 259r; VL, c. 526v

> Oïmè lasso, ché già fuor si smonda
> del miser corpo l'alma
> con sì gran salma — che al tutto m'affonda.
>
> Più che altro pruovo e sento
> 5   le cocenti faville,
> Amor, che a' tuoi suggetti fai sentire:
> onde sempre pavento
> che 'l dolor che distille
> non sia cagione a me di reo morire.
> 10   Mostrale adunque del tempo il fuggire
> sì ch'io per lei non manchi
> anzi che imbianchi — la sua treccia bionda.

3 cosi gran VL   **12** rimbianchi FN⁴

Ed.: Bongi 1858, p. 32.

Ballata mezzana mista di endecasillabi e settenari, con ripresa XyX, una stanza con fronte di due mutazioni abC abC e volta CdX. Rimalmezzo al v. 3 e al v. 12. Pagnotta 1994, 205:2.

Dalla percezione del proprio corpo mortale (ripresa), alla più precisa consapevolezza della causa della propria morte (fronte), al desiderio che la donna avverta lo scorrere del tempo e sia più benevola, così che l'amante non muoia e possa vederla invecchiare (volta).

1. *oïmè lasso*: cfr. il son. XII. — *si smonda*: 'si monda', con prefisso (*ex*) intensivo.

4. *salma*: 'soma, peso'; cfr. RVF CCLXXVIII 13 «per far me stesso a me più grave salma».

6. *suggetti*: cfr. XIX 1.

8. *distille*: 'fai cadere goccia a goccia': cfr. RVF CCXLI 10 «[...] che 'l dolor distilla»; Fazio degli Uberti 6, 34 «se 'n pianto vede che 'l mio cuor distilli»; inoltre, in rima con *faville*, cfr. RVF LV 5-8 «faville [...] | convien che'l duol per gli occhi si distille». Per la desinenza in -*e* della seconda persona sing., cfr. XLII 8.

9. Costruzione alla latina del *verbum timendi* (cfr. III 3).

10. Cfr. F. Sacchetti, XXV 38-9 «Adunque pensa al tempo, po' che l'hai | e forse te a me più mostrerai».

11-2. 'Così che io non muoia (*manchi*) (cfr. vv. 1-2 e 9) per causa sua prima che ella invecchi'.

L

FL² (ms. base), c. 195v; Pit¹, c. 203v; FN⁴, c. 259r; VL, c. 527r

S'i' sono stato sempre sotto il giogo
della tua signoria,
perché tormenti sì la vita mia?

Il fedel servo dal suo car signore
5   spera, quando che sia, — remunerarsi.
Dunque, Amor, tu che vedi il mio dolore,
e sai ben la cagion perch'io tutto arsi,
inclina i crudeli occhi ad umiliarsi,
ne' qual' s'annida e cria
10   tutto il conforto di mia vita ria.

1 sio Pit¹ FN⁴ VL   so(n) stato VL   **4** caro FN⁴   **5** chei sia FN⁴   **8** inchina Pit¹ FN⁴ VL

Ed.: Bongi 1858, p. 33.

Ballata mezzana di endecasillabi e due settenari con ripresa YxX, una stanza con fronte di due mutazioni AB AB e volta simile alla ripresa BxX. Rimalmezzo al v. 5. Pagnotta 1994, 115:40.

L'amante chiede ad Amore una ricompensa per il servizio reso. Il tema è provenzale e siciliano.

1. *giogo*: cfr. RVF LXII 10 «ch'i' fui sommesso al dispietato giogo»; LXXIX 5-6 «Amor, con cui pensier mai non amezzo, | sotto 'l cui giogo già mai non respiro».

2. *signoria*: cfr. XXXVII 3.

4. *servo*: cfr. XLVI 7. — Cfr. anche Pier delle Vigne, I 1-2 (Contini 1960, p. 121) «Amore, in cui disio ed ò speranza, | di voi, bella, m'à dato guiderdone». — *car signore*: Boccaccio, *Rime*, XX 11 «[...] caro signor mio».

5. Cfr. Rinaldo d'Aquino, *Per fin'amore* (Contini 1960, p. 113), 43-5 «signoria vol ch'eo serva lëalmente | che mi sia ben renduto bon merito [...]»; si veda anche il sonetto anonimo in Panvini 1962, p. 612, XLIV 9-13 «Amore, eo v'ho servito, ancor vi servo, | ora mi meritate in qualche parte; | non m'ancidete, chè la mort'è dura, | chè bon signore merita suo servo | e vallo difendendo in ogne parte».

8. *crudeli occhi*: cfr. XLVIII.

9. *cria*: 'si forma, cresce' (?) (cfr. i riscontri di REW 2305).

LI

FL² (ms. base), c. 195v; Pit¹, c. 203v; FN⁴, c. 259v; VL, c. 527r

Chi vuol veder quanto poté mai il cielo
miri costei sotto il candido velo

e vedrà sì vezzosa leggiadria
con gentilezza ed adorna biltate
5   che dirà: «Non fu mai, né è, né fia
tal miracol, quale è in questa etate».
Adunque, Amor, che sai mia fedeltate,
ferisci lei col tuo dorato telo.

1 puote FN⁴

Edd.: Bongi 1858, p. 33; Volpi 1907, p. 185.

Ballata minore di endecasillabi con ripresa XX, una stanza con fronte di due mutazioni AB AB e volta BX. Pagnotta 1994, 111:2.

1-2. Cfr. RVF CCXLVIII 1-2 «Chi vuol veder quantunque pò Natura | e 'l Ciel tra noi, venga a mirar costei»; altri incipit analoghi sono in Matteo Frescobaldi, *Chi vuol veder visibilmente Amore*; Ventura Monachi, *Chi vòl veder una solenne festa* (in Corsi 1969, p. 70).

3-4. *leggiadria* e *gentilezza* sono accostati, come in XLV 4 (cfr. anche III 2).

6. *miracol*: cfr. V 2; V 10; V 71; XXXII 22; Dante, *Vita Nuova*, son. XV 14 «sì è novo miracolo e gentile»; *Tanto gentile*, 7-8 «cosa venuta | da cielo in terra a miracol mostrare».

10. È la solita immagine di III 7.

LII

FL² (ms. base), c. 195v; Pit¹, c. 204r; FN⁴, c. 259v; VL, c. 527r

Le varie rime che Amore ha dittate
nell'alma trista, che or signoreggia,
cheggion perdon, se mai uom savio leggia
quanta è stata del cor la vanitate;

5   e a voi, amanti, omai gridan pietate
perché compatïendo Amor proveggia
al mïo stato, che non pur pareggia,
ma d'amar passa ogn'altro, in veritate.

Fra questi van' pensier' tornami a mente
10   mio viver corto, ed anco il sommo Sire,
il qual ne vede qui dall'alto cielo:

per ch'io il priego col cor divotamente
ch'io sia contrito, al fin, nel mio partire
quando si squarcerà dell'alma il velo.

---

3 perdono (-o *espunta*) FL² Pit¹   perdono FN⁴ VL   **9** vani (-i *espunta*) FL²
Pit¹   vani FN⁴ VL   pensieri FL² Pit¹ FN⁴ VL

Edd.: Bongi 1858, p. 34; Corsi 1969, p. 587.

Sonetto: ABBA ABBA CDE CDE

L'ultimo sonetto del *corpus* rinucciniano (nell'ordine che questo assume nella Raccolta Aragonese) è interamente modellato sul primo dei RVF: Corsi 1969, p. 587 segnala giustamente che Rinuccini «fonde le due frasi petrarchesche *rime sparse* e *vario stile* del primo sonetto del *Canzoniere*»: non è possibile dire se il rimatore avesse in mente un riordinamento delle sue rime, o se l'aspetto di 'canzoniere' che assume la sua produzione nella Raccolta Aragonese sia stato invece voluto da altri (cfr. *I codici*, pp. 77-78): certo è che la posizione di chiusura si addice bene al sonetto, che ha il tono del congedo e fonde i temi stilnovistici e quelli mistico-moraleggianti. Si noti l'allitterazione nel primo verso, inoltre la ripresa, in *van'* del v. 9, di *vanitate* (v. 4): il che pare un tentativo di riprendere *le vane speranze e 'l van dolore* — v. 6 —, richiamato da *vaneggiar* — v. 12 — nel modello petrarchesco.

    1. *dittate*: è un'eco della dichiarazione (dantesca) del poeta come *scriba amoris*, del

rimatore della nuova maniera la cui attività lirica si svolge per ispirazione di Amore; cfr. anche XXXI 2.

3. Cfr. RVF I 8 «spero trovar pietà, nonché perdono».

4. Cfr. RVF I 12 «et del mio vaneggiar vergogna è 'l frutto».

5. Cfr. RVF I 8.

6. *compatïendo*: latinismo morfologico e semantico.

7. *mïo* dieretico (diffuso nella poesia delle origini e in Dante, ma abbandonato da Petrarca) è favorito dalla parola seguente con *s-* complicata (cfr. Orlando 1993, pp. 29-30); si cfr. anche Menichetti 1993, p. 251.

8. *d'(amar)*: «rispetto, a proposito di», cfr. Boccaccio, *Decameron*, II, 7, 64; VI, 10, 13. (cfr. Corsi 1969, p. 587). — *passa*: 'supera'.

9. *van' pensier'*: cfr. RVF I 6 «fra le vane speranze e 'l van dolore».

13. *partire*: cfr. RVF CCLXIV 117 «Or ch'i' mi credo al tempo del partire». Cfr., inoltre, l'*ultima partita* di XXXVII 13.

14. *quando si squarcerà dell'alma il velo*: per il significato di *velo* come 'corpo', cfr. V 72 oltre che RVF XXVIII 61-2 «Dunque ora è 'l tempo da ritrare il collo | dal giogo antico, et da squarciare il velo»; CCCLXII 4 «lasciando in terra lo squarciato velo»; CCCII 10-1 «[...] quel che tanto amasti | e là giuso è rimaso, il mio bel velo».

LIIIa-LIII

«Pippus de Sacchettis [...] qui novum et inauditum concinendi genus et modum invenit» (Coluccio Salutati, *Epistola* II) è «Filippo, detto abitualmente Pippo, uno de' figlioli che Franco di Benci Sacchetti aveva avuto da Felice Strozzi [...]». Fu priore nel 1415 e 1430 (cfr. la nota di Novati 1891, II, pp. 458-9 all'epistola). La tenzone si svolge secondo i canoni della rimeria comico-realistica, dal vocativo iniziale, alle allusioni per noi oscure, all'accusa di omos-sessualità.

LIIIa

VB (ms. base), c.25v; FL⁵, c. 261r; FL⁴, c. 148v

Sonetto di Pippo di Franco Sacchetti

Cino, deh, lascia del danzar la pratica
e non metter più in ciò sollecitudine
poi ch'alle nozze con poca attitudine
facesti quelle scorse alla salvatica.

5   *Avevi tu la testa tua lunatica*
o avevi nel cuore amaritudine?
Ché a' garretti parea ch'un'ancudine
ti fusse bene stata allegacciatica.

Strignevati il cappuccio la celloria
10   *ché non parea che il suon potessi intendere,*
o ammostasti troppo la memoria?

O la fagiana grossa, al mio comprendere,
sì balzellone andavi alla Melloria?
Deh, non voler, per Dio, tale arte offendere:

15   *Va', ritorna a tua arte poetica,*
o tu va' leggi a' tuo' scolari l'etica.

R Sonetto fecie Pippo da Fi(ren)ze e mandollo a Cino FL⁵   **1** Cino mino VB   De lascia cino FL⁴   **2** mettere VB   e(n)cio non metter piu FL⁵ FL⁴ (ε) sollicitudine FL⁵   sollacitudine FL⁴   **5** testa   allor FL⁵ FL⁴ (ε)   **6** o sentivi al FL⁵   o sentivi nel FL⁴   **7** che ben parea una anchudine FL⁵   **8** alle gharrette auessi alleghacciata FL⁵   bene sretta FL⁴   **9** stringeuati FL⁵   o stringnieati FL⁴ **10** chel suon parea che non FL⁵ FL⁴ (ε)   **11** o amostaccato auessi FL⁵   **12** la rana grossa aueui FL⁴   **13** balzellando FL⁴   balzellon nandaui FL⁵   arinballoria VB   malloria FL⁴   **14** uolere VB   p(er)dio tal arte no(n)   uolere FL⁵   p(er)dio a tal chosa non uoler piu atendere FL⁴   **15** ritorna a tua scientia poeticha FL⁵   ma studia chome suoli larte poeticha FL⁴   **16** ensegna a tuoj scholari dialeticha FL⁵   ottu ua aleggiere a tuoi scholari delleticha FL⁴

Edd.: Ciampi 1826, p. 287; Bindi-Fanfani 1878, p. 406; Tanturli 1976, p. 673.

Sonetto ritornellato: ABBA ABBA CDC DCD EE. Di rilievo le rime sdrucciole, tipiche della poesia comica trecentesca.

4. *scorse*: 'corse'.

5-8. Tanturli 1976 considera interrogativo tutto il quartetto, mentre mi pare che i vv. 7-8 si possano intendere come una spiegazione dei due precedenti.

7. *garretti*: 'caviglie'.

8. *allegacciatica*: 'legata con lacci'.

9. *celloria*: 'cervello'.

11. *ammostasti troppo la memoria*: *ammostare* è l'atto di pigiare l'uva per ridurla a mosto (GDLI, s.v.). L'espressione allude qui all'ubriachezza di Cino.

12. *la fagiana grossa*: sessualmente eccitato (accus. alla greca).

13. «La lezione di [VB, *all'imballoria*] appare ripetitoria (*rimballoria* sarà fatto su *rimballare*, qundi con lo stesso valore di *balzellone*» (Tanturli 1976, p. 672); la lezione corretta pare essere *alla Melloria*, anche perché ricompare nella risposta. Si tratta dell'isoletta a ovest di Livorno, teatro della battaglia del 1284 tra Pisa e Genova per il dominio del Tirreno, nella quale l'armata pisana, al comando del conte Ugolino della Gherardesca, fu sconfitta: un evento che segnò l'inizio della decadenza della potenza marinara di Pisa. Ma il riferimento, più probabilmente, è qui alla battaglia del maggio 1410, vinta dai Genovesi, alleati di Ladislao di Durazzo, re di Napoli, contro gli Angioini, accanto ai quali combatterono i Fiorentini. Pippo sembra fare riferimento ad una relazione omosessuale tra Cino e un personaggio che combatteva in quella battaglia. Tanturli 1976, p. 672, nell'impossibilità di individuare il contesto preciso della tenzone, si limita a riconoscere che si tratti di «qualche particolare allusione o doppio senso», e suppone che, quindi, la lezione di VB sia stata «indotta da autocensura».

15. *va', ritorna*: Tanturli introduce la congiunzione *e*, assente nei codici.

16. *va' leggi*: inutile qui la virgola, poiché «*Va'* era frequentemente seguito nell'antica lingua da un imperativo coordinato (opportuno quindi oggi omettere la virgola) anziché da *a* più l'infinito» (cfr. Contini, nota al sonetto di Forese a Dante *Va' rivesti San Gal prima che dichi*).

LIII

VB (ms. base), c. 25v; FL⁵, c. 261r; FL⁴FL⁴, c. 148v

Risposta fatta per Cino Rinuccini

Pippo, s'tu fussi buon mastro in grammatica,
com'io son del danzar, di qui a Udine
non are' pare a te in beatitudine,
ch'empier potresti tuo voglia a boccatica

5   di trassinar †mincabbi† cosce e natica
de' giovinetti con tuo improntitudine;
non pure artier, ma somma capitudine,
ché barba già non curi, né volatica.

     † Io ringrazio colui che fu rotto a Melloria, †
10   il qual tu già in Pistoia volesti prendere
col tuo trin trin, s'i' ben noto la storia.

Ma le manacce tue non seppon tendere
a scorso il laccio, sì che avessin gloria
di lui, ch'a te già non si volle arrendere.

15   Or per dolore hai fatto sì frenetica
la lingua tua, che per uso farnetica.

R Risposta di Cino a Pippo (detto) FL⁵ FL⁴   **1** se tu VB   se fossi FL⁵ fossi un FL⁴   maesrtro VB   **2** i(n)fino audine FL⁵   **3** non auria pari atte FL⁵   dite non auria pari FL⁴   **4** chenpiere uorresti VB   tua FL⁵ FL⁴ (ε)   **5** di trassinare gharzoni minciabbi e naticha VB   di brancolar (*il resto del v. in bianco*) FL⁴   **6** agiouanetti FL⁵   di ghar (*il resto del lemma in bianco*) FL⁴   **7** artieri VB   non chome artieri FL⁵   ma so(m)mo in chapitudine FL⁴   **8** che gia non churi (*spazio bianco*) ne uolaticha FL⁴   **9** ma lui ringratio che FL⁵   ma ben ringratio qual FL⁴   **10** quale VB   di quel che uolesti in FL⁵   **11** tanten sio FL⁵   tum tum come narra la storia FL⁴   **12** minacc(i)e FL⁵ FL⁴ (ε)   seppono VB   sepper FL⁵ FL⁴ (ε) prendere FL⁵   **13** li chorsi lacci sichauesser FL⁵   siche auessi FL⁴   **15-6** *lacuna dei due vv.* FL⁵   **15** e p(er) dolore venuta e freneticha FL⁴   **16** *om.* che VB

Edd.: Ciampi 1826, p. 288; Bindi-Fanfani 1878, p. 408; Tanturli 1976, p. 673.

Sonetto ritornellato: ABBA ABBA CDC DCD EE
Risposta per le rime.

1-3. 'Se tu, Pippo, fossi un maestro di grammatica tanto abile quanto sono io nella danza, tra Firenze e Udine non ci sarebbe alcuno felice come te'.

4. *tuo*: forma del possessivo «usato per tutti i generi e numeri» (cfr. Rohlfs § 427).

4-6. *boccatica*: 'tanta materia quanta si può in una volta tenere in bocca' (su *boccata*, cfr. GDLI, s.v. *boccata*); i versi valgono: 'potresti soddisfare a tua voglia i tuoi desideri erotici e perversi con la tua impudenza (*improntitudine*)'.

6. *tuo*: cfr. v. 4.

5. †*mincabbi*†: Ciampi 1826 propone la congettura *m'ingabbi*, ma non offre alcuna spiegazione.

7. 'Non sarai più semplicemente un artigiano al servizio di un padrone (*artiere* è 'chi esercita un'arte, un mestiere'), ma sarai un capo dell'arte' (la *capitudine* era l'adunanza dei capi delle Arti maggiori e minori a Firenze e indica anche, per metonimia, i capi delle Arti stesse, GDLI, s.v.); è chiaro che si tratta dell''arte' della sodomia.

8. 'Poiché non ti preoccupi dell'aspetto fisico (*barba*), né delle malattie che hanno gli uomini ai quali ti unisci' (la *volatica* è una «asprezza della cute, cagionata da bollicine secche e accompagnata con molto pizzicore» [TB, s.v.]).

9. Il verso conta due sillabe soprannumerarie (e l'ipermetria non è risolta dagli altri testimoni): Tanturli 1976, p. 672 rinuncia a «regolarizzare l'ipermetria, ponendo a testo, ma in modo del tutto provvisorio, la lezione di [VB]».

9-11. Si noti il richiamo alla Melloria che è già nel sonetto di proposta; neppure dal sonetto di risposta è possibile ricavare il senso preciso del riferimento. Impossibile anche ricostruire il contesto di *trin-trin*.

10. *Pistoia* è bisillabo, come spesso nella lirica delle origini.

15-6. Il dolore per il fallimento deve aver spinto Pippo a farneticare, e il risultato del suo parlare incontrollato (come di chi non sa *grammatica*, cfr. v. 1) è il sonetto inviato a Cino.

LIVa

FR⁵, c. 166v; BU, c. 88v; VL, c. 442r; FR², c. 71r; VCh², c. 44v; FR³, c. 135v; H, c. 103r

Sonetto di Chiarino fatto a stanza d'uno innamorato che pigliava
consiglio con Cino di messer Francesco Rinuccini che modo tenesse

> L'arco, la corda, i grevi colpi e doppi
> coll'ardente saette, irate ed empie
> dello 'mbendato arcier m'ingombra ed empie
> sì d'amari sospir', che par ch'i' scoppi,
>
> 5   e qualor cerco solvermi da' groppi
> per isdoppiar mie piaghe e farle scempie,
> ed e' mi fa vie più sudar le tempie
> aggiungendo martìri a' martìr' troppi.
>
> Ond'io ho quasi ogni speranza persa
> 10 di poter mai uscir del suo procinto
> o della forza sua tanto perversa;
>
> se già tu, sottil uom di senno cinto,
> per cui la fonte eliconea versa,
> non m'insegni l'uscir del laberinto.

R Neri de Carinis de Florentia purgatoris viri clarissimi carmina cuidam amico suo BU
Neri Carini Purgatore FR³   **1** grecia *cancell. e corr. in margine* graui (*stessa m.*) FR²
graui FR² BU VL   greua VCh²   colpi graui H   **2** elle saette ardente H
con lardente FR²   cu(n) FR³   con lardenti VCh²   saeti FR²   impie H
3 delo bindato FR²   de(l)linbe(n)dato FR³ H   dello imbindato BU
impie H   **4** chel par BU   di scoppi VCh²   che scoppi BU FR²   **5** et
quando intendo solvermi FR⁵   penso sciogliernmi FR² VL VCh² (ζ) H   **7** allor
FR⁵   edel FR³   e el viepiu mi fa H   **8** aggiugnendo i (i *biffato*) FR²
giugnendome a martiri martir BU   **10** uscir mai BU H   **11** et della
BU   ne della H   **12** setu maestro mio H   **13** la fonte *anche nel marg. sinistro*
VCh²   la fonte *anche nel margine destro* FR²   el fonte eliconeo FR³ BU (il BU)
d(i)elic(h)ona FR² VL VCh (ζ) H   **14** se non FR²   si non VL VCh²   non mi
mostri H *om.* l' FR² VL VCh² (ζ) BU H   di laberinto FR² dil BU

Ed.: Flamini 1889, p. [13].

Sonetto: ABBA ABBA CDC DCD. Le rime in *-empie* dei quartetti si trovano in un sonetto inviato da Alberto degli Albizzi a Coluccio Salutati, con un analogo lamento per i colpi d'amore (si trova in Wesselofsky 1867 I, II, p. 317): vv. 3-4 «quanto con l'arco e con l'ire aspre e empie | Amor mi sprona, e colle frezze orate».

1-3. Metafora dei dardi d'Amore. — *la corda*: con la quale Amore fa prigionieri gli amanti (cfr. Dante, *Paradiso* XXVIII 12).
7. *e(d)* paraipotattico.
10. *procinto*: 'recinto'.
12. *se*: 'a meno che'.

d. LIV[1]

BU, c. 248r

Sonetto rensponsivo ad uno sonetto composto per Neri Carini purgatore
[...] cominza L'arco la corda

Se tutto el stil d'Omero inseme acchioppi
con quel che tanta fama a Laura adempie,
già non contrasterai con quel che rempie
il cuor di doglia, quando a lui t'intoppi.

5   Ma pur, se tu desiri ch'io te sgroppi
i lazzi, ove convien ch'Amor contempie,
or fa' che scrivi, e l'opre magne e scempie
che fan ghirlanda non de querco o d'oppi.

   Così la speme tua non fia sommersa,
10   che 'n più alto pensier avrà suspinto
el cor, che 'n tanti affanni se renversa.

   Ed io ancor, bench'abbia qui dipinto,
lavoro dentro a questa simil sfersa,
che come Amor te vince, Amor m'ha vinto.

2 cum   **3** cum   **9** submersa

Ed.: Flamini 1889, p. [14].

Sonetto: ABBA ABBA CDC DCD
Risposta per le rime.

  1-4. 'Se anche (val. concessivo) riuscirai ad unire lo stile di Omero e di Petrarca, non vincerai (*contrasterai*) Amore, cioè colui che riempie di dolore quando ci si imbatte in lui'.
  1. *achioppi*: 'accoppi, unisci'. — Cfr. RVF XL 4 «mentre che l'un coll'altro vero accoppio».
  2. *quel*: lo stile di Petrarca. — *adempie*: 'realizza pienamente' (propriamente 'porta a compimento', lat. *adimplere*).
  4. *t'intoppi*: 'ti imbatti'.
  5-6. *ch'io te sgroppi* | *i lazzi*: 'che io ti sciolga i nodi'.
  6. *contempie*: 'contempli' (l'amante è, cioè, costretto a contemplare Amore trovandosi sotto la sua signoria).
  8. *non de querco o d'oppi*: non selvatica (*querco*: <lat. *quercus*; *oppi*: aceri). Cfr. Onesto da Bologna vii 5 «e già non son sì nato in fra gli abidi» 'non sono uomo tanto selvaggio'.
  9. 'Con l'aiuto della poesia, la tua speranza non morirà'.
  11. *se renversa*: 'si rinverte', 'si agita'.
  13. *lavoro*: 'fatico'. — *sfersa*: 'sferza', altro strumento di Amore, come l'arco, la corda, i lacci (cfr., anche se con diverso significato, *fersa*, in *Inferno* XXV 79, in rima con *perversa*).

d. LIV²

H, c. 103v

> Intesi e' tuoi martir' sì grevi e doppi
> dal ver camin distraer tuo sacre tempie
> quasi virtù ch'ogni bellezza rempie:
> duolmi ch'Amor t'alacci co' suoi groppi;
>
> 5   perché l'alma gentile par che scoppi
> quando di van' pensier' per forza s'empie.
> Schifar se pur non può le saette impie
> nell'amoroso foco e i dolzi groppi,

3 ch'ogni] dogni

non però debba aver speranza persa
10   l'animo generoso e farsi vinto
perché Fortuna alquanto si rinversa.

Già m'ho trovato in peggior laberinto,
la navicella sottosopra eversa,
e poi dov'ho voluto ho 'l dito intinto.

9 auere

Sonetto: ABBA ABBA CDC DCD, sempre sulle stesse rime.

2. *tuo*: ambigenere e ambinumero (cfr. Rohlfs § 427).

3. Forse 'come forza che ingombra, riempie, fino ad eliminarla, la bellezza'.

12. *m'ho trovato*: costruzione riflessiva con *avere*, cfr. *Inferno* XXXIII 35.

13. Costrutto latineggiante (ablativo assoluto). — *La navicella*: può indicare la topica metafora della vita, ma è forse da ricollegarsi alla «navicella del mio ingegno» di *Purgatorio* I 2, se si ammette che il tema, analogamente a quello dell'altra risposta, sia quello dell'ispirazione e della scrittura poetica. — *eversa*: sconvolta, agitata.

14. Il gesto di intingere il dito (nell'acqua) è quello che il ricco implora dal povero Lazzaro nella parabola evangelica (Luca 16, 24). Cfr. Boccaccio, *Commento alla Divina Commedia*, 1-122 «il ricco [...] priega [Lazzaro] che intinga il dito minimo nell'acqua [...]». La figura indica qui il sollievo provato dall'arsura dell'amore, nel dedicarsi a qualche altra attività (quella poetica, sempre ammesso che sia lecito collegarsi al tema dell'altra risposta).

SCHEMI METRICI

Canzoni

AbbC AbbC C Dd Ee FEf GG, cong. **ABbc cDDc EE**
V (fronte della III st. AbbC AbbA, concaten. A; sirima della V st. Dd Ee FCf GG)

Canzoni cicliche

ABA ACA ADD AEE ; EAE EBE ECC EDD ; DED DAD DBB DCC ; CDC CEC CAA CBB ; BCB BDB BEE BAA ; cong. **AEDCB**
XIV (V st. BDBBCBBEEBAA), XXXII

Sestina
(con *retrogradatio cruciata irregolare*, ma rispetto delle *coblas capcaudadas*)

ABCDEF ; FABCED ; DABCFE ; EDFBCA ; AEDFCB ; BEDFAC
XXVII (e XXVIIbis)
cong. **(b)C(e)(d)FA** XXVII
      (b)C(d)(e)FA XXVII*bis*

Sonetti

ABBA ABBA CDC CDC
XXXVIII (su 5 parole-rima)

ABBA ABBA CDC DCD
III, VII, IX, XXV, XXVI, XXXIX, XL, (LIVa), d. LIV¹, d. LIV²

ABBA ABBA CDE CDE
II (su 5 parole-rima; vv. 10 e 13 **(b)D**), VI, VIII, X, XI, XII, XV [v. 12 **(e)C**], XVII, XVIII, XIX, XX, XXI, XXIII, XXVIII, XXIX, XXXI, XXXIII, XXXIV, XXXV, XXXVI, XXXVII, XLI, XLIII, XLIV, LII

ABBA ABBA CDE DCE
I, IV, XII, XVI, XLII

ABBA ABBA CDC EDE
(XXVIIa)

Sonetti ritornellati

ABBA ABBA CDC DCD EE
(LIIIa), LIII

Ballate

XX AB AB BX
LI

YxX AB AB BxX
XLVIII, L [v. 5 **(x)B**]

yXX ABC ABC cXX
XLV

xYY aBC aBC cXX
XLVII

Xy(y)X AbC AbC Cd(d)X
XXIV

Xy(y)X abC abC Cd(d)X
XLIX

xy(y)X abC abC cy(y)X
XXII

Madrigali

ABB CDD EE
XXX, XLVI [v. 3 **(c)B**, v. 4 **(e)C**]

REPERTORIO LESSICALE

a — modale (*a bianco*) **XXVII** 4, **XXVII**bis 4
  — 'in paragone a' **XXV** 9
[*abbassare*] 'invilire' **XIX** 13
abisso **XXVIII** 8
[*abbattersi*] 'imbattersi' **XXXII** 33
[*acchioppare*] 'accoppiare' d. **LIV**¹ 1
[*accorare*] 'trafiggere il cuore' **XI** 12
[*addolcire*] **XIV** 47, **XVIII** 11, **XXI** 1 (cfr. *raddolcire*)
[*adempiere*] 'realizzare pienamente' d. **LIV**¹ 2
adornar(e) **XLIV** 11; **I** 8, **XXVII** 12, **XXVII**bis 12 (rifl.)
adornezza 'bellezza' **VIII** 4
adorno 'bella' **IX** 9; 'ornato' **XXVII** 27, **XXVII**bis 27, **XXXII** 22; **LI** 4
[*aduggiare*] 'intristire' **XXVIII** 6
[*affanno*] **XII** 12, d. **LIV**¹ 11
[*affinare*] (cfr. prov. *afinar* 'raffinare, render nobile') **II** 8
affisso 'fissamente' **XXVIII** 1
[*aguagliare*] 'paragonare' **XIII** 9
aita 'aiuto' **V** 4
alabastro **XXVI** 4
alb- vedi *arb-*
alma (cfr. anche *anima*) **XI** 3, **XIII** 4, **XXI** 4, **XXI** 8, **XXXII** 58, **XXXVII** 12,
    XXXVIII 7, **XXXVIII** 11, **XLI** 5, **XLII** 8, **XLII** 13, **XLIII** 4, **XLIII** 9, **XLV** 7,
    XLV 10, **XLVII** 2, **XLIX** 2, **LII** 2, **LII** 14, d. **LIV**² 5
altero 'nobile' **VII** 2; 'sdegnoso, sprezzante' **XVIII** 8, **XLVIII** 2
alto **X** 13 ('profondo'), **XXX** 5, **LII** 11, d. **LIV**¹ 10
amaro s. m. **XV** 11, **XXI** 5
    agg. **XXVII**a 6; **LIV**a 4
ammirante **VII** 14, **XL** 5
[*ammirare*] 'stupire' **VIII** 2, **XXXV** 13

A-/amore I 2, I 9, IV 1, V 1, V 27, V 50, V 55, V 80, IX 1, X 1, XI 1, XI 12, XII 12,
     XIII 6, XIII 14, XIV 2, XIV 17, XIV 32, XIV 33, XIV 47, XIV 48, XIV 49,
     XIV 51, XIV 52, XIV 54, XIV 55, XIV 58, XIV 65, XV 2, XV 6, XVII 1,
     XVIII 1, XIX 1, XX 2, XXII 3, XXI 1, XXII 3, XXV 13, XXVIIa 8, XXXI
     1, XXXII 29, XXXII 29, XXXII 34, XXXII 44, XXXII 56, XXXII 59,
     XXXIII 7, XXXV 9, XXXVII 6, XXXVIII 2, XXXVIII 3, XXXVIII 6,
     XXXVIII 7, XLI 2, XLI 14, XLIII 5, XLV 9, XLIX 6, L 6, LI 7, LII 1, LII 6,
     d. LIV¹ 6, d. LIV¹ 14, d. LIV¹ 14, d. LIV² 4

amoroso V 21, XV 6, XXV 2, XXVIIa 3, XXXIV 13, d. LIV² 8

angelico VI 3, XXXVI 2, XXXVI 10

angiolella IX 2

[*angoscioso*] XXXIII 1

anima (cfr. anche *alma*) XXVIII 6, XXVIII 13

animo XVI 10, XLI 13, XLII 4, d. LIV² 10

[*annoverare*] 'contare' VI 14

[*apparire*] IV 1

[*arbuscello*] XXVII 3, XXVIIbis 3 (*alb-*)

arco III 7, LIVa 1

[*ardere*] II 7, IX 6, XIII 8, XIII 11, XV 4, XX 12, XXXIII 9, XXXV 1, XLVII 3, L 7

[*armonizzare*] XXXII 8

[*arrossare*] XXXIII 10

A-/arte VI 11, XXVI 2, XXVI 8, XXVII 6, XXVIIbis 6, XLVI 4, LIIIa 14, LIIIa 15

[*ascondere*] V 25, V 55, XLII 5 (cfr. *nascondere*)

[*ascoso*] V 15, V 50

[*assottigliare*] XXXVII 3; *assottiglia suo' ingegni* 'si ingegna' XVII 6

aurato XII 14, XV 5 (cfr. *dorato*)

[*avanzare*] 'superare' XXV 11, XXIX 2

[*avere*] 'considerare' XXXVIII 12

avorio XXXVI 5

[*avvampare*] XVII 4

[*balascio*] II 11, XXV 1

barca III 5, XXI 11 (cfr. *navicella*)

battaglia XIX 3, XXXIV 6

beato V 44, XXXVIII 11, XXXVIII 14, XLII 3

bellezza V 1, V 35, V 55, VIII 1, XI 13, XXIV 14, XXV 11, XXVIIbis 8, XXIX 3,
     XLVII 3, XLVII 6, d. LIV² 3

bell(o) III 2, V 13, V 15, V 39, V 59, V 99, VI 2, VIII 13, IX 3, IX 11, XIV 23, XV
     10, XXVI 9, XXVII 13, XXXII 11, XXXII 63, XXXVI 6, XXXIX 8,

XXXIX 10, XLI 14, XLIV 8

ben(e) s. m. XXVII 31, XXVII*bis* 31, XXVIII 6, XLV 11, XLVI 8

bilta(te) II 7, IV 11, V 8, V 41, VIII 11, XXVI 14, XXXVI 14, XLV 6, LI 4

[*biscantare*] 'canterellare' XXXII 9

bocca V 30, XXXVI 6

boccatica 'tanta materia quanta si può in una volta tenere in bocca' LIII 4

borro 'baratro' XXVIII 14

[*branca*] 'artiglio' XIV 63

catena XV 7, XLI 3

cervice V 38

chiamar(e) II 12, III 13, V 90, X 7, XIX 8

chiar(o) avv. 'chiaramente' VI 13; XV 12
    agg. IV 2, XIII 13, XVII 8, XVII 10, XXI 10, XXIV 4, XXVII 1, XXVII*bis* 1, XXVII*a* 4, XXXII 5, XXXII 20, XXXII 35, XXXII 42, XXXII 50, XXXII 64, XXV 4, XXXV 6, XXXV 7, 'illustre' XXXIX 2

ciel(o) I 10, III 4, VII 14, VIII 4, VIII 13, IX 10, XXV 4, XXV 10, XXX 1, XXXI 13, XXXII 1, XXXII 3, XXXII 4, XXXII 6, XXXII 7, XXXII 10, XXXII 14, XXXII 29, XXXII 44, XXXII 45, XXXII 59, XXXII 60, XXXII 61, XXXIV 10, XXXV 14, XXXVII 14, XL 8, XLIV 11, XLV 2, XLVI 4, XLVI 6, XLVII 5, LI 1, LII 11; *[i]l terzo cielo* V 71, XVI 11

claritate XLII 14

[*colere*] 'onorare' VII 8

colpo IX 13, XIII 1, XIV 40, XX 1, XX 9. XXII 6, LIV*a* 1

[*compartire*] 'distribuire equamente' XXVI 7

[*compatire*] 'soffrire insieme' LII 6

comprendere s. m. LIII*a* 12
    v. 'provare' V 18

concive III 10

confortare XXXIV 12, XVIII 5, XXXIV 12, XLI 14

conforto I 10, XII 14, L 10

[*conoscere*] XV 11, XXXIII 11 (*cognosco*), XXXV 6, XLIII 1, XLIII 3, XLIII 5, XLIII 7, XLVII 9 (*conoscendo*), XLVII 10; 'riconoscere' XXVII*bis* 18 (cfr. *riconoscere*)

consecrare VII 10

[*consentire*] 'ritenere reale' V 53
    'concedere, permettere' XX 7

contemplare VII 1, XL 7, XLII 10, d. LIV[1] 6

contesser(e) 'tessere insieme' XXXII 18

contrario 'contrasto, contraddizione' XXXV 2

[*contrastare*] 'vincere' d. LIV¹ 3

[*convenire*] 'essere opportuno' V 65, XXXI 3, XLV 3; d. LIV¹ 6

coralmente 'con l'adesione di tutto il cuore' (cfr. prov. *coraus*) XVIII 1

cor(e) I 2, I 14, III 6, V 52, V 57, V 87, IX 8, IX 13, X 10, XIV 5, XIV 35, XIV 37, XV 3, XIX 3, XXI 2, XXII 2, XXIII 4, XXIII 12, XXIV 3, XXIV 9, XXVIII 5, XXXI 5, XXXIII 6, XXXIV 4, XXXIV 13, XXXV 8, XXXVI 6, XXXVIII 10, XXXVIII 13, XLVII 3, LII 4, LII 12, d. LIV¹ 11

coronar(e) XXXII 53

corpo VI 6, XI 48, XVI 37, XLIX 2

corte XXV 13, XLVIII 4

cortese VIII 3

coscia LIII 5

coscienza XLIII 11

[*costume*] 'comportamento aggraziato' VIII 5

[*criare*] 'formare, accrescere' (?) L 9

cristallin(o) V 40

cruccioso 'crucciato' V 88

crudel(e) agg. XI 8, XIV 28, XIV 34, XVI 5, XIX 2, XX 3, L 8
    s. m. XVI 11

crudo XVI 12, XXII 7

crudeltà XIV 2, XIV 30, XLI 8, XLVIII 6

damma 'daina' XXXV 4

dardo XIII 14, XV 5 (cfr. *quadrello*, *strale*, *telo*)

dea I 9, VIII 13, XII 6, XVI 10, XXV 9, XLV 2

debil(e) VI 9, VII 6, XI 4, XXI 11, XXVII 33, XXVIIbis 33

[*decidere*] 'recidere, infrangere' XLIV 11

deïtate IV 14

[*dente*] V 32, XXXV 5

diamante V 87, XVIII 10

[*dichinare*] 'calare' XXXII 44; *dichinarsi* 'volgersi' V 16

[*disarmare*] XIX 11

[*disarmato*] XIX 10

discendere XXV 10, XXX 1, XXXII 45

discisso 'separato' XXXVIII 5

[*disfavillare*] XIII 11, XXXIII 10

[*diserrare*] 'aprire' XII 3

disonore XIX 9

[*distillare*] 'far cadere goccia a goccia' XLIX 8

de-/dittar(e) XXIX 13, XXXI 2, LII 1

[*diva*] 'musa' III 14

divino agg. V 55, V 66, VII 9, XIII 12; XXIX 5, XXXVI 10
    s.m. V 14

dolce agg. III 5, VI 1, XII 4, XIV 11, XIV 29, XV 1, XX 14, XXIII 1, XXIII 10,
    XXVIIa 6, XXXI 1, XXXII 23, XXXII 25, XXXII 31, XXXII 38, XXXII
    53, XXXII 63, XXXIII 14, XXXVI 2, XXXVI 8, XXXVI 9, XXXVI 14,
    XXXIX 8, XLIV 4
    s. m. V 48, XV 11, XXI 5
    avv. XXXII 8, XXXII 28

dolcemente XXX 7

dolcezza VI 4, XXXVI 4, XLV 9

dolente XVII 7, XXXIV 1

[*dolere*] III 5, XXXIV 12

dolor(e) I 6, XXII 11, XXXI 4, XXXIII 3, XXXVII 8, XLIX 8, L 6, LIII 15

donna II 2, II 3, II 6, II 7, II 10, III 1, IV 3, V 15, V 96, V 99, VII 2, XI 11, XIII 7,
    XXV 2, XXV 6, XXVII 5, XXVII*bis* 5, XXVII*bis* 7, XXIX 4, XXXII 2,
    XXXII 63, XL 1, XLIV 1, XLVIII 2; 'padrona' II 2, II 13, XI 11 (cfr. *ma-*
    donna)

[*donzella*] XXV 8

dorato IX 14, XVI 48, XVI 14, XVIII 13, XIX 11, XLVI 5, LI 10 (cfr. *aurato*)

dramma 'quantità minima' XXXV 8

drittura V 24

drudo 'amante' XXV 6

durar(e) 'resistere' XI 2; 'continuare ad esistere' XXVII 35, XXVII*bis* 35

durezza IX 12, XIV 46

duro I 1, V 74, V 85, XIV 37, XIV 64, XVIII 10, XXIV 5; XXXI 11, XXXIII 11

elegger(e) 'scegliere decidere' XXXIV 8

[*elicere*] 'attrarre' V 42

empireo agg. IX 10, XXXII 44

errante (*mondo*) IV 13, XXIV 10, XLII 6

[*errare*] XVI 2

error(e) XXIII 5; XXXI 7

facella IX 6

facondo V 17

falcon(e) pellegrino XXX 1 (cfr. *pellegrino*)

fallace XXI 12, XXVII 34, XXVII*bis* 34, XLIII 13

fallire s. m. XLIII 6

faretra III 7, XVIII 12

F-/fattor(e) 'autore' XXXIX 13; 'creatore' V 54

[favilla] XLIX 5

fe(de) I 2, I 13, V 96, XIV 6, XIV 55, XXVII 37, XXXVII 1, XLV 12, XLVII 12

fedeltate LI 7

fedel(e) L 4

fenice V 39, XI 11, XXIV 2

fera 'fiera' XIV 9, XIV 23, XIV 25, XIV 27, XIV 28, XIV 30, XIV 31, XIV 34, XIV 38, XIV 50, XIV 63

[ferir(e)] XIV 17, XX 2, XLI 8, LI 8

ferito XXIII 13

[fero] 'crudele' X 5, XIV 8, XIV 24, XLVIII 3

fiamma XXXV 1

fiammeggiare XXV 4

[fioccare] 'far cadere' V 31

fiore I 7, XXII 48, XXVII 2, XXVII 9, XXVII 15, XXVII 22, XXVII 30, XXVII 31, XXVII 37, XXVII*bis* 2, XXVII*bis* 9, XXVII*bis* 15, XXVII*bis* 22, XXVII-*bis* 30, XXVII*bis* 31, XXVII*bis* 37, XXVI*bis* 37, XXVII*a* 12, XXXII 17, XXXII 41;'persona che spicca per le sue qualità' XXXVI 14

fiorito XXXII 16

fiso agg. 'fisso' VI 7
avv. 'fissamente' V 35, XXIV 1, XXVII 13, XXVII*bis* 13, XXXII 24, XXXVI 6, XLIV 1

foco II 8, V 11, V 51, VI 6, X 3, XI 2, XIII 8, XVII 4, XX 12, d. LIV^2 8

fonte XXXII 5, XXXII 20, XXXII 21, XXXII 35, XXXII 36, XXXII 37, XXXII 39, XXXII 40, XXXII 42, XXXII 43, XXXII 46, XXXII 50, XXXII 64, XXXV 4; (metafora dell'ispirazione poetica, fonte di Elicona) XXVII*a* 6, LIV*a* 13

fortuna 'sorte' I 6, XIII 1, D. LIV^2 11

fra(gi)l(e) XVI 7, XVI 13, XXVII 33, XXVII*bis* 33, XVIII 2, XLIII 1, XLIV 12

freddo XIV 40, XIV 64, XVIII 10, XXII 8, XXXV 1

[fregiare] 'ornare' VII 3; 'sfregiare' XIX 4

[fronda] XXVII 3, XXVII 10, XXVII 16, XXVII 23, XXVII 29, XXVII 36, XXVII 37, XXVII*bis* 3, XXVII*bis* 10, XXVII*bis* 16, XXVII*bis* 23, XXVII*bis* 29, XXVII*bis* 36, XXVII*bis* 37

fronte V 19, XXVI 3, XXVII 26; XXVII*bis* 22 XXVII*bis* 26

[furarsi] 'sottrarsi' V 79

[*gaetto*] 'screziato' (cfr. prov. *gaiet*) XXV 5

gelo IX 12, XXXIV 13

gentile V 56, VI 3, IX 9, XXIX 8, XXXIX 12, XL 1, D. LIV² 5

gentilezza 'nobiltà' VIII 5, XXVI 14, XLV 4, LI 4

ghirlanda XXXII 56, d. LIV¹ 8

[*ghirlandare*] 'coprire il capo con ghirlande' XXXII 19

[*giglio*] XXVI 3

giogo XXIX 9, L 1

gonna 'palpebra' XI 14

grosso 'rozzo' XXXIX 9

[*guaio*] 'lamento, affanno, tormento' IX 5

[*guancia*] II 14, V 28

guardo 'sguardo' XLI 14 (cfr. *sguardo*)

[*guatare*] XXIX 7

guerra XII 2, XVI 3

idea XXIX 6, XLIV 2

ignobile (*vulgo*) XVI 2

[*imbiancare*] XLIX 12

[*impallidire*] XXI 4, XXXIII 10

incarco XLIII 6

incender(e) XIII 11, XX 12

[*inclinare*] 'abbassare e rivolgere con benevolenza' *inclina* L 8

ineffabil(e) XII 14

inferno XXXVII 11

[*infiammare*] XXXV 5

[*infinito*] V 8, XI 13, XXXIII 4, XXXVII 10, XLIII 8, XLVII 6

[*innumero*] 'innumerevole' XV 3

I-/intelletto V 9, VI 7, XXXVI 12, XLVI 4

intelligenza (celeste) XLVI 3

[*intopparsi*] 'imbattersi' d. LIV¹ 4

[*intricare*] 'rendere difficile' XIX 3

invidia XXV 10, XXVII 8, XXVII*bis* 8, XL 8

[*invilire*] *invilisce* XXI 8

lasso (in inter. con *oimè*) XII 1; XII 3; XII 5; XII 7; XII 9; XII 12; XXIII 14; XXIV
    8; XLIX 1

[*latino*] XXIX 1; 'italiano' XXIX 14

latteo V 46

lauro XL 1

[*laureo*] XXXIX 3

[*lavorare*] 'faticare' d. LIV¹ 13

leggiadria V 10, VI 4, VIII 5, XXVI 13, XLV 4, LI 3

leggiadro 'lieto' XXV 6, XXXVIII 2; 'grazioso' III 2, XX 6, XXVI 1, XXVIIa 4, XXIX 8, XLIV 8

lena 'respiro, forza vitale' XXX 8, XLI 6

leno 'debole, senza vigore' XI 5

leon(e) XXVIII 7

luce 'occhi' XXIII 8 (cfr. *lume*)

lucente II 5, XXVI 4, XXVII 6, XXVIIbis 6

[*lucido*] 'lucente' XIII 10, XXV 4

lume (lume degli occhi) IV 6, V 26, XXXIV 11; 'occhi' VI 1, XVII 13, XXI 10, XLIV 4 (cfr. *luce*)

[*lungare*] 'allontanare' XIV 57

madonna XXXIV 2 (cfr. *donna*)

mancar(e) VI 11, XI 3, XIV 1, XXI 7, XXIV 9, XLIV 9; 'morire' XLIX 11

maraviglia V 53, XLVII 1

maraviglioso 'maravigliato' XXXII 30, XXXII 39

mare XVII 9

marmo XIV 5, XIV 20, XIV 21, XIV 35, XIV 36, XIV 37, XIV 39, XIV 40, XIV 42, XIV 43, XIV 46, XIV 53, XIV 64, XXXV 1

[*martellare*] III 6

martiro/e XVII 14, XXII 12, XXIII 3, XXXIV 4, XLIII 3, LIVa 8, LIVa 8, d. LIV² 1

mè' 'meglio' XIV 13, XIV 45, XXII 5

medela 'medicamento' X 5

[*menare*] 'condurre' XXI 2, XXX 7, XXXV 3, XLI 2

[*mercare*] 'acquistare' X 11

merze(de) XXVIII 14, XXXIII 14, XXXIII 14, XLI 4

mirabil(e) XXIV 2, XLIV 14

miracol(o) V 2, V 10, V 71, XXXII 22, LI 6

mirar(e) XXIV 11, XXX 4, XLIII 14, XLV 6

[*miscere*] XXI 5

morir(e) v. V 97, X 3, XIV 14, XIV 59, XXII 12, XXIII 9, XXXI 6, XXXI 9, XXXIV 8, XLIII 7
   s.m. XXIII 6, XLIX 9

mortal(e) V 14, V 66, V 72, VIII 7, XI 10, XIII 10, XX 1, XXII 6, XLIV 8

M-/morte V 84, V 90, V 90, V 90, X 7, XI 8, XIV 11, XIV 12, XIV 13, XIV 15,
XIV 16, XIV 18, XIV 19, XIV 22, XIV 26, XIV 41, XIV 45, XIV 56, XIV
56, XIV 57, XIV 62, XVIII 14, XIX 8, XX 14, XXI 2, XXIII 2, XXVIIa 9,
XXVIII 2, XXVIII 11, XXXI 10, XXXI 14, XXXIII 14, XXXIV 14,
XXXV 3, XXXVII 7, XLI 2, XLVIII 6

morto agg. I 12
  s.m. XXVIIa 10

mostrar(e) IV 14, V 12, V 92, XXXIV 3, XXXV 12, XXXVI 5, XLVII 6, XLIX
10

mostro 'prodigio' VII 2

munto 'smunto' XI 5

[*nascondere*] XXXI 1 (cfr. *ascondere*)

nastro XXVI 1

natica LIII 5

Natura IV 6, V 25, XXVI 7, XXXVI 1, XLIV 3

natural(e) XIV 32, XLIII 10

navicella XLII 11,d. LIV² 13 (cfr. *barca*)

nemica X 8

[*niveo*] V 32

n(u)ovo XXVIII 9; 'inusitato, straordinario' V 10, XLVII 4

occhio IV 5, V 26, V 63, V 66, IX 7, XVII 2, XVII 8, XX 6, XXII 1, XXIII 11,
XXIV 4, XXVI 5, XXVII 14, XXVIIbis 14, XXVIIa 11, XXX 4, XXXII 31,
XXXII 55, XXXIII 4, XLVIII 1, L 8

o(i)mè XII 1, XII 3, XII 5, XII 7, XII 9, XII 12, XIX 13, XXIII 14, XXIV 8,
XLIX 1(cfr. *lasso*)

onesta(te) V 49, XLV 4

onestamente XXXVIII 3

onesto VI 3

[*onorare*] VII 8

onore IV 12, XIX 12, XXXVII 14, XL 2

oppio 'acero' d. LIV¹ 8

op(e)ra opre d. LIV¹ 7; *opre sante* VII 12, XL 4; *sante opre* XIII 9

orïental(e) V 28, VIII 6

[*ornare*] VII 4, XXIX 3, XXIV 1

ornato XXVII 28, XXVIIbis 28

or(o) II 1, II 4, II 5, II 8, V 19, VII 3, XXV 1, XXVI 2, XXVII 6, XXVII 7, XXVII
17, XXVII 21, XXVII 28, XXVII 34, XXVII 38, XXVIIbis 6, XXVIIbis 7,
XXVIIbis 17, XXVIIbis 21, XXVIIbis 28, XXVIIbis 34, XXVIIbis 38, XXXII

13, XXXXII 19, XLII 1

[*oscurare*] XXIV 11

ostro 'porpora' VII 3

pallido II 13, 11 76

P/paradiso I 14, V 36, XII 4, XXIV 12, XXXVI 3, XLIV 5

pargoletta XIX 10, XLVII 4

partire s. m. 'morire'LII 13

[*partirsi*] 'separarsi' XXVI 6

partita ("*ultima partita*") XXXVII 13

[*passare*] 'superare' IX 11; *passa* LII 8

pauroso XLI 1

[*pellegrino*] 'di rara perfezione, mirabile' XXIX 8, XXXVI 13 (cfr. *falcone pellegrino*)

pena XIV 24, XIV 39, XV 3, XVII 6, XX 8, XXII 3XXXI 14, XXXII 8, XLI 14

penna (per scrivere) VI 9, VIII 10, XXXIX 2; 'piuma' XXX 5

(il) perché 'per la qual cosa, per cui' II 3, X 7, XIX 8, XXVIIbis 37, XXXVI 12

perla I 7, II 11, II 14, V 28, VII 3, XXV 1, XXVII 5, XXVII 11, XXVII 18, XXVII 19, XXVII 26, XXVII 32, XXVII 38, XXVIIbis 5, XXVIIbis 11, XXVIIbis 18, XXVIIbis 19, XXVIIbis 26, XXVIIbis 32, XXVIIbis 38

p(i)etra XVIII 9, XLII 1

[*piangere*] XV 10, XVIII 1 (cfr. *plorare*)

pianto X 11, XIV 19, XIV 47, XIX 4

pieta(te)/(de) V 94, XI 13, XVII 14, XVIII 2, XVIII 8, XIX 7, XX 14, LII 5

pietoso V 86, XV 1, XX 6

(il) piggior (comparativo assoluto) XXVIII 12

[*pingere*] 'spingere' XVI 10

[*piovere*] 'derivare' V 62

[*plorare*] XXXI 12 (cfr. *piangere*)

po-/pulito 'adorno elegante' V 33, V 37, XXVI 4

polve VI 8

pome 'frutto' XXXIX 8

pondo V 6, XX 11

porto XII 11, XXI 8

profondo X 13 (cfr. *alto*)

a prova 'ostinatamente' V 90

pur(e) 'solo' III 9, VII 8, XXVIII 12, LII 7, LIII 7; 'continuamente' VI 2, X 12; 'eppure' XIV 38, XIV 42

[*quadrello*] 'dardo' *quadrella* III 7, IX 7 (cfr. *dardo, strale, telo*)

quale 'colui che' XL 6
querco 'quercia' d. LIV¹ 8

ragionare 'parlare' I 4, XXXIII 3
ragione X 3, X 12, XLIII 11
[*raddolcir(e)*] XVII 8 (cfr. *addolcire*)
[*ragguardare*] XLVII 7(cfr. *riguarda*)
[*rasserenare*] IV 2, XXI 3
remunerarsi L 5
[*renversarsi*] 'agitarsi' d. LIV¹ 11
[*riardere*] XV 5
ricetto 'luogo di accoglienza' XIX 5
[*riconoscere*] XXVII 18 (cfr. *conoscere*)
ricoprir(e) XXVII 23, XXVII*bis* 23, 'nascondere' XXII 5
ridire V 18, V 64
riguardar(e) I 11, V 35, XXIV 1 (cfr. *ragguardare*)
rilegare XV 10, XXVII 8, XXVII*bis* 11
[*rima*] VIII 14, XXIX 12, LII 1
rimar(e) s. m. XXXIX 13
rimirar(e) XLIV 7, XLVII 12
    s. m. XIII 7
[*rio*] XIII 1, XIII 4
riposarsi XVI 4, XXXII 37
[*riposare*] 'far riposare' XXVII*bis* 39
riposo V 59, XXXV 14
[*riprendere*] 'biasimare' XXVIII 8
riso 'sorriso' VI 3, XXXVI 2, XLIV 4
[*risolvere*] 'consumare' VI 5
ritrar(re) IV 11, V 8, V 68, VIII 1; 'ricondurre' XLIV 10
rosa I 7, V 20, XXVI 3, XXXII 18
rosato XXXII 1
[*rosso*] XXVII 9, XXVII 30, XXVII*bis* 30

[*saettare*] V 51
sacrosanto XXXII 37
salma 'peso' XLIX 3
[*salso*] 'salato' XXXIII 5
salute 'beatitudine' V 70, XLV 1
[*santo*] VII 4, XXIX 9 (cfr. anche *op(e)ra*)

sasso I 1, V 74, XXIII 11, XXIV 5

[*sbigottito*] XXVIII 13, XLIII 4, XLVII 10

scampare XVI 8

scampo XVII 1, XXXI 11

schiera XLVIII 9

[*scoccarsi*] 'tenersi lontano' (?) V 33

[*scoglio*] XXI 9

scolorare XXXIV 9

[*scolparsi*] XX 8

[*scorgere*] 'condurre' X 1, 'vedere discernere' XXXII 25

[*scorsa*] 'corsa' LIIIa 4

scorso 'scorsoio' LIII 13

(i)scudo XXII 4

[*sdegno*] XVII 2, XXXI 4

[*secondare*] 'favorire, rendere propizio' XXXVIII 13

seguitare 'seguire' XXX 6

selva XIV 9, XV 5

[*selvaggio*] XIV 8

[*sentenzia*] 'giudizio' XXXVI 13

[*sentenziare*] 'condannare' V 84

[*sereno*] I 9

serico XXVII 27, XXVII*bis* 27

servo II 3, XIV 54, XLVI 7, XLVII 11, L 4

[*sfavillante*] XXX 4

sguardo XV 1 (cfr. *guardo*)

S-/signor(e) 'Amore' I 3, II 9, II 12, IV 7, V 5, V 73, VI 12, XI 9, XVI 5, XVIII 12,
    XIX 6, XXI 9, XXII 10, XXXIII 2, XXXVII 1, XLVI 1, XLVIII 4, L 4;
    'donna' XXIII 1; 'Dio' XLI 11

[*signoreggiare*] XLVI 2, LII 2

signoria XIX 14, XXXVII 3, XLVIII 5, L 2

smalto VIII 10

[*smondare*] 'mondare' XLIX 1

[*smontare*] 'salire' V 23

[*snervare*] XX 4

soave agg. V 32, V 51, XXIII 10
    avv. XXXII 7

sofferire 'sopportare' XXXIV 5

sol(e) III 4, V 27, V 66, VII 1, XII 14, XIII 12, XXVII 1, XXVII 8, XXVII 14,

XXVIIbis 1, XXVIIbis 8, XXVIIbis 14, XXXII 6, XXXII 20, XXXIV 11; 'giorno alba' XXVII 24, XXVII 35, XXVIIbis 24, XXVIIbis 35; 'Dio' XXVII 39, XXVIIbis 39, 'donna' XXVII 25, XXVIIbis 25, XXVIIa 11

[soma] 'peso, grave responsabilità' XXXIX 5

sorte V 85, XXXI 13, XXXIII 11

sospirare IV 8, XXII 3, XLV 9

[sospiro] X 11, XIV 19, XIX 4, XXXIII 1, LIVa 4

[sparto] spargere VI 14, XXVI 3

spir(i)to V 100, XI 5, XIV 38, XXXIV 1, XLI 1; spiritel(lo) XXXIV 6

splendïente XXVI 5

splendore XXIII 8, XXXI 8, XL 7

[spolpare] 'togliere la polpa' (nel senso fig. di 'togliere l'energia') XX 4

[squarciare] LII 14

stato 'condizione' XVI 13, XXXV 11, LII 7

stella III 3, VI 14, XXV 4, XXXIV 11; 'occhi' V 26; 'donna' XIII 10, XIII 14

stile IX 11, XXXIX 14, d. LIV¹ 1

[straccare] 'stancare' XXX 7

[strale] XIV 48, XVIII 13, XIX 11 (cfr. dardo, quadrello, telo)

stremo agg. 'estremo' XXXV 11, XLI 9
    s. m. 'limite delle forze' XI 1

[succiso] 'reciso' XXVII 16

suggetto 'suddito' s. m. suggetti XVI 6, XLIX 6
    agg. XIX 1, XLII 2

[svelto] 'sottile magro' svelta V 37

telo 'dardo' IX 14, XVI 14, XLVI 5, LI 8 (cfr. dardo, quadrello, telo)

tempesta XLVII 11

tempestoso XVII 9

tempo XIV 29, XIV 51, XXVIII 3, XXXIII 9, XXXVIII 1, XXXVIII 4, XXXVIII 5, XXXVIII 8, XL 11, XLIII 2, XLVIII 10, XLIX 10; 'tempo opportuno' XLIV 10

[tenere] 'considerare' IV 3

tigre s. m. XIV 27

[tirare] 'trarre' XXVIIa 3, XLIII 11, XLV 10

[tormentare] XII 13, L 3

[tormentato] XXIII 4, XXXI 5, XXXIII 6

[tormento] XXXIV 3

[trapassare] 'morire' I 8, XXVIIbis 38

[trasfigurarsi] V 75

tristo V 85, XI 6, XX 3, XXIV 8, XXVIII 13, XXIX 13, XXXIII 2, XXXIII 13, XLI 5, LII 2

triunfante XL 1

[triunfare] XIV 49

[turbare] XI 14, XXI 3

turbato XVII 3, XXXI 8

turbo 'turbine' e 'oscurità' XVII 10

(al) tutto XI 4, XLIX 3

umil(e) V 16, V 57, XV 11, XIV 62, XLIV 12

umiliar(e) XIV 50, L 8

umil(i)ta(de)/(te) V 98, XVIII 6

vago IV 5, V 57, IX 2, XII 6, XIII 7, XV 1, XXV 8, XXVIIa 7, XXVIIa 10, XXX 5, XXXXII 17, XXXVI 2, XLIV 4, XLVIII 1

[valere] 'giovare' V 77, X 12, XIV 7, XIV 55, 'prevalere' XIX 14

valore XL 3

[varcare] 'avanzare' III 8

velo XLVII 8, LI 2; 'corpo' V 72, XLIV 13, LII 14

vesta XVI 10, XLII 3

vestir s. m. 'veste' XXVII 20, XXVII 27, XXVII 33, XXVIIbis 20, XXVIIbis 27, XXVIIbis 33, XXXII 13

vezzoso I 11, IX 9, XXVI 1, LI 3

vile V 60, VI 5, IX 13, XLV 8

[vincere] XVIII 8, XIX 12, d. LIV[1] 14, d. LIV[1] 14; 'superare' II 11, XXIII 8, XXIX 1, XXIX 4; 'avvincere legare' XL 3

virtu(te) IV 4, V 9, V 68, VII 4, VIII 11, XXIX 5, XXIX 7, XXXVIII 4, XLII 9, XLVI 4, d. LIV[2] 3

[volvere] 'volgere' VI 1

vulgo XVI 2

zaffir(o) VIII 6; *zaffin'* XXV 1

INDICE DEI NOMI E DEI LUOGHI
CONTENUTI NELLE RIME

INDICE ALFABETICO DEI CAPOVERSI

INDICE GENERALE

FINITO DI STAMPARE
NEL MESE DI LUGLIO 1995
PER CONTO DELLA
CASA EDITRICE LE LETTERE
DALLA TIPOGRAFIA ABC
SESTO F.NO - FIRENZE

CAMPIONE
GRATUITO

UNIVERSITÀ DEGLI STUDI DI TORINO
FONDO DI STUDI PARINI-CHIRIO

Le pubblicazioni del Fondo di studi Parini-Chirio, istituito nel 1930 presso l'Università di Torino con un lascito del dottor Benedetto Parini, intendono proporre all'attenzione degli studiosi e delle persone colte i risultati più significativi delle ricerche condotte nei dipartimenti umanistici dell'Ateneo torinese o che, pur svolgendosi fuori dell'Università, guardano, come a punti di riferimento, a quei dipartimenti, i quali quindi garantiscono l'originalità e la qualità delle opere.

Le pubblicazioni si distribuiscono in sei sezioni:

Filologia. Testi e studi.

M. Giusta, *Il testo delle 'Tusculane'*.

G. Magnaldi, *L'οἰκείωσις peripatetica in Ario Didimo e nel 'De finibus' di Cicerone*.

A. Masera, *'Querolus sive Aulularia'. La nuova cronologia e il suo autore*.

C. Rinuccini, *'Rime'*. Edizione critica a cura di Giovanna Balbi

Letterature.

C. Mazzucco, *'E fui fatta maschio'. La donna nel cristianesimo primitivo (secoli I–III)*. Con un'appendice sulla *Passio Perpetuae*.

A. Reininger, *'Die Leere und das gezeichnete Ich'. Gottfried Benns Lyrik*.

R. Oliva, *'Hodos Chameliontos'. La via dell'inconscio: W. B. Yeats e C. G. Jung*.

E. Paltrinieri, *Il 'Libro degli Inganni' tra Oriente e Occidente. Traduzioni, tradizione e modelli nella Spagna alfonsina*.

M. Pustianaz, *Per una letteratura giustificata. Scrittura e letteratura nella testualità della prima Riforma in Inghilterra (1525-1550)*.

M. Margara, *Le voci della scrittura. Itinerario narrativo e drammaturgico di Botho Strauss*.

Storia.

P. Desideri - A. M. Jasink, *Cilicia. Dall'età di Kizzuwatna alla conquista macedone*.

D. Venturino, *Le ragioni della tradizione. Nobiltà e mondo moderno in Boulainvilliers (1658-1722)*.

Storia della filosofia e del pensiero scientifico.

A. Strumia, *L'immaginazione repubblicana. Sparta e Israele nel dibattito filosofico-politico dell'età di Cromwell*.

C. Giuntini, *La chimica della mente. Associazione delle idee e scienza della natura umana da Locke a Spencer*.

Storia delle Arti.

E. Rossetti Brezzi, *La pittura in Valle d'Aosta tra la fine del 1300 e il primo quarto del 1500*.

Studi e materiali di archeologia.

M. Barra Bagnasco (a cura di), *Locri Epizefiri II. Locri Epizefiri III. Locri Epizefiri IV (1-2)*.

P. Dianzani, *Santa Maria d'Aurona a Milano. Fase alto-medievale*.

A. Invernizzi, *Dal Tigri all'Eufrate. I. Sumeri e Accadi. II. Babilonesi e Assiri*.

M. C. Conti, *Il più antico fregio dallo Heraion del Sele. Scultura architettonica e comunicazione visiva*.